中国法学会世界贸易组织法研究会　组织编写

（2019）

WTO法与中国论坛 年刊

The Yearbook of Forum on WTO Laws and China

林中梁　陈咏梅　主编

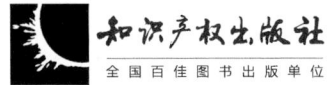

知识产权出版社
全国百佳图书出版单位

图书在版编目（CIP）数据

WTO 法与中国论坛年刊 . 2019 / 林中梁，陈咏梅主编 . -- 北京：知识产权出版社，2019.9

ISBN 978－7－5130－6492－7

Ⅰ.①W… Ⅱ.①林… ②陈… Ⅲ.①世界贸易组织—规则—影响—法律—中国—年刊 Ⅳ.①F743－54 ②D920.4－54

中国版本图书馆 CIP 数据核字（2019）第 202587 号

责任编辑：齐梓伊　　　　　　　　　　责任印制：孙婷婷
封面设计：韩建文

WTO 法与中国论坛年刊（2019）

林中梁　陈咏梅　主编

出版发行：	知识产权出版社有限责任公司	网　　址：	http：//www.ipph.cn
社　　址：	北京市海淀区气象路 50 号院	邮　　编：	100081
责编电话：	010－82000860 转 8176	责编邮箱：	qiziyi2004@qq.com
发行电话：	010－82000860 转 8101/8102	发行传真：	010－82000893/82005070/82000270
印　　刷：	北京九州迅驰传媒文化有限公司	经　　销：	各大网上书店、新华书店及相关专业书店
开　　本：	720mm×1000mm　1/16	印　　张：	20.5
版　　次：	2019 年 9 月第 1 版	印　　次：	2019 年 9 月第 1 次印刷
字　　数：	282 千字	定　　价：	88.00 元
ISBN 978－7－5130－6492－7			

出版权专有　侵权必究
如有印装质量问题，本社负责调换。

第十一届"WTO 法与中国"论坛暨中国法学会世界贸易组织法研究会 2018 年年会会议综述

廖 桃

2018 年 10 月 27 日至 28 日,坐镇西南,有着法律界"皇甫军校"美誉的西南政法大学迎来了第十一届"WTO 法与中国"论坛暨中国法学会世界贸易组织法研究会 2018 年年会。本次年会由中国法学会世界贸易组织法研究会和西南政法大学国际法学院联合主办,会议主题为"改革开放四十周年与 WTO",来自外交部条法司、商务部条法司、中国国际贸易促进委员会、中国法学会、五十多所高等院校和科研机构的专家学者以及 WTO 法律实务界的精英人士共计一百六十余人与会。此次会议延续了历届会议的精神,不仅意在探索 WTO 的现在与未来,复现其自由贸易的宗旨,而且希望借此联系中国与 WTO,深入思考 WTO 改革的中国方案。

大会第一阶段:开幕式致辞

2018 年 10 月 27 日上午 9 点,第十一届"WTO 法与中国"论坛暨中国法学会世界贸易组织法研究会 2018 年年会开幕式在西南政法大学(渝北校区）毓才楼一楼学术报告厅隆重举行。开幕式由中国法学会世界贸易组织法研究会会长林中梁先生主持。致辞人有西南政法大学校长付子堂先生，重庆市法学会秘书长陈忠东先生，中国国际贸易促进委员会副会长卢鹏起先生，中国法学会党组成员、副会长王其江先生。

西南政法大学校长付子堂先生致大会开幕词指出，党的十九大报告提出："要以'一带一路'建设为重点，坚持引进来和走出去并重，遵循共商共建共享原则，加强创新能力开放合作，形成海内外联动、东西双向互济的开放格局。"这为推动我国形成全面开放新格局指明了方向。同时，他向与会代表介绍了西南政法大学学科的发展状况及在WTO法研究教学方面取得的成绩，并表示在遵守和适用WTO规则的过程中，如何更好维护中国自身权益，需要站在改革开放四十周年的这个节点上，总结过往之经验，明晰未来之挑战。

重庆市法学会秘书长陈忠东先生表示，回顾中国改革开放四十年，加入WTO是走出的非常重要的一步。他指出2001—2018年，中国携手WTO走过了17个年头。17年来，中国对外开放的决心越来越坚定，态度越来越主动，特别是在2013年，中国提出共建"一带一路"倡议，推动经济全球化健康发展，越来越多的国家和地区从中受益。未来，中国将会继续坚持对外开放基本国策，更加积极地参与全球治理，不断贡献中国智慧和力量，并向全世界展现中国思想、发出中国声音、提出中国方案。

中国国际贸易促进委员会副会长卢鹏起先生致辞，表示要充分认清加入WTO对中国乃至世界的积极影响，要在不同的历史阶段与时俱进地看待WTO规则，并指出了中国推动WTO改革的可能路径和应有立场。

中国法学会党组成员、副会长王其江先生致辞，谈到WTO法研究会伴随着中国"入世"共同成长，对WTO法学科建设、人才培养等做了许多卓有成效的贡献，对解决中美贸易摩擦也做了许多理论和实践的支持。

随后，中国法学会世界贸易组织法研究会学术委员会副主任王传丽女士宣读了《关于表彰第十一届"WTO法与中国"论坛优秀论文获奖作者的决定》。本次会议开幕式还进行了《世界贸易组织法系列丛书》(卷二、卷五)的新书发布及赠书仪式。该系列丛书由中国法学会世界贸易组织法研究会的专家编写，具有权威性和专业性。

大会第二阶段：主旨报告

2018年10月27日上午10点，会议进行到大会主旨报告阶段。大会主旨报告由中国法学会世界贸易组织法研究会常务副会长杨国华先生主持。围绕会议预定主题，与会报告人发表了6篇主旨报告，报告人有外交部条法司参赞李向锋先生、商务部条法司副司长蒋成华先生、中国国际贸易促进委员会法律部副部长刘超先生、华东政法大学教授贺小勇先生、对外经贸大学法学院院长石静霞女士、西南政法大学国际法学院院长张晓君先生。与会报告人深入探讨了"一带一路"法治建设与全球治理、多边贸易体制面临的问题及中国方案、中美贸易战等问题。

（一）关于"一带一路"法治建设与全球治理问题

外交部条法司参赞李向锋先生发表了题为《"一带一路"法治建设与全球治理》的报告，他指出了"一带一路"建设对于沿线国家经济发展和国际经济治理的重要意义，明确了外交部条法司在推进"一带一路"法治建设方面的职责，并切合实际地指出"一带一路"法治建设距离实际需要还有一定差距，我们不能满足现状，还需要做出更细致的努力。他指出：①我们要加强"一带一路"规则联通和协调对接；②我们要进一步完善"一带一路"条约保障体系；③我们要深化"一带一路"法律交流和国际合作；④我们要加强"一带一路"前沿法律问题的研究，具体包括："一带一路"要进一步走深走实可能涉及的问题；是否有必要建立以条约为基础的具有政府属性的争端解决机构的问题；如何从法治角度进一步完善"一带一路"建设中的全球治理体系等问题。

西南政法大学国际法学院院长张晓君先生发表了题为《国际法治在全球治理体系变革中的中国表达》的报告。其报告包括三个部分：第一，全球治理体系变革需要遵守国际法治；第二，中国在全球治理体系中的表达包括价值理念表达和具体建设领域表达；第三，"一带一路"倡议确实是国家提出的高端重大举措，"一带一路"格局别具远见卓识，我们要不忘初心，担负使命。最后，张院长展望了未来整个社会的精神价值，那就是"为天地立心，为生民立命，为往圣继绝学，为万世开太平"。

（二）关于多边贸易体制面临的问题及中国方案

商务部条法司副司长蒋成华先生发表了题为《多边贸易体制面临的新问题和新挑战》的报告。他分享了三个方面的内容：日内瓦之行的感受、对目前形势的分析、个人建议。首先是其对日内瓦之行的感受，包括美国针对WTO磋商程序的淡漠、贸易与投资改革的"时髦"、无处不在的美国的霸凌主义以及美国正在制造中国的经济体制与WTO不兼容的气氛。其次他汇报了针对目前形势的几点分析和判断，他指出世界贸易组织目前正面临着空前的生存危机（"生死问题"）、WTO上诉机构很可能无法完整地发挥作用甚至陷入停摆状态、美国正视图丑化甚至妖魔化中国从而使中国陷入孤立、中国元素将是未来WTO改革中的博弈焦点。最后他提出了几点建议，即我们应理性客观、审时度势，坚定不移地推进改革，善于合众联盟、运筹帷幄，提出我们自己的中国方案。

中国国际贸易促进委员会法律部副部长刘超先生发表了题为《WTO前景和中国方案》的报告。他分享了五个方面的内容：当前的中美关系、中国是否存在强制性技术转让、WTO的不可或缺性、中国的方案、我们应重点考虑的事项。他首先对当前的中美关系做出了判断，他指出中美关系再难恢复如前了，中美间存在投资战场、贸易战场的博弈。其次他就中国是否存在强制性技术转让发表了个人观点，他指出没有任何证据能够证明我国存在强制技术转让。再次，他指出 WTO 是一个政府间组织、经济贸易组织、法律组织，WTO 不可或缺也不可取代，美国不会轻易地退出 WTO，而是妄图在 WTO 中留下美国印记，让全世界知道美国的贡献。然后，他谈到 WTO 改革的中国方案，认为 WTO 改革方案离不开中国。最后他指出，我们应在 WTO 改革中重点考虑人才和语言问题。人才问题是指我们应当努力提升 WTO 中的中方人才比例，语言问题是指我们应努力使中文成为 WTO 的官方语言。

（三）关于中美贸易摩擦及应对措施

华东政法大学教授贺小勇先生发表了题为《运用国际法维护〈中国制造 2025〉的经济主权》的报告。首先，他旗帜鲜明地指出，美国打响了贸易战的第一枪，打响这一枪的依据仅仅是美国的国内法，缺乏国际法上的依据，因此，中国所做的都是自卫反击。其次，他分析了美国发起贸易战的目的。他认为美国发起贸易战的目的不是解决美国的贸易逆差问题，也不是针对强制性技术转让这一问题，而是针对"中国制造 2025"这一计划。他指出，美国妄图迫使中国放弃这一计划，以保持美国在高端技术产业的领先地位。同时，贺小勇教授还分析了中美贸易战不可避免的原因：第一，美国一直致力于发展高端产业，而中国处于低端产业，现在美国想要发展低端产业，中国想要发展高端产业，这自然免不了冲突。第二，中美两国的经济发展模式不同是根本性的难以调和的冲突。最后，他提出了中国的应对措施：①我们要为中国的措施找到充分的国际法依据，维护我国的经济主权；②我们在制定目标的时候，要考虑到现行国际法规则当中的反补贴协议的相互性。

对外经贸大学法学院院长石静霞女士发表了题为《美墨加协定（USMCA）与中美贸易战》的报告。首先，她为我们简要介绍了美墨加协定（USMCA）的由来及框架结构，接着将 USMCA 与 NAFTA 进行了对比，指出 USMCA 更多是对美国贸易和经济利益的考量。其次，她专门分析了 USMCA 中的几个条款，包括针对中国的"毒丸"条款、原产地规则、知识产权和数字贸易、ISDS 机制、日落条款以及后续批准条款。她指出，"毒丸"条款可能会产生重新洗牌供应链的影响，USMCA 进一步收紧了原产地规则以使制造业回流，USMCA 中的知识产权条款增加了对生化行业的保护。

大会第三阶段：主题发言

2018 年 10 月 27 日下午 2 点，会议进行到大会发言阶段。大会发言由中国社会科学院国际法研究所国际法室主任、研究员刘敬东先生主持，共有 8 名与会代表做了大会发言。发言人有厦门大学法学院教授徐崇利先生，复旦大学法学院特聘教授张乃根先生，北京高文律师事务所高级合伙人、律师管健先生，锦天城律师事务所北京分所主任、律师傅东辉先生，工业和信息化部国际经济技术合作中心助理研究员徐程锦女士，南开大学法学院教授左海聪先生，中国人民大学法学院教授韩立余先生，上海对外经贸大学教授冯军先生。与本次会议的预定主题——"WTO 法与中国"相契合，发言代表们深入探讨了现行国际贸易体系与经济全球化、中美经贸争端、中国自贸区、国有企业的国际规制等问题。

（一）关于现行国际贸易体系与经济全球化问题

厦门大学法学院教授徐崇利先生发表了题为《真伪之辩：现行国际贸易体系对美国不公平的问题》的报告。首先，徐崇利教授提纲挈领地指出，美国认为的不公平问题实际上包括两个方面：一是中国的发展中国家地位问题；二是中国的非市场经济体制问题。这两个问题是美国认为导致其贸易逆差的直接原因。但从中国发布的白皮书可以看出，美国贸易受损的原因是美国国内结构性问题,而不是中国"利用"了WTO贸易体制。其次,徐崇利教授分析了美国指责国际贸易体系对其不公的真相。他指出,外部贸易条件其实是次要的,美国实际上是想将贸易问题政治化,坚决维护其霸权国家的地位。最后,徐崇利教授还做出了个人预测:中美贸易问题"政治化"将会长期存在,中国在WTO改革中妥善应对的难度比"入世"更大。

上海对外经贸大学教授冯军先生发表了题为《经济全球化和中美贸易战》的报告。他首先着眼于宏观的经济全球化背景,认为全球化进程正在加速前进,紧接着谈到我们的贸易和投资协定谈判进程缓慢,最后谈及中美贸易战,指出中国应当有自己的态度、明确自己的战略目标,这样大家才会有信心。

(二) 关于中美经贸争端解决问题

复旦大学法学院特聘教授张乃根先生发表了题为《试析美欧诉中国技术转让案》的报告。张乃根教授的报告包括三个部分:案件介绍、涉案法律问题、中国的应对机制。首先,他简明扼要地梳理了美欧诉中国技术转让案中争端各方的诉求和案件所涉条款。其次,他就有关条款发表了自己的看法。在澄清《TRIPS协议》第28条含义的基础上,张乃根教授将我国国内法与《TRIPS协议》第28条进行了对比,他指出,我国《合同法》有关技术合同的专门条款(如第335条等)规定了对国内的专利技术转让的谁改进谁拥有这一规则是可以进行约定的,这可能是唯一一点有违国民待遇义务的情形,不存在其他违反国民待遇义务的国内法规定。最后,张乃根教授指出,我们要充分利用WTO现有规则,明晰举证责任,客观公正地分析案件。

北京高文律师事务所高级合伙人、律师管健发表了题为《中美贸易战中的法律问题》的报告。他梳理了美国"232措施"和"301措施"中的法律问题,并发表了个人观点。关于"232措施"他提出:第一,"232措施"是否构成保障措施?这一问题的关键在于美国"232措施"究竟是为了维护国家安全还是为了救济美国的钢铝产业。管健律师认为"232 措施"有可能会被认定为保障措施。第二，如果"232 措施"构成保障措施，该措施是否必然受到 GATT 1994 和《保障措施协定》相关程序和实体义务的约束？针对这一问题，管健律师指出，美国仍可能会以 GATT 1994 的安全例外进行抗辩，所以针对这一问题的回答是不一定。第三，"232 措施"是否符合 GATT 1994 第 XXI 条的安全例外？管健律师未做出确定性的回答，而是说有赖于专家组日后解释。关于"301 措施"，他提出：第一，如果"301 措施"不涉及中国是否违反 WTO 义务，美国是否可以采取单边措施？管健律师指出，在 WTO 规则约束不足时，美国可以非违反之诉诸 WTO，而不是采取单边措施。因此，对这一问题做了否定回答。第二，"301 措施"是否属于 GATT 1994 第 XX（d）条规定的例外情形？管健律师对这一问题做了否定回答。第三，就中国反制措施的 WTO 合规性，管健律师指出，我们不得在争端解决机构裁决前，推定反制措施违法。WTO 争端解决机制本身并不完全排除 WTO 成员可以保留的政策空间，可以通过规则的构建来解决这一问题。

锦天城律师事务所北京分所主任、律师傅东辉先生发表了题为《如何从 WTO 法上挫败特朗普贸易战的战略思考》的报告。他从战略高度的视角出发，指出既然是"战争"，我们就应当考虑两个方面：第一是要争取战争的主动权；第二是要战则必胜。他指出，特朗普政府既然用战争代替法律，我们就要看如何用法律战胜战争，找到破绽，争取到主动权，就有可能赢得战争。我们要争取大多数力量，坚决地支持自由贸易，结合目前情况，辩证地加以考虑。傅东辉律师还指出："中国从未在 WTO 享受过自由贸易，所以现在应当考虑如何整体改革 WTO。"

工业和信息化部国际经济技术合作中心助理研究员徐程锦女士发表了题为《中美经贸摩擦给工业和信息技术领域带来的挑战》的报告。她从企业层面、政府层面、对外层面分析了中美经贸摩擦给工业和信息技术领域带来的挑战，并建议我们以一种完整的法律逻辑去分析问题。在企业层面，她指出技术层次较低的企业受到关税的冲击高于技术层次较高的企业,美国的管制制度也会给企业造成冲击,贸易战还可能会冲击我国产业链的对外转移及完整性。就政府层面而言,云计算服务不在我国的开放范围之列,我国目前就这一领域受到的压力较大。而在对外层面:我国长期处于被动防守阶段,缺乏寻找他国缺陷的进攻机制。

(三) 关于中国自贸区的建设发展问题

南开大学法学院教授左海聪先生发表了题为《全面开放新格局下的法律改革——兼谈自贸区的法律创新》的报告。他主要讨论了三个方面的问题:构筑全面开放新格局对法律改革的要求;涉外经济法改革的若干重点;我国自贸区法律改革的成绩、问题和改进。首先,他指出我国全面开放的新格局具有双向、全方位、多领域、宽对象的特点,构筑全面开放的新格局,必然要求对我国涉外经济法进行改革。其次,他谈到涉外经济法改革的若干重点。在立法上,他指出有必要加快外国投资法的立法进程,有必要将外汇管理条例升级为外汇管理法,有必要制定国家安全导向的出口管理法。在执法上,我们应当加强"一带一路"建设的执行力,主动实施自主开放,转变政府职能,提高涉外经济管理效率。最后,他总结了我国自贸区法律改革取得的成绩、问题,并提出了改进建议:①赋予自贸区更大的改革自主权;②渐进地积极推进涉外金融体制改革;③自主扩大对外开放,积极引进高质量的外资;④进一步加强海关和贸易体制改革;⑤加快自由贸易港建设。

(四) 关于国有企业的国际规制问题

中国人民大学法学院教授韩立余先生发表了题为《国有企业的国际规制》的报告。首先,他指出,仅仅罗列或者关注国际上对国有企业的各类要求是远远不够的,我们还应提出中国国有企业改革的对策。中国国有企业改革不应当局限于国内法领域,还必须有国际视野。其次,他指出,我国国有企业现阶段面临的主要问题是公平竞争的问题，包括补贴、市场准入、监管等问题。我国国有企业目前的改革始终囿于董事会、监事会等内部改革，没有考虑走出去的问题，也没有考虑外商投资企业在中国的竞争问题。尽管如此，我们也要意识到西方的竞争中立不全是公平竞争的问题，其中还包括税收中立等问题。最后，他指出，关于中国国有企业改革的对策，我国目前提出的措施都是有效的，重点应当放在实际地落实和执行上。我们需要分清三个关系，即国家作为投资者、监管者和经营者的关系，将国有企业、国营企业和企业分离开，将国资委的角色与其他监管的角色分离开。此外，在国际层面，我们要基于现有国际规则来治理和规范，而不应当为国有企业单独设立一个制度。在现有规则的基础上，通过尊重部门法的方式来进行调整。

大会第四阶段：各专题研讨

（一）关于中美（欧）经贸争端与 WTO 改革问题

2018 年 10 月 27 日下午 4 点，大会进入分会场阶段。上海对外经贸大学教授高永富先生主持分会场议题一——"中美（欧）经贸争端与 WTO"，围绕这一议题，6 位发言人做了发言。发言人有同济大学法学院教授师华女士，上海政法学院国际法学院研究生邹亦舒女士、李慧女士，中国社会科学院国际法研究所助理研究员孙南翔先生，北京外国语大学副教授陈若鸿女士，东南大学法学院博士周艳云女士，南开大学法学院副教授胡建国先生。围绕议题一，发言人们深入探讨了中国贸易战以及除贸易战外的其他中美（欧）经贸争端。

上海政法学院国际法学院研究生邹亦舒、李慧以《利用 WTO 争端解决机制应对中美贸易争端研究》为题做出发言。其首先概述了中美贸易争端现状，其次提出了解决中美贸易争端的办法，最后提出了应对中美贸易争端的策略。她们指出,应当优先利用 WTO 争端解决机制中的"第三方制度",谨慎进入 WTO 争端解决机制的"诉讼程序"。最后也是最为重要的,我们应通过培养出高素质 WTO 法律专业人才、建立专门的中美贸易争端解决机构、成立中美贸易争端预防机制等方式妥善处理中美贸易争端。

中国社会科学院国际法研究所助理研究员孙南翔先生以《美国去全球化主义的兴起、动因及其法律应对——基于国际贸易机制的考察》为题做出发言。他首先旗帜鲜明地指出,美国推行单边保护主义并将脏水泼给中国,美国单边主义其实才是国际贸易机制面临困境的主要原因。因此,为解决美国去全球化的挑战,一方面,国际社会应发挥多数票决的决策机制,强化世界贸易组织对双边或区域机制的纪律约束,并通过美国国内法约束恣意扩大的美国行政机构的外交权力;另一方面,相互依赖的 21 世纪需要更多的国际机制,国际社会也应更认真对待中国的崛起及其话语权需求。

北京外国语大学副教授陈若鸿女士以《特朗普政府"232 措施"中的"国家安全"话语——选择、意图及合法性》为题进行发言。首先,她指出,特朗普上台后美国经贸政策话语呈现出"泛安全化"现象,美国政府以"国家安全"为由对中国采取了"232 措施"。其次,她分析了美国采取"232 措施"的理由,美国采取"232 措施"符合美国的现实需求。最后,她对特朗普政府以"国家安全"为由采取"232 措施"进行了逻辑上的批判。她指出,"232 措施"中的"国家安全"这一理由不满足 GATT 1994 第 21 条所规定的"基本安全利益"。

南开大学法学院副教授胡建国先生以《中美贸易战:WTO(潜在)诉讼的思路与主要法律问题》为题做出发言。他指出,中美贸易战的四项内容中,规制知识产权许可中的反竞争行为涉嫌违反 WTO 规则,可以提起 WTO 诉讼。另外三项强制技术转移、支持海外收购、窃取商业秘密均与 WTO 无关。胡建国教授认为,美国可能不会援引公共道德例外,不会援引保证遵守"法律或规章",至于会不会援引 DSU 第 23 条,他没有做出确定性回答,但有可能会援引"国际关系的其他紧急情况"。

同济大学法学院教授师华女士以《WTO（DS542）中国有关国际技术转让规定的合法性研究》为题做出发言。美国在该案件的磋商请求中指出中国的 4 条有关技术转让的法规给予外国知识产权人较低的待遇，违背了《TRIPS 协议》以及 WTO 的国民待遇原则。师华教授通过对这些条款进行分析，指出中国的规定符合《TRIPS 协议》允许的例外条款，中国作为发展中国家有权享受差别优惠待遇，在法规的制定上允许存在一定的灵活性，并且外方就有关事项进行约定的权利也是可以通过法律适用的选择来间接实现的，因此，美国的指控缺乏 WTO 依据，中国的相关条款并未违反国民待遇原则。

东南大学法学院博士周艳云女士以《贸易战背景下欧盟基于"市场扭曲"的新替代国法的合规性探析——以 DS516 案为视角》为题做出发言。首先，她阐述了欧盟的新"替代国法"，指出欧盟的新替代国法为欧盟继续采取替代国做法提供了理由。其次，对新替代国做法做了 WTO 合规性分析，她指出，欧盟的新替代国法违反了 ADA 的"特殊市场情形"及其适用限制的规定，违反了《反倾销协定》（ADA）替代国法的适用目的的限定性规定，不符合 ADA 的替代国数据使用的限制性规定，不符合 ADA 的被调查国数据采用的规定，违反了 ADA 对"成本"的限制性规定。最后，她指出，基于"市场扭曲"下的新替代国法实质上是"非市场经济地位"替代国法的延续，新替代国法违反了《中国入世议定书》第 15 条。

中国政法大学教授王传丽女士和中国社会科学院大学教授张新娟女士对上述各位发言作了评析，并表达了各自的看法和观点。

（二）关于 WTO 的成就、困境与改革问题

议题二与议题一同步进行，由复旦大学法学院教授何立主持分会场议题二："WTO 的成就、困境与改革"。围绕这一议题，有 6 位发言人做出讲话。发言人有武汉大学国际法研究所教授李雪平女士，香港中文大学法学院教授

栾信杰先生,西南政法大学国际法学院博士张姣女士,西南政法大学统战部部长、教授徐泉先生,西南政法大学国际法学院副教授全小莲女士,西南政法大学国际法学院副教授刘彬先生。发言代表深入探讨了WTO改革、WTO下的数据跨境流动、WTO协定条款、全球价值链理论等问题。

武汉大学国际法研究所教授李雪平女士以《论WTO程序规则的再平衡——WTO体制改革的必由之路》为题做出发言。她首先强调了WTO程序规则的重要性,程序公正是实体公正的前提,紧接着提出了WTO机制改革须从程序规则出发的路径,最后得出结论:程序规则的再平衡决定了WTO体制改革的成败。

香港中文大学法学院教授栾信杰先生以 Getting out of the Dilemma—How Strong Top‐Down Design Has Led the Way to Strong WTO IPR Regime 为题做出发言,其主要探讨了与WTO有关的知识产权的改革问题,内容涉及知识产权的强保护和弱保护,指出中国需要借鉴美国保护知识产权的经验并结合中国自身采取一些保守主义做法。

西南政法大学国际法学院副教授全小莲女士以《WTO争端解决机制:继续走向深度条约?》为题做出发言,首先,全教授肯定了WTO争端解决机制的效率性,随后分析了当前WTO争端解决机制效率受损的原因,指出WTO争端解决机制是公认的深度条约,但存在逻辑冲突。全教授认为,有强制力的条约可保证深度合作,但没有深度条约约束的国家合作似乎反而走得更长久。最后,对于WTO争端解决机制改革是走向深度条约还是深度国际合作,她尚未给出明确结论。

西南政法大学国际法学院博士张姣女士以《WTO视阈下的数据跨境流动规制:冲突预判与法律平衡》为题做出发言,谈及数据流动的必要性、数据流动的基础、数据流动的前景以及数据流动的路径,她建议WTO在数据谈判时,对数据进行分类,考虑差异性谈判,同时,设置数据运用环节的监管条款、数据发展援助条款、数字灵活性条款。

西南政法大学统战部部长、教授徐泉先生以《WTO 协定第 12 条法律问题研究》为题做出发言，WTO 协定第 12 条是 WTO 的"加入规则"，徐教授首先分析了该条的演进历程和"加入规则"存在的问题，紧接着分析了 WTO – Plus 和 WTO – Minus 承诺对承诺国可能产生的影响，最后提出了针对第 12 条存在的问题的应对措施。

西南政法大学国际法学院副教授刘彬先生以《全球价值链理论与国际经济法的未来》为题做出发言，其创新性地从法学角度来分析全球价值链理论。他首先分析了全球价值链理论对国际经贸规则重构的影响，其次分析了全球价值链的法学价值，最后对比了传统的贸易理论与全球价值链理论，做出了法学反思。

东南大学法学院教授肖冰和广东财经大学教授钟立国对上述每一位发言人的发言做出了点评，并发表了自己的观点。

(三) 关于 WTO 改革与 FTA 新发展问题

2018 年 10 月 28 日上午 9 点，中国人民大学法学院教授韩立余先生主持了分会场议题三："WTO 与 FTA 新发展"。围绕这一议题，6 位发言人做出讲话。发言人有江南大学法学院教授高凛女士、上海对外经贸大学副教授江青云先生、上海对外经贸大学副教授叶波先生、中国人民大学博士后梁意女士、西南政法大学国际法学院教授杨丽艳女士、上海对外经贸大学硕士研究生张贻博先生。发言代表们深入探讨了 WTO 改革问题与 FTA 发展新动向。

江南大学法学院教授高凛女士以《〈巴黎协定〉背景下全球碳减排新机制研究》为题做出发言。其首先从气候变化看到国际震感安全正在演变为国际政治合作的问题，其次谈到《巴黎协定》存在条的约束力不强的局限性，接着提及中国在协定谈判中应当发挥的作用，最后分析了中国的碳减排机制。她指出，一方面，中国应该积极推行新的气候外交政策，推动全球气候治理机制的不断完善；另一方面，中国还要继续协调发达国家和发展中国家之间的利益关系。

上海对外经贸大学副教授江青云先生以《数字贸易规则的最新发展对我国跨境电商的影响研究》为题做出发言,其首先阐述了数字贸易的发展现状,其次分析了中美数字贸易的区别,最后分析了数字贸易规则对我国跨境电商的影响。他指出,数字产品将代替传统货物产品,改变其部分环节。

上海对外经贸大学副教授叶波先生以《数字经济中的互联网治理困境》为题做出发言,其首先分析了与数字经济有关的规则,指出在数字经济中的互联网治理下,应当倡导开放、信任、中立原则,其次提出了解决数字经济中的互联网治理困境的应对之策,指出政府应加强透明度,各方表明态度,争取早日形成国际法规则。

西南政法大学国际法学院教授杨丽艳女士以《RTA的最新发展》为题做出发言,其首先谈及RTA在规模和内容上的新发展,在规模上,涌现了TPP、CPTPP、CETA、欧日EPA等大型区域FTA,在内容上,存在原产地规则比例等新变化。其次谈到标准重构及用规则重塑全球价值链,同时还谈到重塑贸易与投资争端解决机制,最后谈到规则要与国际劳工标准挂钩,充分运用RTA规则。

上海对外经贸大学硕士研究生张贻博先生以《〈欧盟—日本经济伙伴关系协定〉的最新动向及中国的应对之策》为题做出发言,其首先概述了欧日EPA的出台背景和主要特点,其次分析了欧日EPA的主要特点和多方影响,最后提出了中国的应对之策。他指出,中国也应该形成自己的高水准自贸协定范本,借鉴欧日"欧式—FTA规则"构建中国五位一体的自贸区战略布局。

上海对外经贸大学法学院副院长陶立峰和四川大学法学院国际法学科负责人、教授杜玉琼对上述各发言人的发言做出了点评,并提出了建设性的意见。

中国人民大学博士后梁意女士以《世贸组织上诉机构对司法节制原则的

适用》为题做出发言。她首先指出，司法节制的意思是为了节省司法资源和提高争端解决效率，专家组只审理必要的请求或者问题。其次分析了 WTO 上诉机构应如何适用司法节制原则，最后指出适当的"留白"会更好。

（四）关于"一带一路"建设与自由贸易区发展问题

议题四与议题三同步进行，由西南政法大学国际法学院教授岳树梅女士主持分会场议题四："'一带一路'与自由贸易区"。围绕这一议题，7位发言人发表了讲话。发言人有中国政法大学国际法学院副教授陈儒丹女士，东北大学文法学院教授顾海波先生，上海对外经贸大学副教授殷敏女士，亚洲法律中心研究员孙祁先生，重庆大学法学院教授曾文革先生，重庆大学法学院博士研究生张宗师先生，上海对外经贸大学副教授徐昕女士。发言代表们深入探讨了"一带一路"建设与自由贸易区的问题。

中国政法大学国际法学院副教授陈儒丹女士以《自由贸易港建设背景下的互惠制改革》为题做出发言。其首先谈到互惠制度在不同国家不同背景下有不同的含义，其次谈到互惠制改革的制度需求及路径，最后分析了互惠制改革的积极作用。她指出，在自由贸易港内，不再区分外国法院判决的国别，而由最高人民法院通过司法解释推行无条件的先行给惠制，待时机成熟时，由立法机关修改立法，取消互惠制。

东北大学文法学院教授顾海波先生以《中国—东盟自由贸易区争端解决机制探析》为题做出发言，其首先介绍了中国—东盟自贸区争端解决机制，然后通过比较 NAFTA、USMCA 和欧盟争端解决机制，总结出各种机制的优缺点，为中国—东盟自贸区争端解决机制的改进提供建议。

重庆大学法学院教授曾文革先生、重庆大学法学院博士研究生张宗师先生以《偏离与回归：中国特质视角下自由贸易试验区法治建设研究》为题做出发言，其首先谈及中国自贸区具有中国特色，紧接着分析了中国自贸区存在的问题，最后指出在中国自贸区建设过程中，我们要坚持发挥法治引领和驱动作用。

上海对外经贸大学副教授徐昕女士以《论对等原则及其在国际经贸领域的发展》为题做出发言,其首先讲到"对等原则"存在扩大适用的趋势,其次详细分析了传统国际法上的对等原则、对等原则在关税领域的发展、对等原则在投资领域的发展,最后得出结论:第一,美国对"对等"的解释和运用是非常值得警惕和防范的;第二,在国际经贸领域内,"对等"的适用究竟应该有何种标准和范围,以及以何种方式来实现,仍是个充满变动和争议的命题。

上海对外经贸大学副教授殷敏女士以《"一带一路"沿线国家贸易合作的国际经贸规则之中国方案》为题做出发言,殷教授首先介绍了"一带一路"沿线国家贸易合作的缘起和特点,其次谈到"一带一路"实践下的中国元素,紧接着分析了"一带一路"与中国自贸区建设的关系,最后对构建"一带一路"国际经贸规则提出了建议。

亚洲法律中心研究员孙祁先生以《"一带一路"建设应走法治化道路》为题做出发言。其具体分析了中国与哈萨克斯坦、中国与俄罗斯的投资状况,梳理了企业走出去的风险,详谈了中信保在俄罗斯进行保险投资面对的困境。最后其指出,一方面,"一带一路"沿线国家需要法治互信,即我国应与沿线国家进行相互了解、相互信任及相互认可法治化合作,破除合作上的法治障碍;另一方面中国企业走出去的过程中应当积极避免法律风险,充分了解、研究并尊重当地的法律制度,高度重视法律的重要性,牢固树立规则意识和依法合规经营理念,建立健全海外业务法律风险管理制度和管理体系,善于运用法治方式解决各种问题。

北京农学院文法学教授佟占军对上述每一位发言人的发言做出了精彩点评,并分享了自己的观点。海南大学法学院教授张丽娜也做出了精彩点评,其主要评论了与自由贸易港有关的内容。

大会第五阶段：闭幕式总结发言

2018年10月28日上午11点，本届WTO年会于西南政法大学（渝北校区）毓才楼一楼学术报告厅举行了闭幕仪式。由中国法学会世界贸易组织法研究会常务副会长杨国华先生主持大会闭幕式。

西南政法大学国际法学院徐泉教授对大会做分组总结，徐泉教授指出，WTO体制存在双重二元结构问题，一是规则导向问题，二是成员导向问题。然后，徐教授深入地分析了权力导向、规则导向和成员导向，指出解决WTO体制存在的双重二元结构问题是WTO改革的有效途径。

西南政法大学国际法学院院长张晓君教授对大会做闭幕总结。首先，他对与会人士和大会筹备者表示衷心感谢，然后对大会做了总结：其一，本次活动共有4个议题，覆盖面很广。其二，举办WTO年会讨论与WTO相关的问题，本身就表明了中国国际法学界对WTO的重视，以及坚决捍卫WTO多边体制的决心。其三，提出两点建议：第一，希望能把本次会议的成果，中国国际法协会对WTO重要性的认识传达到WTO秘书处。第二，期望WTO领域的专家能够出一个WTO改革方案。

其次，杨国华教授发表了自己的观点。杨国华教授认为，WTO上诉机构制度不会轻易被推翻，在未来的国际贸易领域甚至国际投资领域治理中，二审终审制的制度仍将是不可逆的。杨教授将这次年会总结为：特殊年代的一次盛会。他指出，法学研究应当以文本为依据，这是法学研究不同于政治研究、经济研究之处。杨教授对本次大会表示感谢，指出这次盛会展现了当代中国国际法研究学者的最高水平。

最后，2019年WTO年会的承办代表——辽宁大学法学院葛壮志老师发表讲话，期望辽宁大学法学院明年能给大家提供一场不虚此行的盛会。

目　录

contents

专题一："一带一路"法制建设与全球治理

论国际商事法庭的管辖权
　　——兼评《民事诉讼法》第 34 条的法律适用　　　　　　　　　吴永辉 / 3
中亚国家国际投资仲裁腐败问题研究　　　　　王晓峰　阿迪拉·阿布里克木 / 23

专题二：中美（欧）经贸争端与 WTO

中国关于国际技术转让规则的合法性研究
　　——聚焦于 WTO（DS542）案例　　　　　　　　　　　　　　师　华 / 47
中美贸易摩擦导火线之 "301 调查" 及相关措施法律问题思考　　　陈咏梅 / 65
特朗普政府 "232 措施" 中的 "国家安全话语"
　　——选择、意图及合法性　　　　　　　　　　　　　　　　　陈若鸿 / 78

专题三：WTO 的成就、困境与改革

WTO 投资便利化议题与中国立场　　　　　　　　　　　　　　　漆　彤 / 109

WTO 法律及其争端预防制度研究中的利益分析法 　　　　　吴建功 / 134
WTO 程序机制改革的国际法审思 　　　　　　　　　　　李雪平 / 150
世贸组织安全例外条款的适用困境评析 　　　　　　　　都　亮 / 170
WTO 补贴纪律中公共机构认定问题的新探讨
　　——"要素分析法"的提出与适用 　　　　　　徐忆斌　杨　鑫 / 190
发展权在推动 WTO 改革进程中的功能定位 　　　　　　李春林 / 210

专题四：区域贸易协定的新发展及 TPP/CPTPP 规则研究

论对等原则及其在国际经贸领域的发展 　　　　　　　　徐　昕 / 235
数字经济中的互联网治理困境 　　　　　　　　　叶　波　黄羽琦 / 255

专题五：中国—东盟自由贸易区的发展和 中国自由贸易试验区/自由贸易港的创新

自由贸易试验区外资国家安全审查中的制度衔接问题研究 　马　冉 / 271
自由贸易港建设背景下的互惠制改革 　　　　　　　　　陈儒丹 / 286

专题一："一带一路"法制建设与全球治理

论国际商事法庭的管辖权
　　——兼评《民事诉讼法》第34条的法律适用　吴永辉 / 3
中亚国家国际投资仲裁腐败问题研究　王晓峰　阿迪拉·阿布里克木 / 23

论国际商事法庭的管辖权
——兼评《民事诉讼法》第 34 条的法律适用

吴永辉*

摘要：国际商事法庭是近年来各国涉外民事司法制度竞争日趋激烈的产物，其对于提升本国在国际商业版图中的地位和在全球司法服务中的竞争力等方面发挥着越来越重要的作用。国际裁判管辖权不仅是国际商事法庭受理跨国商事案件的前提条件，也是维系各国司法制度竞争与合作的场域所在。在主权国家并存的国际社会，司法主权仍然是国家内外商事法庭管辖权的主要源泉和基本依据，但国际商事法庭的管辖突破了传统地域管辖与属人管辖的客观联结限制，出现了以裁量管辖和协议管辖为主的"主观"管辖根据。中国国际商事法庭的管辖权一方面与普通人民法院对涉外商事案件的传统集中管辖存在着亟待厘清的分流关系，另一方面我国在协议选择管辖中强调"实际联系"的保守做法与国际商事法庭协议管辖的通行实践不大一致，严重减损了特别商事法庭国际化和专业化的法律功能定位，因而需要进一步加强相关法律法规的调整以完善其管辖权的法律适用。

关键词：国际商事法庭；管辖根据；裁量管辖；协议管辖；实际联系

---

* 吴永辉，华侨大学法学院副教授。

随着经济全球化和跨国商事争议的不断增多，国际商事争端解决也逐渐上升为各国司法制度竞争与合作的重要内容。通过具有国家强制性的司法程序和执行措施，充分发挥国际民事诉讼公力救济的法律功能，各国越来越重视把国际商事法庭作为当前司法创新和竞争的新平台。从早期英国在1895年设立伦敦商事法庭开始，2011年阿联酋设立迪拜国际金融中心法院（下文简称DIFCC），2015年新加坡设立新加坡国际商事法庭（下文简称SICC），以及正在酝酿国际商事法院制度改革的新西兰等，[1] 越来越多的国家和地区纷纷设立或准备设立专门的国际商事法庭（或法院）来处理跨国商事纠纷。2018年6月25日，最高人民法院审判委员会审议通过了《最高人民法院关于设立国际商事法庭若干问题的规定》（以下简称《国际商事法庭规定》），6月29日最高人民法院第一国际商事法庭和第二国际商事法庭分别在深圳市和西安市正式揭牌，标志着我国专门从事国际商事纠纷解决的司法机构正式诞生，从而揭开了中国司法机构服务"一带一路"建设，参与国际司法竞争和合作的新篇章。管辖权是国际民事诉讼程序制度的起始环节，是案件受理、审理乃至承认与执行的法定条件，对于商事法庭国际化和专业化的推进具有重要的制度支撑作用。中国国际商事法庭是打造"一带一路"司法服务中心的重要制度建设，也是中国司法制度和法治水平走向国际化和专业化的重要平台。因此，国际商事法庭管辖权的研究对于推进国家商事裁判制度的国际化与专业化，加强各国司法制度的竞争与合作都具有重要的理论和实践意义。

一、国际商事法庭管辖权的界定

国际商事管辖权是指一国司法机关受理、裁判和执行具有国际性或涉外

---

[1] William Steel, Judicial Specialisation in a Generalist Jurisdiction: Is Commercial Specialisation within the High Court Justified?, *Victoria University Wellington Law Review*, 2015, Vol. 46, p. 307.

性商事案件的资格或权限。通俗地讲,即是赋予何种司法机关有权对何种类型的商事案件进行受理、裁判和执行,包括管辖主体和管辖范围两个方面。

(一) 管辖主体的特设性

管辖主体是指受理和裁判国际商事案件的司法机关。国际商事法庭是在内国审理涉外商事案件的普通法庭基础上发展演变而来,因而传统的涉外民商事法庭成为了解国际商事法庭的基础。一般认为,英国在1895年设立的伦敦商事法庭是最早从事国际商事纠纷解决的机构。"二战"后为维护伦敦全球争议解决中心的司法地位,伦敦商事法庭所审理的80%案件至少有一方当事人来自境外。① 2015年,伦敦商事法庭受理的案件数更是攀升到1087件。② 虽然伦敦商事法庭现已更名为英格兰和威尔士商事和财产法庭,但其仍然保留了统一受理英国内外商事案件的管辖权限。近年来,为增强司法诉讼制度在地区和全球的金融中心的竞争优势,阿联酋、卡塔尔和新加坡等国家也纷纷设立了国际商事法庭。根据司法机关处理跨国商事纠纷的职能分工与案件分流标准,大致上可将国际商事法庭分为两大类:以英国和荷兰为代表的混同型商事法庭(或法院),统一受理和审判国际和国内的商事案件;另一类是以新加坡和中国为代表的内外分离型的商事法庭,专门受理和审判涉外商事案件或纯粹的国际商事案件。

国际商事法庭虽然是在传统内国管辖权的基础上,通过扩展涉外案件的管辖权发展演变而来,但为强化本国涉外商事争议解决的国际化和专业化特色,并加强管辖权的国际竞争,各国纷纷通过特别立法或司法解释,将国际商事案件的管辖权和裁判权专门赋予了特设的国际商事法庭,使得国际商事法庭在司法程序、受案范围、法律适用、商事法官选任和工作语言等方面呈

---

① Hon. C. J. Marilyn Warren AC, Hon. J. Clyde Croft, An International Commercial Court for Australia: Looking Beyond the New York Convention, 17 SUP. CT. OF VICT. 18.

② The City UK, UK Legal Services 2016, https://www.thecityuk.com/assets/2016/Reports-PDF/UK-Legal-services-2016.pdf, 访问日期:2018年5月12日。

现出不同于传统商事诉讼的特征。

晚近的国际商事法庭除了由特别法专门设立之外,在司法程序和组织制度等方面与传统的普通商事法庭存在诸多不同。如很多原本是大陆法系的国家,却在国际商事法庭中大胆运用普通法系的司法程序和证据规则,并在世界范围内遴选和聘用具有商法和普通法专业背景的外籍法官,在商事程序法和法院组织制度上率先推动了两大法系的融合。有学者认为国际商事法庭是介于仲裁与诉讼之间的新型争端解决方式,代表着未来跨国商事纠纷解决机制的新方向。①

(二) 受案范围的"国际商事性"

1. 商事性

国际商事法庭受理的国际商事纠纷就性质而言是"商事"范围,但遗憾的是,目前国内外判断"商事"的标准并没有达成一致。在大陆法系国家的学理研究与司法实践中,由于存在着公法和私法的划分,因而商法作为私法的重要板块,要么与狭义的民法相对而并立存在,要么被包容在广义的民法或民商法中而混同存在。而各国采取民商分立与民商合一的体例细分,将商事范围的界定更加复杂化了。在普通法系国家中由于没有公法和私法的划分,因而不存在统一的民商法或商法部门法的界定。基于"各说各商"的国际社会现状,国际条约目前也难以就商事或商法范畴达成共识。为了消除这种识别和界定给管辖权分配造成的司法困扰,各国通常通过适用请求国的法律或被请求国的法律来认定案件或争议的"商事性",即只要有关诉讼请求在请求国或被请求国被认定为商事范畴,被请求国才会提供司法协助和判决的承认与执行。

我国是采取民商合一立法例的国家,因而民法总则和合同法没有对商事和民事加以区分,而采用了包含"商事"的"民事"概念。但是,我国在

---

① Firew Tiba, The Emergence of Hybrid International Commercial Courts and the Future of Cross Border Commercial Dispute Resolution in Asia, Loyola Unversity Chicago Iuternational Law Review, Vol. 14, p. 32.

1986年加入《承认与执行外国仲裁裁决公约》时,对公约做出了商事保留的声明,我国只对根据我国法律认定,属于契约性或非契约性商事法律关系所引起的争议适用该公约。相对商事仲裁的承认与执行,民商事判决更为严整权威。"举起轻而明其重",对涉外案件"商事性"的判定,无论是对商事案件的受理,还是对外国申请执行裁决"商事性"的承认,我国司法机关均是根据我国法律来识别和认定。

2. 国际性

国际商事案件是指包含有跨国性或涉外性因素法律关系的争议,具体而言是指法律关系的主体、客体和内容等构成要件中至少要有一个要素同外国产生关联。中国国际商事法庭对受案范围"国际性"的认定即是采用了传统的法律关系三要素涉外说。《最高人民法院关于设立国际商事法庭若干问题的规定》(以下简称《国际商事法庭规定》)第3条规定,具有下列情形之一的商事案件,可以认定为该规定所称的国际商事案件:①当事人一方或者双方是外国人、无国籍人、外国企业或者组织的;②当事人一方或者双方的经常居所地在中华人民共和国领域外的;③标的物在中华人民共和国领域外的;④产生、变更或者消灭商事关系的法律事实发生在中华人民共和国领域外的。《国际商事法庭规定》对"国际性"的界定与我国一直以来对涉外民商事法律关系的界定如出一辙,保持了连贯性。① 国际商事争议虽然通常主要指涉外商事争议,在许多场合下甚至"涉外性"和"国际性"不加区分地加以混用。但严格来讲,"涉外性"和"国际性"是两个不同的概念,在具体语境中存在明显的差异。"涉外性"以特定的国家为参照体系,由内至外,名外

---

① 《国际商事法庭规定》与2012年通过的《最高人民法院关于适用〈中华人民共和国涉外民事法律关系适用法〉若干问题的解释(一)》第1条,以及2015年实施的《最高人民法院关于适用〈中华人民共和国民事诉讼法〉的解释》第522条,对涉外民事案件的认定,都采用了完全相同的认定标准。值得注意的是,2013年以后我国在有关涉外民事关系认定的相关法律法规中,在涉外主体方面增加了"经常居所地在中华人民共和国领域外"的认定标准,进一步扩大了涉外连结点。质言之,即使当事人双方国籍均是中国,但当事人一方或者双方的经常居所地的连结点在我国领域外的,也可以认定为涉外民事案件。

实内，强调本土化、本国化观念，凡是与"本国"中心以外的其他国家产生的法律关系，概以"涉外"统称。"国际性"则站在全球化的宏大视野，与非特指的普遍性"国内"或"内国"概念是相对而言的，没有固定的参照物，因而更具有"国际化"的中立含义。值得注意的是，由于主权国家多法域现状的存在，无论是以"国际"还是"涉外"称谓，对其外延应该做最广义的界定，既包括外国主权国家，也包括一个主权国家内部具有独立司法权的其他法域。如我国民事诉讼法规定，涉港澳台的诉讼参照涉外民事诉讼（第四编）的规定。

在跨国商事争端解决机制走上了国际化与专业化的发展道路后，尤其是特设型国际商事法庭成为各国司法制度国际竞争的焦点之后，对国际商事法庭受案范围的"国际性"理应与传统普通商事法庭的"涉外性"做出明确区分。考虑到国际商事法庭的国际化和专业化特点，笔者认为，商事案件的"国际性"应与新兴国际商事法庭的受案范围相对应，强调去本国化的国际主义色彩，而"涉外性"则对应传统的涉外商事法庭，如我国人民法院对涉外商事案件行使的集中管辖权。此外，为了区分内外两种商事法庭的管辖权，各国往往通过案件标的额或影响大小，对具有跨国因素的商事案件进一步进行分流。如《国际商事法庭规定》第 2 条第 1 款规定，国际商事法庭受理"当事人依照民事诉讼法第 34 条的规定协议选择最高人民法院管辖且标的额为人民币 3 亿元以上的第一审国际商事案件"，从而将其受案范围从人民法院传统集中管辖权所受理的涉外商事案件中分离出来。

根据法律关系的三要素来分析国际或涉外民商事法律关系固然比较具体、明确，但随着跨国民商事交流的不断深入，涉及不同国家利益的民商事法律关系有时不一定体现在主体、客体和内容这三方面，有时会出现三个要素都没有涉外因素，也会被认定为国际民商事争议的情形。[①] 在这个问题上，有些国家采取了更具创新性的做法，即凡与本国法以外的某种法律体系发生联

---

① 徐卉：《涉外民商事诉讼管辖权冲突研究》，中国政法大学出版社 2001 年版，第 2 - 4 页。

系的，就认定为国际民事关系，而没有仅仅局限于主体、客体和法律事实的涉外。① 这种"国际性"的宽松灵活界定从晚近的国际商事法庭的管辖实践中得到了印证。如在新加坡国际商会（SICC）只要争议双方当事人一致声称争端事项与多个国家有关，均可被 SICC 认定为符合受案范围所要求的"国际性"条件。② 英国伦敦商事法院的受案范围则可以是"任何贸易和商事交易纠纷"③，其只有商业属性的要求，甚至没有国际性或与本国实际联系的适用要求。这种对商事案件"国际性"去国家本位主义的创新性界定，在彰显国际商事法庭纯粹"国际化"特性的同时，也增强了国家司法机关服务全球的普惠主义倾向。

二、国际商事法庭的管辖根据及其发展趋势

管辖根据是国际商事法庭受理和审判国际商事案件的原则和依据。国际商事法庭对国际商事案件管辖权的确定，取决于它所采用的管辖根据。这种依据基于国际商事案件所涉法律关系同管辖法院地国家存在的某种固定连结因素，通常是指国家行使司法主权所依据的国籍或地域的客观连结点，主要表现为国际民商事法律关系主体、客体，或者引起法律关系产生、变更或消灭的法律事实同法院地国家存在的客观联系。近年来，随着私法诉权选择权的普遍放开，这种连结因素也越来越多地表现为当事人自主选择的主观联系。

（一）国际商事法庭的传统管辖根据

1. 以当事人国籍为基础的管辖权

以当事人国籍为基础而主张行使的管辖权，即通常意义上的属人管辖权。

---

① Van Rooij, Polak, *Private International Law in the Netherlands*, Kluwer Law Taxtation Publishers, 1987, p. 4.
② Singapore Rules of Court, Order 110, Art. 1（2）.
③ Civil Procedure Rules（UK）, Art. 58.2（2）.

属人管辖原则以当事人与国家的国籍连结因素作为确定法院管辖权的标准，强调一国法院对本国国民具有管辖权限。不论当事人居住于境内还是境外，是原告还是被告，当事人的国籍国法院均有管辖权。属人管辖是国家主权的重要内容，是国家主权原则在国际民事案件诉讼管辖权上的具体体现。在跨国商事案件中，由于往往涉及本国以外的原告或被告，因而属人管辖成为司法机关对涉外或国际商事案件行使管辖权的基本原则之一，凡是涉及内国国民的国际民事案件，本国都有受理和裁判的权限。此外，当事人国籍也是认定国际商事关系主体涉外的重要标准，并据此认定商事案件"国际性"，从受案范围方面间接确定了国际商事法庭的管辖权。因此，国籍不仅是国际民事诉讼的管辖根据来源之一，也是认定商事案件国际性的重要标准。目前采取属人管辖原则的国家，主要是以法国为代表的拉丁法系各国，包括荷兰、意大利、卢森堡、比利时、葡萄牙、希腊、西班牙以及拉丁美洲国家中参加1928年《布斯塔曼特法典》的一些国家。

2. 以地域为基础的管辖权

以地域为基础的管辖也叫属地管辖，它是以案件的事实和当事人双方与有关国家的地域连结因素作为确定国家司法管辖权的标准。属地管辖权是指国家对其所属领域内的一切人和物以及法律事件和行为具有的管辖权力，是国家领土主权原则在国际民事诉讼领域的具体体现。属地管辖权强调民事法律行为和法律事实与所在国家的地域联系或属地性质，如被告人出现、住所或惯常居所、经营场所、被告财产所在地诉讼标的所在地、债权法律事实发生地等，所在地国法院据此地域连结点而行使管辖权。属地管辖原则是世界各国采用最为普遍和广泛的管辖根据，但各国行使地域管辖的具体内容和方式往往不尽相同。我国普通人民法院对涉外商事案件行使的集中管辖权，即是建立在地域管辖权分配的基础上。属地管辖在英美法系国家和地区，主要表现为"有效控制"原则，并据此确定对人诉讼和对物诉讼两类案件的管辖权。在对人诉讼中，只要有关案件的被告于诉讼开始时在内国境内且能有效地将传票送达给被告,内国法院就有权对该案件行使管辖权,而不管被告具有何国国籍,其住所或惯常住所处在何国境内,也不问有关案件诉由在何国境内发生。在对物诉讼中,只要有关财产位于内国境内或相关被告的住所在内国境内,内国法院就对财产争议具有管辖权。

3. 以当事人合意为基础的管辖权

以当事人合意为基础的管辖权,也称协议管辖,是指在法律规定的范围内,允许当事人双方将他们之间业已发生或可能发生的涉外民商事争议,通过协议约定提交司法机构裁决的管辖权选择制度。国家对于其主权范围内的人、物或事行使管辖权被认为是不可动摇的国家权力,司法管辖权一直被认为是一国主权不可分割的重要组成部分。但是,随着各国交往的扩大和诉讼民主的昌明,越来越多的国家对关乎国家和社会公共利益不大的私法案件,不再强制规定国家行使全部的司法管辖权,而是把部分民事管辖权授权给私法主体有条件地选择行使,即涉外民商事纠纷案件的当事人可以根据双方的诉讼合意,选择国内外的法院进行诉讼管辖。① 协议管辖是当事人契约自由和私法自治原则在国际民事诉讼领域的自然延伸,也是民事处分原则在管辖权上的具体体现。②

"在法院管辖权的确定上,是否承认协议管辖,常常是衡量一个国家国际民事管辖权是否开明和便利诉讼的标准之一。"③ 自20世纪中叶起,世界各国逐渐接纳了协议管辖制度,并在民事诉讼立法中对协议管辖的条件和形式进行了规定。④ 各国虽然在立法和司法实践中都普遍接受和确立了协议管辖制度,但对当事人选择管辖法院权利的限制程度存在明显的差异。在涉及

---

① 吴永辉:"论新《民事诉讼法》第34条对涉外协议管辖的法律适用",载《法律科学》2016年第5期。
② 韩德培主编:《国际私法新论》,武汉大学出版社2003年版,第454页。
③ 李双元:《关于我国国际民事管辖权的思考》,山东大学出版社1991年版,第204页。
④ 刘晓红、周祺:"协议管辖制度中的实际联系原则与不方便法院原则",载《法学》2014年第12期。

协议选择的案件范围、被选择法院与案件的实际联系程度、形式要求、协议管辖的排他效力等问题上，各国在立法中往往附加了限制条件，尤其对当事人选择外国法院管辖的限制较为严格。除了在立法中对协议管辖做出明确限制之外，各国还在司法实践中保留了本国法院对涉外管辖协议效力审查和认定的权力，以防止给本国利益和社会公共秩序造成较大的负面冲击和影响。

（二）国际商事法庭管辖权的发展趋势

1. 协议选择管辖的日趋宽松

协议管辖本源上仍是以跨国民事案件与有关国家的联系程度作为备选法院管辖权的标准，它强调对那些与本国和国民根本利益联系不甚紧密的国际民事案件，可以基于双方当事人的合意选择而确定管辖法院。但从晚近国际民事诉讼管辖的立法趋势来看，越来越多的国家进一步弱化了协议选择法院与争议案件的联系程度，甚至不需要案件与法院所在地国存在任何客观联系，允许当事人自由选择管辖法院。德国、法国、日本等国家都规定，只要不违背内国级别管辖和专属管辖的规定，任何国家或法域的司法裁判机关，都可以作为协议管辖法院。土耳其2007年《关于国际私法与国际民事诉讼程序法的第5718号法律》第47条，黑山共和国2013年《关于国际私法的法律》第104条和捷克2012年《关于国际私法的法律》第86条等新近立法也没有对协议管辖做出实际联系的法定要求。英美法系国家虽然一方面认为管辖权是公共权力，不因私人管辖协议的约定而改变或消失，但另一方面，这些国家也普遍认为，协议选择管辖法院与案件没有联系并不影响管辖协议的效力，也不会对当事人将纠纷提交给与当事人及纠纷均无联系但有着处理特定类型案件丰富经验的法院裁判构成影响。备受关注的海牙《选择法院协议公约》已于2015年10月开始生效，该公约虽是不同国家在协议管辖问题上妥协的结果，但从公约整体规定来看，也没有对协议选择法院与民商事案件之间作出存在实际联系的适用要求。①

SICC 在这个问题上的表现更为开放,采取了"去本国化的反向联系"的创新做法,商事案件凡与新加坡以外的法律体系发生联系的,即可认定为国际商事关系,从而归入 SICC 协议选择管辖的受案范围。《新加坡商事法庭规则》规定,如任何一方在新加坡没有营业场所,或者争端事项最密切联系所在地位于营业场所所在国之外,甚至只要争议双方当事人一致声称争端事项与多个国家有关,都符合 SICC 协议管辖的受案范围。② 显然,SICC 在刻意淡化商事案件传统最密切联系管辖原则的同时,通过对跨国案件传统"国际性"或"涉外性"概念的颠覆性的创新解释,在案件与协议选择法院的关联性认定标准上表现更为开放和宽松,从而不断扩大国际商事法庭的受案范围。

2. 裁量管辖权的渐次出现

在国际民事诉讼中,为了弥补传统管辖根据的不足,保障当事人的利益,法院可以不依法律规定的连结因素和管辖依据,在认为自己行使管辖权更为合理时,径自对案件行使管辖权,即是国际民事诉讼中的裁量管辖权。③"受控原则"一直是英美等普通法系国家确定管辖权的主要根据,但从 19 世纪中期开始,由于有些对英国原告负有侵权责任或履约义务的被告可能居住于国外,无法接受英国法院的送达,造成了英国法院无法基于"受控原则"而行使管辖权。为了改变这种状况,英国于 1852 年在诉讼法中规定英国法院对不在英格兰和威尔士的被告人是否将诉讼通知或命令送达于法院境外有裁量管辖的权力,并由英国最高法院规则第 11 号法令予以具体实施这种新的管辖的根据。1983 年英国最高法院规则对域外案件行使的管辖权作了重大修改,增强了法院裁量管辖权的内容,并重新安排了次序,进一步完善了裁量管辖原

---

① 参见《海牙选择法院协议公约》第 1 条、第 3 条、第 19 条。
② Singapore Rules of Court, Order 110, Art. 1 (2).
③ 赵相林:《国际民商事争议解决的理论与实践》,中国政法大学出版社 2009 年版,第 80 页。

则。英国创设的裁量管辖是对传统地域管辖权的重大突破,为法院行使法定管辖权之外的酌定管辖权打下了理论和实践基础。裁量管辖权强调本国法院对域外案件的管辖权,虽然有时可能构成对他国司法主权的侵犯,但它在弥补传统管辖权的地域限制缺陷、扩展和协调法院管辖权、保护当事人合法权益以及避免管辖权的消极冲突等方面无疑是大有裨益的。

SICC 的诉讼管辖权在遵循国际商事案件审理实践的基础上,特别参考了《英国商事法庭指南》,制定了独立的、具有实操性的《新加坡国际商事法庭实务指引》。该指引除了对 SICC 的协议管辖做出具体规定外,对其所从属的高等法院的裁量管辖权进行了特别规定。该指引第 12 条规定:根据一方当事人申请或动议,高等法院可在以下情况下将案件移交给 SICC 审理:诉讼请求具有"国际性"和"商业性";诉讼当事方未以特权命令形式或有关特权命令寻求任何救济,以及高等法庭认为由 SICC 审理该案件更为合适。[①] 上述的特殊规定一方面体现了管辖权在高等法院与 SICC 之间的内部协调与重新分配,[②] 另一方面通过对国际商事案件管辖权的指定移送,赋予了新加坡高等法院的裁量管辖权,从而进一步扩大了 SICC 管辖的受案范围。为增强普通人民法院对涉外商事案件集中管辖的灵活性,我国在《国际商事法庭规定》第 2 条对国际商事法庭受案范围的兜底条款,也属于最高人民法院行使的裁量管辖权。

三、中国国际商事法庭对管辖根据的承继与创新

管辖权是国际商事诉讼纠纷解决机制运作的基础和核心。中国国际商事法庭也不例外,《国际商事法庭规定》第 2 条对国际商事法庭管辖权做出了

---

① Singapore Rules of Court, Order 110, Art. 12 (4).
② Yeo Tiong Min, Staying Relevant: Exercise of Jurisdiction in the Age of the SICC, Eighth Yong Pung How Professorship of Law Lecture, Singapore Management University, 13 May 2015, pp. 16 – 18, http://law.smu.edu.sg/YPH/2015? itemid =6966, 访问日期: 2018 年 7 月 9 日。

具体规定。根据《国际商事法庭规定》及其相关法律法规的规定，中国国际商事法庭的管辖权有以下几种类型。

（一）协议管辖

协议管辖案件是国际商事法庭主要的受案来源。《国际商事法庭规定》第2条第1款规定，"当事人依照民事诉讼法第34条的规定协议选择最高人民法院管辖且标的额为人民币3亿元以上的第一审国际商事案件"。就协议管辖而言，中国国际商事法庭的管辖权存在以下特征。

第一，案件与我国有实际联系。《中华人民共和国民事诉讼法》（以下简称《民事诉讼法》）第34条规定，合同或者其他财产权益纠纷的当事人可以书面协议选择被告住所地、合同履行地、合同签订地、原告住所地、标的物所在地等与争议有实际联系的地点的人民法院管辖，但不得违反该法对级别管辖和专属管辖的规定。根据这一规定，当事人协议选择最高人民法院管辖的案件必须与中国有实际联系，且其明确限定列举了五类实际联系地。

第二，案件标的额在3亿元人民币以上。中国国际商事法庭与普通人民法院的涉外民商事法庭存在一定的分工，因而其管辖范围是从传统集中管辖案源中分流出来的部分涉外商事案件。由于我国幅员辽阔，为了凸显国际商事法庭的国际化和专业化特性，我国采取了标的额标准对涉外商事案件进行分流或界定受案范围的做法，这也是其他国家国际商事法庭所没有的特色。

第三，协议选择管辖法院为最高人民法院。虽然《国际商事法庭规定》规定当事人协议管辖选择法院为最高人民法院，但由于深圳和西安国际商事法庭均属最高人民法院的常设法庭，因而国际商事法庭可以取得管辖权。这与新加坡和阿联酋基于管辖协议直接选择 SICC 和 DIFCC 而取得管辖权略有不同。最高人民法院是我国最高级别的法院，协议选择最高人民法院管辖，意味着国际商事案件诉讼程序上一审终审的选择。

第四，协议管辖应采用书面形式。根据《民事诉讼法》第34条的规定，当事人合意选择管辖法院时，只能采用书面形式。协议选择管辖的书面协议既可以是书面合同中的协议管辖条款，也可以是诉讼前以书面形式达成的选择管辖协议。

（二）裁量管辖

《国际商事法庭规定》第 2 条对国际商事法庭经由最高人民法院的裁量管辖而行使的管辖权做出了明确规定。从案件来源来看，这些国际商事案件的初始管辖权并不属于国际商事法庭，但最高人民法院经过案情、影响力和法官专业素养和能力等因素综合裁量之后，可将其自身受理的在全国有重大影响的第一审国际商事案件，或者最高人民法院受理的第一审国际商事案件，以及最高人民法院认为应当由国际商事法庭审理的其他国际商事案件，分别转移或指定给国际商事法庭管辖。从管辖根据理论来看，国际商事法庭对此类案件的管辖权即属于典型的裁量管辖。但从我国司法制度的历史沿革与职能分工来看，国际商事法庭的这种管辖权却是在我国既有集中管辖制度基础上的发展演变而来，具有鲜明的中国司法制度特色。

我国对涉外民事案件的管辖和裁判，从 1982 年开始，一直采取普通地域管辖的做法。① 随着涉外民事案件的增多，最高人民法院于 2002 年发布了《最高人民法院关于涉外民商事案件诉讼管辖若干问题的规定》（以下简称 2002 年《管辖权规定》），开始对涉外民商事案件进行集中管辖，从而改变了地域管辖所形成的分散管辖格局。具体而言，第一审涉外民商事案件由下列人民法院管辖：①国务院批准设立的经济技术开发区人民法院；②省会、自治区首府、直辖市所在地的中级人民法院；③经济特区、计划单列市中级人民法院；④最高人民法院指定的其他中级人民法院；⑤高级人民

---

① 1982 年《民事诉讼法（试行）》规定涉外民事案件第一审由中级人民法院管辖，但 1991 年《民事诉讼法》第 18 条规定涉外民事案件的第一审法院是基层人民法院，只有重大涉外民事案件的第一审才由中级人民法院管辖。

法院。2018年《国际商事法庭规定》中的裁量管辖权,不仅在内外两种商事司法制度间建立了协调和对接机制,而且将人民法院集中管辖的部分涉外商事案件分流到了国际商事法庭。这种规定有利于扩大国际商事法庭的案源,迅速提升其国际影响力。在中国国际商事法庭的运行初期,无疑具有显著的功效。

(三) 执行管辖

执行管辖是强制执行制度中的重要内容,对于证据、财产和行为的保全以及民商事裁决的承认与执行,保证司法程序的正常进行及维护当事人利益起到了重要的程序保障作用。根据《国际商事规定》第11条,最高人民法院选定符合条件的国际商事调解机构、国际商事仲裁机构与国际商事法庭共同构建调解、仲裁、诉讼有机衔接的纠纷解决平台,形成"一站式"国际商事纠纷解决机制。其中,调解与诉讼的有机衔接表现为当事人在选择调解时,国际商事法庭可以委托国际商事专家委员会成员或者国际商事调解机构调解。达成调解协议后,国际商事法庭可根据当事人的需求制作具有法律效力的调解书或判决书。而仲裁与诉讼的有机衔接表现为在当事人选择仲裁时,当事人可向国际商事法庭申请证据、财产或者行为保全。当仲裁裁决做出后,当事人可向国际商事法庭申请执行或撤销该仲裁裁决。① 国际商事法庭支持当事人通过调解、仲裁、诉讼有机衔接的纠纷解决平台,选择其认为适宜的方式解决国际商事纠纷,并享有相应的执行管辖权。从这些法律条文之间的相互关联来看,赋予国际商事法庭一定的执行管辖权,是为构建和保障"一站式"国际商事纠纷解决机制而附带行使的必要执行权,也是建立高效国际司法协助机制的重要组成部分。因此,国际商事法庭享有的执行管辖权,对于

---

① 《国际商事法庭规定》第14条规定,当事人协议选择该规定第11条第1款规定的国际商事仲裁机构仲裁的,可以在申请仲裁前或者仲裁程序开始后,向国际商事法庭申请证据、财产或者行为保全。当事人向国际商事法庭申请撤销或者执行该规定第11条第1款规定的国际商事仲裁机构做出的仲裁裁决的,国际商事法庭依照民事诉讼法等相关法律规定进行审查。

加强国际范围内的商事司法合作效力,进一步提升其国际地位和影响力具有重要的作用。

四、中国国际商事法庭适用《民事诉讼法》第 34 条的不足及完善

现行《民事诉讼法》在立法上对协议管辖进行了重大调整,删除了 2007 年《民事诉讼法》第 241 条和 242 条关于涉外协议管辖的专门规定,代之以总则编第 34 条统一规范内外协议管辖。民事诉讼法对内外协议管辖的归并处理有利于我国民事诉讼协议管辖制度的统一,充分体现了我国在民商事立法方面国民待遇的进一步落实,对改革和完善我国的司法诉讼制度,保障当事人的诉讼权利,与国际通行的协议管辖制度保持一致都具有重要的国际现实意义。但是,归并后类推适用国内协议管辖的司法实践做法也给涉外协议管辖带来了一定的负面冲击和影响,造成相对独立的涉外协议管辖因适用国内协议管辖规定而显得更为封闭和保守,与国际商事法庭追求国际化和专业化的司法目标发生了一定的抵牾。尤其是实际联系的适用要求与案件选择范围的限制,明显与国际商事法庭通行实践不大一致,大大削弱了协议管辖在构筑国际商事法庭价值目标中的基石作用。

(一)协议选择法院的实际联系要求

根据我国《民事诉讼法》第 34 条的规定,当事人协议选择管辖法院的范围仅限于与争议案件存在实际联系的法院。相对于前文所述诸国有关协议管辖的国际最新立法趋势和司法实践而言,我国协议管辖的立法规定较为严格,当事人可以选择的管辖法院范围比较有限。对于实际联系是否有必要成为协议管辖的适用要求,我国法学界也一直持疑义和批评的态度。《民事诉讼法》第 34 条设立协议管辖的宗旨主要是使当事人能较为自由地行使诉讼契

约自由，将民商事纠纷交由他们信赖、方便诉讼的法院审理。如果将当事人协议选择管辖法院的范围仅限于与中国有实际联系的国际商事法庭来管辖，自由选择法院的意图以及处分权的实现就会在一定程度上受到影响。

事实上，过分强调协议选择法院与案件之间的联系程度，与更好地实现争议解决、执行裁决之间并不存在必然的联系。出于诉讼的便利性、可预见性和公平效益的追求，当事人更乐意选择那些相对中立和专业水平高的法院来防范和处理他们之间的争议。随着司法服务中心的全球化定位和"去国家本位主义"的国际司法发展，国际商事法庭已逐渐成为与国际商事仲裁并称的纠纷解决模式。因此，法院所在地与争议案件是否有实际联系，越来越不是当事人选择管辖法院的参考因素。如迪拜国际金融中心法院、阿斯塔纳国际金融中心法院、布鲁塞尔国际商事法庭等都没有实际联系的适用要求，甚至英国和比利时仅作"商事性"的适用要求，对"国际性"或"涉外性"等本国地域连接因素均不作要求。

我国目前坚持实践联系原则，其在实践上是一种特定情势下的"临时措施"，是发展中国家维护国家利益和国民利益的权宜之计。从国际民商事交往的总体趋势看，尤其是从促进国际民商事交往、公平保护当事人利益着眼，将实际联系作为协议管辖的前提，在一定程度上是对当事人解决争议方面意思自治的侵蚀。① 最近已有学者呼吁，国际商事法庭的受理范围主要限于第34条规定的和中国有"实际联系"的案件，还是像伦敦和迪拜商事法庭一样，可以受理与中国没有"实际联系"的纯粹的国际性案件呢？② 在协议选择法院管辖方面，中国国际商事法庭应充分尊重当事人的管辖协议，适当考虑进一步扩大协议管辖法院的选择范围，允许与我国无实质联系的国际当事人协议选择中国国际商事法庭作为争议的管辖法院，不再限制当事人必须选择与案件具有实际联系的法院。

---

① 刘仁山："我国批准《选择法院公约》的问题与对策"，载《法学研究》2018年第4期。
② 单文华："国际商事法庭建设域外经验与中国贡献"，载《中国审判》2018年第8期。

(二) 协议选择法院的级别限制

《国际商事规定》规定协议选择的管辖法院只能是最高人民法院。在国际商事法庭运作初期做出这样的规定，对于迅速提升其权威性和增强国际影响力，不无裨益。但是，最高人民法院毕竟是国内司法机关，主要服务于国内，而晚近的国际商事法庭要么单独设立，要么虽名义上内设于既有的司法机构，但自成体系独立运作，具有非常浓厚的专业化属性和独立分工属性。中国对协议选择法院的最高级别限制，也与世界其他国际商事法庭的规定有所不同。SICC虽然也和中国国际商事法庭一样，都内置于国内的高等法院，但在协议管辖中，SICC对案件的管辖相对于高等法院独立存在，即当事方对两者其一所达成的管辖协议，并不使另一个法庭具有管辖权，并且当事人可以直接选择SICC进行协议管辖。①

值得注意的是，我国国际商事法庭对协议选择的最高级别限制，也同时意味着当事人要选择放弃上诉救济程序的机会。根据《国际商事规定》第15条的规定，国际商事法庭做出的判决、裁定，是发生法律效力的判决、裁定。该条文遵循了我国现行宪法和法律对最高人民法院法律地位的规定，其适用不用修改相关宪法和法律，②在一定程度上体现了中国国际商事法庭高效、便利、低成本的原则和理念。但是，当事人选择我国国际商事法庭作为管辖法院（实际上是选择最高人民法院）时，因国际商事法庭作为最高人民法院的常设机构，这同时也意味着在诉讼程序上"一审终审，一裁终局"的选择，无疑剥夺了当事人继续寻求商事救济的权利。

---

① Man Yip, Singapore International Commercial Court: A New Model for Transnational Commercial Litigation, Chinese (Taiwan) Yearbook of International Law and Affairs, Vol. 32, p. 166.

② 《人民法院组织法》第11条第4款规定："最高人民法院审判的第一审案件的判决和裁定，都是终审的判决和裁定，也就是发生法律效力的判决和裁定。"

(三) 可协议选择管辖的商事案件范围不明确

根据《民事诉讼法》的规定，涉外协议管辖案件的受案范围在参照适用国内协议管辖的基础上，应理解为具有涉外因素的合同或者涉外因素其他财产利益的争议。但多年来，无论是立法规定，还是司法解释对涉外合同与涉外其他财产权益争议都没有做出明确的界定，以及如何对二者进行区分和理解也没有统一的标准，因而给涉外协议管辖当事人带来了适用范围的不确定性风险。①

首先，关于涉外合同的界定。我国合同法仅仅对典型合同与有名合同进行了规定，但对非典型合同却没有做出具体规定，因而涉外合同是否包含了所有具有涉外因素的民事或商事合同呢？当事人能否对涉外无名合同的纠纷协议选择管辖法院，能否对劳动争议合同、消费合同等具有一定人身性质的涉外商事合同纠纷协议选择管辖法院等问题，目前还不是很明确。

其次，对于涉外财产权益纠纷的界定。如何理解第34条所称的"财产权益纠纷"概念，无论是学界，还是司法实践部门迄今为止都没有一致的看法和做法。2017年民事诉讼法在立法中没有对"财产权益纠纷"做出界定，而仅在立法理由中表示：这些纠纷包括因物权、知识产权中的财产权而产生的民事纠纷。② 显然，这种简单抽象的立法说明并没有明确财产权益的属性和范围。

最后，商事诉讼与商事仲裁中的商事范围是否一致尚不明确。1987年执行通知是目前对商事范围所作最全面和最权威的司法文件，对按照我国法律规定对涉外商事仲裁承认与执行中"商事"的认定进行了较为详细的规定。虽然国际商事仲裁与国际商事诉讼都是解决国际商事纠纷的并重法律手段，

---

① 吴永辉："论新《民事诉讼法》第34条对涉外协议管辖的法律适用"，载《法律科学》2016年第5期。
② 全国人大常委会法制工作委员会民法室：《〈中华人民共和国民事诉讼法〉条文说明、立法理由及相关规定》，北京大学出版社2012年版，第46页。

而且二者在商事纠纷性质与范围上具有高度的一致性和相似性，但能否直接参照该通知来认定和适用协议管辖的商事范围，目前还缺乏明确的法律依据。

结　论

国际裁判管辖权不仅是国际商事法庭受理跨国商事案件的前提条件，也是吸附和争夺国际商事案源的重要司法手段。在主权国家并存的国家社会，司法主权仍然是国家内外商事法庭管辖权的主要源泉和基本依据，但国际商事法庭的管辖突破了传统地域管辖与属人管辖的客观连结限制，出现了以裁量管辖和协议管辖为主的"主观"管辖根据。中国国际商事法庭的管辖权一方面与普通人民法院对涉外商事案件的传统集中管辖存在着亟待厘清的分流关系，另一方面我国在协议选择管辖中强调"实际联系"的保守做法与国际商事法庭协议管辖的通行实践不大一致，严重减损了中国特别商事法庭国际化与专业化的法律功能定位。目前《国际商事法庭规定》对国际商事法庭的管辖权只做了概括性规定，缺乏配套制度与措施的跟进与衔接。因此，我国需要通过后续修订的《民事诉讼法》《人民法院组织法》等相关法律法规、司法解释以及其他规范性文件的修改或调整，进一步完善国际商事法庭管辖权的法律适用与有效运作。

中亚国家国际投资仲裁腐败问题研究*

王晓峰　阿迪拉·阿布里克木**

摘要：近年来，中亚国家的国际投资仲裁实践表明，其境内跨国外商投资腐败问题较严重。在"一带一路"倡议下，中国投资者在中亚国家投资的主要领域为自然资源及基础设施建设，其在投资过程中往往需要与政府签订合同或获得政府的许可，因而腐败亦是中国投资者不可忽略的风险。通过考察国际投资仲裁庭对涉及腐败的投资争端做出的裁决，可知其对于腐败问题已由最初的回避转变为主动对相关事实进行调查。这表明，在当前的时代背景下，我国应当承认腐败问题的可仲裁性，同时需要在仲裁实践中注意仲裁庭对于相关程序及实质问题的裁决路径。只有这样，我国投资者才可利用国际投资仲裁庭抵御海外投资过程中的腐败风险，为形成更好的国际投资环境做出贡献。

关键词：中亚国家；跨国腐败；国际投资仲裁；符合东道国法律

中亚是"一带一路"倡议的重要板块，在良好的投资政策的引导下，在

---

* 基金项目：教育部人文社科基金规划项目"中亚国家投资壁垒法律对策实证研究"（16YJA820017）；新疆维吾尔自治区研究生创新科研项目"中亚国家国际投资仲裁案例中新型投资壁垒研究"（XJGRI2017030）；新疆稳定与地区经济发展法制保障研究基地项目"中国与中亚互联互通中基础设施法律制度协调机制研究"（XJEDU010915B04）。

** 王晓峰，新疆大学法学院副教授。阿迪拉·阿布里克木，新疆大学法学院硕士研究生。

中亚国家进行投资的中国投资者日益增多，而在投资过程中中国投资者所面临的腐败风险不容忽视。国际透明组织①（Transparency International）2016 年发布的《腐败印象指数报告》（Corruption Perceptions Index）显示，中亚国家在全球 176 个国家中均排在 130 名之后，其中哈萨克斯坦排在 131 位，吉尔吉斯斯坦排在 136 位，塔吉克斯坦排在 151 位，土库曼斯坦排在 154 位，乌兹别克斯坦排在 156 位。在得分方面，中亚各国均在 30 分以下。② 中亚国家的腐败体现为其高层统治者及其家族的腐败。苏联解体后中亚国家在独立进程中没有摒弃世袭家产制，相反在这个历史进程中各国的政治精英们掌握了国家的大量资源及财富。③

中国投资者在中亚国家的投资主要在石油、天然气等自然资源的勘探、开采、加工运输以及铁路和电信网络等基础设施建设领域，这些领域的投资项目均需取得当地政府相关部门的许可，或直接与当地相关部门签署合同。④ 中亚国家这种高层腐败的情况会直接导致外国投资者投资时需要贿赂政府工作人员才能获得签署合同，在相关投资项目招投标过程中获得中标的机会，甚至可能面临政府高层的索贿。腐败风险对外国投资者投资项目的危害是广泛的，最重要的是增加投资的成本。根据国际透明组织的相关数据，在一些投资案例中，其 20%—25% 的投资成本都用于贿赂当地官员。⑤ 投资成本的增加又会导致相关产品价格上涨，如中国企业若在中亚地区开采自然资源时遇到腐败问题很可能会对当地自然资源价格产生影响，而在水力、电力、网络通信等基础设施领域进行投资时遇到腐败风险亦会对东道国国内居民生活成本产

---

① 国际透明组织被认为是现今对全球腐败问题研究最为权威的非政府组织，其每年发布的《腐败印象指数报告》被认为是对各国腐败情况的客观评估。
② Transparency International, Corruption perceptions index 2016, 25 Jan. 2017, https://www.transparency.org/news/feature/corruption_perceptions_index_2016, 访问日期：2018 年 1 月。
③ Alexander Cooley, J. C. Sharman, Blurring the Line Between Licit and Illicit: Transnational Corruption Networks in Central Asia and Beyond, *Central Asian Survey*, Vol. 34 (1), pp. 18–19.
④ 韩璐："丝绸之路经济带在中亚的推进：成就与前景"，载《国际问题研究》2017 年第 3 期。
⑤ Andreas Kulick, Carsten Wendler, A Corrupt Way to Handle Corruption? Thoughts on the Recent ICSID Case Law on Corruption, *Legal Issues of Economic Integration*, Vol. 37 (1), p. 63.

生影响。

在全球经济一体化的进程中,腐败问题已经成为各国经济和社会发展的一大障碍,而国际仲裁庭也越来越多地面临双方当事人提出的涉及腐败问题的主张。截至目前,国际仲裁庭裁决的涉及腐败的案件超过 50 件,尤其是 2000 年之后案件数量呈现明显的上升趋势,而在近十年 ICSID 仲裁庭裁决的涉及腐败的案件中,有 4 起都是以中亚国家为被申请人。① 除了本文讨论的 Metal – Tech 案外,另外 3 起案件为 Rumeli Telekom v. Republic of Kazakhstan 案②、Liman v. Republic of Kazakhstan 案③及 Sistem v. Kyrgyz Republic 案④。

本文将以 Metal – Tech 案为中心,分析中国投资者在中亚国家投资过程中可能面临腐败风险及应采取哪些具体的应对措施。

一、问题的提出:Metal – Tech v. Uzbekistan 案

Metal – Tech 公司是依照以色列法律成立的一家上市公司,生产与钼元素相关的工业制品。经乌兹别克斯坦(以下简称乌)内阁批准,乌两家国有企业 AGMK、UzKTJM 公司和 Metal – Tech 公司组建了合资企业 Uzmetal 公司。AGMK 公司是乌国唯一的一家开采钼的企业,UzKTJM 公司是乌国生产出口钼制品的主要企业。合资企业由 Metal – Tech 公司主要提供技术、知识及国际市场,此外还提供部分资金;AGMK 公司和 UzKTJM 公司主要提供实物,包括厂房、机器、设备以及原材料钼。⑤

---

① Cecily Rose, Questioning the Role of International Arbitration in the Fight against Corruption, *Journal of International Arbitration*, Vol. 31 (2), pp. 183, 253, 259, 257.
② Rumeli Telekom A. S. and Telsim Mobil Telekomunikasyon Hizmetleri A. S. v. Republic of Kazakhstan, ICSID Case No. ARB/05/16.
③ Liman Caspian Oil BV and NCL Dutch Investment BV v. Republic of Kazakhstan, ICSID Case No. ARB/07/14.
④ Sistem Muhendislik Insaat Sanayi ve Ticaret A. S. v. Kyrgyz Republic, ICSID Case No. ARB (AF) /06/1.
⑤ Metal – Tech Ltd. v. The Republic of Uzbekistan, ICSID Case No. ARB/10/3, Award, Paras. 1 – 18.

2006 年 4 月，批准该合资企业的副总理被罢免，调查发现该副总理的弟弟是 Metal–Tech 公司的顾问。① 随后，塔什干地区的检察院以 Uzmetal 公司的官员滥用权力并损害乌兹别克斯坦利益为由对 Uzmetal 公司提起了刑事诉讼。2006 年 7 月 18 日，乌内阁发布了第 141 号决议，剥夺了 Uzmetal 公司购买原材料的权利，并且废止了 Metal–Tech 公司出口 Uzmetal 公司精制钼产品的权利。同时，AGMK 公司和 UzKTJM 公司均对合资企业 Uzmetal 公司提起法律诉讼，最终以 Uzmetal 公司破产告终。②

2010 年 1 月 26 日，Metal–Tech 公司向 ICSID 提交仲裁申请，宣称乌方违反了 1994 年以色列—乌兹别克斯坦双边投资协定（以下简称以—乌 BIT）。③ Metal–Tech 公司指出，乌在未进行补偿的情况下征收了其投资，违背了对以色列投资进行公平公正对待的义务，使 Metal–Tech 公司遭受了不合理的歧视性待遇，此外还指出乌未能给予其投资全面的保护从而违背了其自身制定的外资法。④

乌方认为，Metal–Tech 公司在投资过程中存在腐败及欺诈行为，违反了乌国内法，因此，Metal–Tech 公司不属于双边条约应当保护的投资者，因而仲裁庭对该争议无管辖权。⑤ 2013 年 10 月，ICSID 仲裁庭做出裁决，认为鉴于 Metal–Tech 公司在乌国做出投资时存在贿赂行为，该公司无权依据 BIT 提起仲裁，因为其违反了双边投资协定中必须依照东道国的法律合法进行的

---

① Metal–Tech Ltd. v. The Republic of Uzbekistan, ICSID Case No. ARB/10/3, Award, Para. 227.

② Metal–Tech Ltd. v. The Republic of Uzbekistan, ICSID Case No. ARB/10/3, Award, Paras. 38–41.

③ Metal–Tech Ltd. v. The Republic of Uzbekistan, ICSID Case No. ARB/10/3, Award, Para. 55.

④ Metal–Tech Ltd. v. The Republic of Uzbekistan, ICSID Case No. ARB/10/3, Award, Para. 107.

⑤ Metal–Tech Ltd. v. The Republic of Uzbekistan, ICSID Case No. ARB/10/3, Award, Para. 110.

规定。①

该案对于投资仲裁中涉及腐败问题的争议及解决具有深远的影响,因而引起广泛的关注。首先是仲裁庭对于 Metal – Tech 公司是否存在贿赂行为采取了更为积极主动调查的方法,尤其是对于相关间接证据的审查,为之后的涉及腐败问题案件的仲裁提供了重要借鉴。其次是仲裁庭对于当事人违反东道国国内法继而触犯"符合东道国法律条款"(in accordance with domestic law clause)的行为的裁决亦具有重要参考意义。

那么我国在中亚国家的投资者该如何应对腐败风险?在遭遇腐败风险时可否利用国际仲裁庭去维护自身权益?在国际仲裁庭中提出腐败主张有哪些值得关注的程序及实体问题?国际仲裁庭对涉及腐败的投资争端裁决路径出现了哪些新的变化?应当采取何种应对策略?中国投资者又能否预防该类风险?以下分别对上述问题进行分析。

二、国际仲裁庭对腐败问题裁决的程序问题

在国际投资仲裁中,当事人提交涉及腐败问题的争议,仲裁庭是否拥有管辖权?涉腐问题是程序问题还是实质问题?这不仅决定案件是否会被受理,甚至会影响案件的最终裁决。从国际仲裁实践来看,对涉腐案件程序影响较大的因素主要包括对当事人提出腐败主张的时间是否有限制和涉腐案件的证据规则问题。

(一) 对当事人提出腐败主张的时间要求

对于投资中腐败问题的性质,当前国际仲裁实践中并没有统一的定论,因而对当事人提出腐败主张的时间要求实际上取决于仲裁庭将腐败问题视为

---

① Metal – Tech Ltd. v. The Republic of Uzbekistan, ICSID Case No. ARB/10/3, Award, Para. 413.

管辖权问题还是实质问题。在 Metal - Tech 案中，仲裁庭将腐败问题视为管辖权问题，被申请人乌方在提交答辩状时便提出管辖权异议，仲裁庭基于申请人未达到符合东道国国内法的要求而裁定无管辖权①；但是也有仲裁庭对腐败问题在实质审理阶段进行审理，在 EDF（Services）v. Romania 案中，申请人 EDF（Services）称因其拒绝罗马尼亚政府官员的索贿行为，罗马尼亚政府未批准对其之前签署的投资合同进行续期，仲裁庭对申请人提出的主张及申请人提交的证据等进行了实质性审理。②

ICSID 公约对于管辖权异议的期限没有明确规定。该公约仅表示："争端一方提出反对意见，认为争端不属于中心的管辖范围，或因其他原因不属于仲裁庭的权限范围，仲裁庭应加以考虑，并决定是否将其作为先决问题处理，或与该争端的是非曲直一并处理。"③ 可见 ICSID 仲裁庭对于腐败问题的处理拥有更为宽泛的自由裁量权，理论上当事人提出腐败主张没有期限限制。在另一起 SGS v. Pakistan 案中，仲裁庭自由裁量权的宽泛性体现得尤为突出。该案中被申请人巴基斯坦认为 SGS 在签订投资协议中存在贿赂行为，因此提出管辖权异议，认为仲裁庭不享有管辖权。对于该问题，仲裁庭裁定要求申请人在实质审理阶段提交相关证据。④

而《联合国国际贸易法委员会仲裁规则》（以下简称《UNCITRAL 仲裁规则》）规定了明确地提出管辖权异议的期限："对仲裁庭无管辖权的抗辩，至迟应在答辩书中提出……"此外还规定，若仲裁庭认为延迟提出抗辩是正当的，仲裁庭也可准许提出。⑤

基于以上分析，虽然国际仲裁规则对于涉腐问题属于程序问题还是实质

---

① Metal - Tech Ltd. v. The Republic of Uzbekistan, ICSID Case No. ARB/10/3, Award, Para. 110.
② EDF（Services）Limited v. Romania, ICSID Case No. ARB/05/13, Award, paras. 221 - 237.
③ ICSID Convention, Art. 41（2）.
④ SGS Société Générale de Surveillance S. A. v. Islamic Republic of Pakistan, ICSID Case No. ARB/01/13, Decision of the Tribunal on Objections to Jurisdiction, Paras. 141 - 143.
⑤ UNCITRAL Arbitration Rules 2010, Art. 23（2）.

问题并未达成一致,对于提出时间亦未有严格的限制,但是适时提出腐败主张被认为是关系到可否赢得有利裁决的重要策略。① 在一些仲裁案件中,当事人在没有充足证据的情况下便提出腐败主张,其真实意图并不是提出与腐败相关的实质性主张,而是使仲裁庭将其纳入考量范围进而获得有利裁决。② 如在 International Thunderbird v. United Mexican State 案中,被申请人墨西哥政府称 Thunderbird 公司付给两名律师 20 万美元作为其获得墨西哥政府相关信函的成功费,暗示 Thunderbird 公司存在贿赂行为。③ Walde 教授在其单独意见中指出,仲裁庭会不可避免地受到这种暗示的影响,这种行为严重影响仲裁的公正性,应该对于仅提出腐败暗示不提供相关证据的当事人的行为作不利推定,④ 从而有效防止当事人恶意利用涉腐问题谋求于己有利的裁决。

此外,如果裁决做出后才发现有关腐败的证据,是否可以进行有效救济?《ICSID 公约》第 51 条规定:"任何一方可以根据所发现的某项其性质对裁决有决定性影响的事实,向秘书长提出书面申请要求修改裁决,但必须以在做出裁决时仲裁庭和申请人都不了解该事实为条件,且申请人不知道该事实并非由于疏忽所致。"⑤ 当事人在裁决做出后要提出腐败主张申请修改裁决,仍由仲裁庭根据是否对裁决有决定性影响而自由裁量,且须在发现腐败事实后的 90 天内做出。⑥

---

① Thomas Kendra & Anna Bonni, Dealing with Corruption Allegations in International Arbitration: Reaching a Procedural Consensus?, *Journal of International Arbitration*, Vol. 31 (4), p. 445.

② F – W Oil Interests, Inc. v. Republic of Trinidad & Tobago, ICSID Case No. ARB/01/14; International Thunderbird Gaming Corp. v. United Mexican States, UNCITRAL, Separate Opinion of Thomas Wälde, Award, Jan. 26th, 2006; J. O. & T. L. v. Slovak Republic, UNCITRAL, Award, Apr. 23rd, 2012.

③ International Thunderbird Gaming Corp. v. United Mexican States, UNCITRAL, Separate Opinion of Thomas Wälde, paras. 54 – 55.

④ International Thunderbird Gaming Corp. v. United Mexican States, UNCITRAL, Separate Opinion of Thomas Wälde, paras. 113, 118.

⑤ ICSID Convention, Art. 51 (1).

⑥ ICSID Convention, Art. 51 (2).

（二）涉及腐败的投资争端所适用的证据规则

证据问题是仲裁庭解决涉腐投资案件时又一重要的程序问题，仲裁程序中的证据规则通常包括举证责任问题及证明标准问题。涉及腐败的投资争端向来面临着举证困难的问题，这是由腐败行为的性质[①]及仲裁庭取证的难度决定的。国际投资争端中的腐败行为通常与一国政府高层官员有关，如 Metal-Tech 案中涉及腐败的便是乌兹别克斯坦的副总理。此类腐败的过程不会留下直接证据，而证人一般也不会直接出面指证一国高层官员。国际仲裁庭缺乏类似国内法庭的传唤证人作证、强迫当事人提交相关证据的强制性权力，因此，国际仲裁庭对腐败、欺诈等违法行为裁决时在证据问题方面存在较大缺陷。

现有的国际仲裁规则对于证据规则没有明确的规定，而是交由仲裁庭自由裁量。根据《ICSID 公约》第 43—45 条，公约赋予仲裁庭要求双方提交相关证据，决定证据的证明力及可采性，访问与争端有关的场地并在该地进行现场调查等权力。[②]《UNCITRAL 仲裁规则》亦规定证据的可采性、关联性及证明力等问题均由仲裁庭自由裁量。[③] 基于此种自由裁量权，仲裁庭对于涉及腐败的争端进行仲裁时适用何种证据规则并无共识，争议主要集中于是否要转移举证责任，是否应当提高证明标准这两点。

1. 是否应当转移举证责任

转移举证责任有利于解决当事人举证困难问题。在 AAPL v. Republic of Sri Lanka 案中，仲裁庭指出，在举证确有困难时，当事人提供的证据达到表

[①] EDF (Services) Limited v. Romania, ICSID Case No. ARB/05/13, para. 221.
[②] ICSID Convention, Art. 43, 44, 45.
[③] UNCITRAL Arbitration Rules 2010, Art. 27 (4).

面证据初步成立这一标准，举证责任即转移到对方当事人。① 国际商事仲裁庭已经将该方法适用于涉及腐败问题的裁决。在国际商会（以下简称 ICC）6497 号案中，仲裁庭指出，提出腐败主张的当事人提供的证据已经足够，若另一方当事人无法提供相反证据，则仲裁庭将裁定该主张成立。此外，该仲裁庭还指出此种方法只有在特殊情形并有充足理由，且要求当事人提供反证不会给当事人造成过多负担时才可适用。②

转移举证责任的确是解决举证困难问题最为直接的方法，然而这一方法亦有明显缺陷。首先，对何种情形可适用该方法，何为仲裁庭认为的"理由充足"，并没有明确规定，依然由仲裁庭自由裁量，造成适用该方法存在很高的不确定性；其次，即使仲裁庭并不认为在该问题上享有绝对的自由裁量权，争议依然存在。如 Metal–Tech 案中仲裁庭提出是否转移举证责任这一问题应由裁决适用的准据法来决定，若准据法中有相关规定则可转移，对此仍有很多不同意见；③ 此外，根据《ICSID 仲裁规则》第 34 条规定，当事人在仲裁程序中举证的情况以及履行诉讼义务的情况应当纳入仲裁庭考量范围，照此，若提出腐败主张而不提供充分证据的当事人也应当承担适当举证失败的风险④；最后，更重要的是，对于国际仲裁庭，腐败是非常严重的指控，而表面证据初步成立的证明标准是最低的证明标准，单纯为了解决诉讼中的举证困难问题就通过该证明标准来转移举证责任可能会造成滥用诉讼程序。

2. 是否应当提高证明标准

另一个争议较大的问题是，是否应当对涉及腐败的争端适用更高的证明

---

① Asian Agricultural Products Limited v. Democratic Socialist Republic of Sri Lanka, ICSID Case No. ARB/87/3, para. 56.

② Carolyn B Lamm & Brody K. Greenwald & Kristen M. Young, From World Duty Free to Metal–Tech: A Review of International Investment Treaty Arbitration Cases Involving Allegations of corruption, *ICSID Review*, Vol. 29 (2), p. 336.

③ Metal–Tech Ltd. v. The Republic of Uzbekistan, ICSID Case No. ARB/10/3, Award, Para. 238.

④ ICSID Arbitration Rule, Art. 34 (3).

标准？在 Metal – Tech 案中，申请人援用 EDF（Services）v. Romania 案的裁决提出涉及腐败等严重违法行为的主张应当适用"清楚且有说服力"（clear and convincing）的证明标准，而被申请人则指出有的仲裁庭适用的是较低的证明标准。① 实际上，仲裁庭的确对于证明标准问题没有共识，总的来说，实践中采用的证明标准从低到高包括盖然性权衡（balance of probabilities）、清楚且有说服力（clear and convincing）、排除合理怀疑（beyond reasonable doubt）等。

首先应当明确的是，排除合理怀疑的证明标准通常适用于国内刑事案件，而国际仲裁庭没有给双方当事人施加刑事处罚的权力，其始终解决的都是民事上的权利义务关系，因而该证明标准过高。② 在 EDF（Services）v. Romania 案裁决中提出的适用较高证明标准被广泛援用，裁决指出，因为腐败主张涉及的是最高级别的官员，因而应当适用较高的证明标准，而其又指出，腐败行为本身是难以证明的，对于本来就证明困难的问题又适用更高的证明标准显然不合理。③ 因而提高腐败问题的证明标准会使得本身就难以证明的腐败问题更加难以证明，令国际仲裁庭无法解决涉及腐败的争端。

3. 更多依靠间接证据

Metal – Tech 案对于腐败的证据问题的解决路径是值得借鉴的，仲裁庭在该案中首次主动对腐败问题进行审查，采取了比以往更主动的立场。在裁决过程中，申请人称其付给咨询顾问 400 万美元用于游说活动（lobbying activities），仲裁庭认为其有权依公约 43 条赋予的职权来对相关问题进行调查。④ 鉴于上述对于腐败问题的举证责任及证明标准存有的争议，仲裁庭选

---

① Metal – Tech Ltd. v. The Republic of Uzbekistan, ICSID Case No. ARB/10/3, Award, Para. 232.
② Michael Hwang S. C. & Kevin Lim, Corruption in Arbitration——Law and Reality, *Asian Arbitration Lecture*, 4 August 2011, p. 19.
③ EDF (Services) Limited v. Romania, ICSID Case No. ARB/05/13, para. 221.
④ Metal – Tech Ltd. v. The Republic of Uzbekistan, ICSID Case No. ARB/10/3, Award, Para. 240.

择审查有关腐败行为的间接证据，并指出腐败问题是可以通过间接证据证明的。①

在涉及腐败的争端中，一些间接证据被认为是存在腐败行为的迹象，主要包括以下事项：①咨询顾问缺乏该领域的相关经验；②咨询顾问的佣金过高；③咨询顾问与政府官员有着特殊关系；④没有咨询顾问提供相关服务的证明等。② 以 Metal – Tech 案为例，在该案中，其中一位咨询顾问是一名警察，其余两位咨询顾问亦没有与钼工业相关的经验；在佣金方面 Metal – Tech 付给咨询顾问的初始资本为 50 万美元，而当时的项目估值为 194 万美元，即咨询费用相当于整个项目价值的 33%，仲裁庭认为这与咨询顾问提供的服务内容不成比例；此外，仲裁庭发现 Metal – Tech 其中一位咨询顾问是时任乌副总理的弟弟，并且合资企业 Uzmetal 正是由这位副总理负责监督建立及运营的；Metal – Tech 未能提供咨询顾问提供服务的证明。③ 可见，在证据问题方面相对于争议较大的转移举证责任及提高证明标准，Metal – Tech 案所采取的主动审查相关间接证据的策略值得借鉴，亦具有更强的操作性。

三、国际仲裁庭对腐败问题裁决的实质问题

国际仲裁庭在对当事人提出的腐败主张进行裁决时，值得注意的实质问题主要包括符合东道国法律条款及公共政策的问题。通过研究相关仲裁案例可知，仲裁庭对于上述问题的解释随着仲裁实践的发展出现了不容忽视的新趋势。

---

① Metal – Tech Ltd. v. The Republic of Uzbekistan, ICSID Case No. ARB/10/3, Award, Para. 243.
② Metal – Tech Ltd. v. The Republic of Uzbekistan, ICSID Case No. ARB/10/3, Award, Para. 293.
③ Metal – Tech Ltd. v. The Republic of Uzbekistan, ICSID Case No. ARB/10/3, Award, Paras. 199, 207, 210, 225.

（一）腐败与符合东道国法律条款

现今大多数双边条约中都包含符合东道国国内法条款，这类条款通常包含在投资定义中，条约用语通常为投资须"遵循东道国法律"。① 条约中纳入符合东道国法律条款的意义是使得违反东道国国内法的行为具有了国际法的效力，即该种投资不会受到条约保护，投资符合东道国国内法具有合法性与构成条约定义中投资的其他要素同等重要。② 此外，仲裁庭认为符合东道国法律条款的另一个效力是，若违反该条款，则不会被认定为"同意"接受仲裁庭管辖。③ 一般若当事人出现包括腐败在内的违法行为时，被申请人便会援用符合东道国法律条款，那么是不是在任何情况下都可以援用该条款来认定投资者不受条约保护呢？这需要对符合东道国法律条款的内涵进行界定。

1. 投资者需要遵循的法律的范围

即便条约中包含符合东道国法律条款，当事人需要遵循的东道国法律的范围是有限的。有的仲裁庭对该条款进行狭义解释，如在 Rumeli Telekom v. Republic of Kazakhstan 案中，仲裁庭认定只有违反东道国法律基本原则（fundamental rules）的行为才属于不符合东道国国内法要求的情形，但是仲裁庭并未对基本原则的范围进行界定。④ 有的仲裁庭认为不是违反东道国任何法律都会触发符合东道国国内法条款。例如，在 Saba Fakes v. Republic of Turkey 案中，仲裁庭认定只有违反东道国有关投资管理的法律才可以援用该条款。但是此观点并未被之后的仲裁庭认可。⑤ 在 Tokios Tokelés v. Ukraine

---

① 鲁道夫·多尔查、克里斯托弗·朔伊尔：《国际投资法原则》，祁欢、施进译，中国政法大学出版社2014年版，第94页。
② Fraport AG Frankfurt Airport Services Worldwide v. Republic of the Philippines, ICSID Case No. ARB/03/25, para. 306, 394.
③ Saba Fakes v. Republic of Turkey, ICSID Case No. ARB/07/20, para. 115.
④ Rumeli Telekom A. S. and Telsim Mobil Telekomunikasyon Hizmetleri A. S. v. Republic of Kazakhstan, ICSID Case No. ARB/05/16, para. 319.
⑤ Saba Fakes v. Republic of Turkey, ICSID Case No. ARB/07/20, para. 119.

案中，仲裁庭指出违反东道国法律程度较低的法律不属于违反符合东道国法律条款范围，该案中的违法行为主要是形式违法。该观点被之后的仲裁庭广泛援用。①

多数仲裁庭对该条款进行了广义解释，即不论是违反东道国的法律还是违反法律的基本原则都属于违反符合东道国国内法条款。Metal - Tech 案仲裁庭亦做了广义解释，指出通过考察之前的仲裁案例，符合东道国法律的范围包括：①违反东道国成文法律，不包括违法程度较低的行为；②违反东道国外国投资法律；③在获得投资及相关利益过程中存在欺诈、腐败等行为。②据此可知，由于几乎所有国家都将腐败行为规定为犯罪行为，腐败又被认为属于违反公共政策及诚实信用原则的行为，即无论对符合东道国国内法条款作广义解释还是狭义解释，腐败均属于可以触发符合东道国法律条款的行为。

2. 符合东道国法律的时间范围

符合东道国法律的时间范围即投资者在何时的违法行为属于可以援用该条款的情形。通常条约中的符合东道国法律条款使用的都是动词的过去式如 implemented、made、established 等，如 Metal - Tech 案中所适用的以—乌 BIT 中相关规定的措辞是："The term 'investment' shall comprise any kind of assets, implemented in accordance with the laws and regulations of the Contracting Party in whose territory the investment is made ……"③ 对此，乌方主张条文中同时适用 "implemented" 和 "made"，表示对这两个词做出了区分，即投资者应当在投资的做出和运营期间均符合东道国法律。④ 该主张并未获得仲裁庭支持，仲裁庭认为通过参考条约中其他包含 "implemented" 的

---

① Tokios Tokelés v. Ukraine, ICSID Case No. ARB/02/18, para. 86, 97.
② Metal - Tech Ltd. v. The Republic of Uzbekistan, ICSID Case No. ARB/10/3, Award, para. 165.
③ Israel - Uzbekistan Bilateral Investment Treaty, Art. 1 (1).
④ Metal - Tech Ltd. v. The Republic of Uzbekistan, ICSID Case No. ARB/10/3, Award, para. 168.

条款，认为该词指的是投资做出这个一次性的动作，其与"made"并无区别，即仲裁庭认为符合东道国法律指的是在投资做出时符合东道国法律。①

大多数仲裁庭都和 Mental - Tech 案仲裁庭一样，认为东道国法律条款的时间要求限于投资做出时，是一种一次性用尽的权利。即便条约中出现拥有（owned）、控制（controlled）等持续性动词，符合东道国法律条款的适用依然限于投资建立阶段。② Hamester v. Ghana 案仲裁庭对于投资建立时的违法行为与建立之后的违法行为进行了区分，仲裁庭认为投资建立时存在违法行为属于管辖权问题，而投资设立之后的违法行为属于实质问题。③

符合东道国法律条款的时间范围限于投资设立阶段是出于保护投资者的目的，东道国本国投资者尚且不能保证投资整个阶段都符合当地法律，何况是对当地法律并不熟悉的外国投资者。若当事人在任何时候违反当地法律就被剥夺条约保护，进而失去通过仲裁庭进行救济的权利，则不利于保护投资者利益也不符合条约促进投资的目的。因而，从上述仲裁庭对于符合东道国国内法条款的解释可知，腐败行为必须发生在投资设立阶段才可援用该条款。

（二）腐败与国际公共政策

在涉及腐败的案件仲裁中，仲裁庭通常都会指出腐败行为违反国际公共政策，这一点基本成为共识。该观点最早是在 1963 年 ICC1110 号案中提出的。该案审理过程中，当事人提交了关于腐败的确凿证据，Lagergren 法官指出，腐败行为违反国际公共政策及善良风俗，涉及腐败的合同因为违反国际

---

① Metal - Tech Ltd. v. The Republic of Uzbekistan, ICSID Case No. ARB/10/3, Award, paras. 89, 193.
② Alasdair Ross Anderson and others v. Republic of Costa Rica, ICSID Case No. ARB (AF) /07/3, para. 57.
③ Gustav F W Hamester GmbH & Co KG v. Republic of Ghana, ICSID Case No. ARB/07/24, para. 127.

公共政策而无效,不具有强制执行效力,进而裁定仲裁庭无管辖权。① 该裁决被之后的仲裁庭广泛引用,Mental – Tech 案中,仲裁庭亦指出腐败行为是被国际社会普遍禁止的违背国际公共政策的行为。②

对腐败及公共政策的问题阐述较为详细的是 World Duty Free v. The Republic of Kenya 案的裁决。该案中,证人提供证言指出,申请人世界免税公司曾经向肯尼亚总统及其他高层官员行贿。③ 申请人称此费用是当地的一种商业惯例(local custom),是将私人的捐赠用于公共目的的行为,而仲裁庭明确表示拒绝将此类贿赂行为认定为一种商业惯例,因为该行为违反了国际公共政策。④ 此外,仲裁庭还指出,基于公共政策拒绝管辖该案是因为法律保护的是包括纳税人在内的公众而不仅仅是双方当事人。⑤

综上所述,腐败违反公共政策这一点毋庸置疑,但笔者认为 World Duty Free 案仲裁庭基于此而拒绝管辖却有待商榷。仲裁庭以保护公众免受腐败行为损害为由拒绝管辖,意味着腐败行为并未受到指责,更加不利于对抗全球性的腐败问题。这仅仅是仲裁庭采取的一种规避策略。此外,虽然国际投资仲裁庭经常援用国际商事仲裁庭相关裁决,但二者有着本质区别。在国际投资仲裁庭中,投资者面对的是国家,拒绝管辖意味着投资者无法获得救济,不利于国家与投资者之间权利义务的制衡。

四、仲裁庭对腐败问题裁决的缺陷及弥补

考察仲裁庭已有的涉及腐败的仲裁案件,可发现以下两点缺陷。首先,

---

① Raed Fathallah, Corrption in International Commercial and Investment Arbitration: Recent Trends and Prospects for Arab Countries, *International Journal of Arab Arbitration*, Vol. 2 (3), p. 69.
② Metal – Tech Ltd. v. The Republic of Uzbekistan, ICSID Case No. ARB/10/3, Award, paras. 290 – 292.
③ World Duty Free Company Limited v. Republic of Kenya, ICSID Case No. ARB/00/7, para. 62.
④ World Duty Free Company Limited v. Republic of Kenya, ICSID Case No. ARB/00/7, para. 110.
⑤ World Duty Free Company Limited v. Republic of Kenya, ICSID Case No. ARB/00/7, para. 181.

在腐败证据确凿的情况下，如 World Duty Free 案、Mental - Tech 案中，东道国提出腐败主张后，仲裁庭会拒绝行使管辖权或者是裁定争端不可仲裁。这导致投资者无法获得救济，东道国则不会因为自己国家的高层官员参与腐败而付出任何代价。其次，仲裁庭权力有限，缺乏类似于国内刑事程序的调查权以及传唤证人的权力。正是由于上述缺陷，国际仲裁庭在裁决涉及腐败的争端方面发挥的作用一直被诟病，实际上这些缺陷是可以弥补的，国际仲裁庭在反对跨国腐败方面亦可以发挥更大的作用。

（一）国家责任原理的适用

在 World Duty Free 案中，仲裁庭指出由于投资者是通过贿赂与政府签订合同，因而外国投资者无法就因征收造成的损失获得补偿。① 但是实际上该案的案情是肯尼亚总统办公室的一名员工明确向申请人表示若其给总统进行捐赠（personal donation），其项目才会获得支持，此种行为可以认定为肯尼亚总统的索贿行为。② 对此，仲裁庭仅指出不可将肯尼亚总统与肯尼亚等同。③ 该案拒绝管辖的仲裁结果表明投资者的腐败行为反而使得肯尼亚受益，其不仅没有为其前总统索贿行为付出代价，并且因征收了 World Duty Free 的投资而获益。

Mental - Tech 案仲裁庭已经认识到上述缺陷，指出涉及腐败案件的裁决结果总是不能令人满意，被申请人自己也参与到了腐败行为中却未受到处罚，被申请人似乎从中获得了不当利益。但是仲裁庭紧接着指出，仲裁的目的不是惩罚当事人，而是不可以为涉及违法行为的当事人提供救济。尽管被申请人被仲裁庭认定也参与到了违法行为中，申请人的投资还是被征收，被申请

---

① World Duty Free Company Limited v. Republic of Kenya, ICSID Case No. ARB/00/7, para. 148.
② World Duty Free Company Limited v. Republic of Kenya, ICSID Case No. ARB/00/7, para. 62.
③ World Duty Free Company Limited v. Republic of Kenya, ICSID Case No. ARB/00/7, para. 178.

人只是和申请人平摊了仲裁费用。①

对于涉及腐败的仲裁案件的结果总是偏向被申请人这一点,有学者指出东道国以投资者存在腐败行为进行抗辩不应是无条件的,至少其应证明已经主动指控了涉事官员的腐败行为。② 笔者认为,不应赋予东道国将腐败作为抗辩的任意权利,仲裁庭除了应当将东道国调查、指控涉事官员纳入考量范围外,还应当考察东道国反腐败立法的情况。

仲裁庭除了采取上述方法避免仲裁结果不公外,还可以援用 Kardassopoulos v. Georgia 案所适用的国家责任原理。该案中,希腊公司 Tramex 与两家格鲁吉亚国有企业签订了合营企业协议,该项目由格鲁吉亚高层官员、时任总统及副总理担保,但是格鲁吉亚法律禁止国有企业合营。因此,格鲁吉亚指出 Kardassopoulos 的投资未按照格鲁吉亚—希腊 BIT 的符合东道国法律要求做出。仲裁庭并未支持东道国这一主张,仲裁庭适用了国际法委员会《国家责任条款草案》第 7 条,指出国家机关或经授权行使政府权力要素的个人或实体,若以此资格行使,即使逾越权限或违背指示,其行为仍应视为国际法所指的国家行为,因为格鲁吉亚总统和副总理均担保该投资的合法性,因而其无权要求仲裁庭拒绝管辖。③ 此外,仲裁庭还指出申请人的投资项目在格鲁吉亚运营多年,格鲁吉亚从未宣称合资经营协议是违法的。④

笔者认为,该案仲裁庭在裁决中适用的国家责任原理可以为腐败案件的裁决提供一定借鉴。《国家责任条款草案》第 4 条规定:任何国家机关,不论行使立法、行政、司法职能,还是其他任何职能,不论在国家组织中具有

---

① Metal – Tech Ltd. v. The Republic of Uzbekistan, ICSID Case No. ARB/10/3, Award, para. 389.

② Joan E. Donoghue, Book Review: The Corruption Trump in Investment Arbitration, *ICSID Review*, Vol. 30 (3), p. 759.

③ Ioannis Kardassopoulos v. Georgia, ICSID Case No. ARB/05/18, Decision on Jurisdiction, para. 190.

④ Ioannis Kardassopoulos v. Georgia, ICSID Case No. ARB/05/18, Decision on Jurisdiction, para. 192.

何种地位，也不论作为该国中央政府机关或一领土单位机关而具有何种特性，其行为应视为国际法所指的国家行为；机关应包括依该国国内法具有此种地位的任何个人或实体。① 通过该条和仲裁庭援用的第 7 条，可以得出依国家责任原理，即东道国应当为其高层官员的行为负责，且无论其是否超越权限。由此看来，上述 World Duty Free 案中仲裁庭认为肯尼亚总统的行为不等同于肯尼亚行为的裁决违背了国家责任原理。因此，将国际责任原理适用于涉及腐败的投资争端的裁决，有利于缓解仲裁庭裁决被质疑裁决不公的情况。

（二）更多地依靠东道国刑事程序及反腐败机构

依靠东道国国内刑事程序及反腐败机构的调查结果是弥补仲裁庭权力有限性的一个最佳方案。在 Niko Resouces v. People's Republic of Bangladesh et al 案中，仲裁庭指出由孟加拉国调查机构调查、收集与腐败相关的证据是最合适的。于是仲裁庭审查了孟加拉国反腐败委员会、高等法院以及加拿大诉讼程序中调查所得事实及裁决，认定申请人确实存在腐败行为。② 在 Fraport v. Phillipines 案中，仲裁机构亦主动参考东道国国内相关机构的调查结果，认定投资者存在违法行为。③ 该方法对于调查投资者违法行为是行之有效的。

当然该方法也有其局限性，首先，并不是所有的涉及腐败的案件在裁决时，东道国都会对投资者的违法行为进行调查。如 Wena Hotel v. Egypt 案中，仲裁庭调查发现东道国在明知申请人存在腐败问题时并未对其提起检控，仲裁庭故将没有指控的行为纳入考量，认定埃及不能援用违反东道国法律条款以逃避责任。④ 其次，仲裁程序与东道国调查程序在时间上的不一致性，导

---

① International Law Commission（ILC），Articles on State Responsibility，Art. 4.
② Niko Resources（Bangladesh）Ltd. v. People's Republic of Bangladesh et al，ICSID Case No. ARB/10/11，Decision on Jurisdiction，Aug. 19th，2013，paras. 425 – 429.
③ Fraport AG Frankfurt Airport Services Worldwide v. Republic of the Philippines，ICSID Case No. ARB/03/25，para. 67.
④ Wena Hotels Limited v. Arab Republic of Egypt，ICSID Case No. ARB/98/4，para. 116.

致仲裁庭无法及时有效参考调查结果。该局限性突出表现在著名的"西门子贿赂门"事件中。2007年2月，ICSID仲裁庭裁定西门子获得约27亿美元的补偿，因为阿根廷违反了阿根廷—德国BIT中的相关规定。① 但是，2008年年初，德国国内法庭在对西门子的调查中发现，前述仲裁案所涉合同是通过贿赂而签订的。② 之后西门子便放弃了其通过前述仲裁裁决获得的补偿。该案表明东道国调查所得不是在任何情况下都可成为国际仲裁庭裁决时的参考，但是仍表明了东道国对于腐败行为的调查结果对于仲裁的重要性。

综上所述，笔者认为在可以参考东道国诉讼程序及反腐败机构调查所得的证据时应当将其纳入考量范围，因为东道国在调查腐败问题方面具有优势，可以很好地应对涉及腐败的投资争端裁决中面临的举证困难的问题。

五、结论

从20世纪末开始，跨国腐败问题盛行，各国为对抗腐败问题签订了一系列包括《联合国反腐败公约》《美洲反腐败公约》《非洲反腐败公约》等在内的全球性、区域性反腐败公约。在这个时代背景下，通过考察包括Mental-Tech案在内的上述涉及腐败问题的仲裁案例，不难发现，国际仲裁庭对腐败问题的态度已经发生变化。仲裁庭从最初的规避转变为越来越倾向于采取积极主动的策略去应对。如前所述，根据国际透明组织的数据，中亚地区腐败问题严重，中国投资者如何规避和应对投资过程中的腐败风险是"一带一路"倡议推进过程中不容忽视的问题。

（一）承认腐败问题的可仲裁性

对于腐败问题是否具有可仲裁性这一点，国内学者有着不同的观点。有

---

① Siemens A. G. v. Argentine Republic, ICSID Case No. ARB/02/8.
② Joe Tirado, Matthew Page, Daniel Meagher, Corruption Investigation by Govermental Authorities and Investment Arbitration: An Uneasy Relationship, *ICSID Review*, Vol. 29 (2), p. 507.

学者主张应当在双边条约中规定涉及腐败的投资争端不具有可仲裁性，其理由主要是基于公共政策及特殊国情的需要①；亦有学者主张应当承认该问题具有可仲裁性，其理由主要是考虑到当前国际反腐败的时代背景②。笔者更加同意后者的观点，跨国腐败问题不仅违反国内公共政策亦违反国际公共政策，未来跨国腐败问题的可仲裁性或是不可避免的趋势。

首先，从 Metal - Tech 案的裁决中，可以明确发现，国际仲裁庭对于跨国投资过程中腐败问题的态度已经发生转变。从最初的回避到之后的将更多的责任归于投资者，再到明确指出跨国腐败行为中东道国亦有责任，仲裁庭开始对跨国腐败问题采取更为积极的态度。在我国由资本输入型国家转变为资本输出型国家的时代背景下，这对于保护我国投资者在海外投资过程中免受腐败问题的困扰可以说是一种有利信号，意味着我国投资者可以利用国际投资仲裁庭去抵制在海外投资过程中因腐败因素产生的投资风险。

其次，通常以国内公共政策为由不同意腐败问题具有可仲裁性。事实上，在 BIT 中纳入符合东道国法律条款即可达到有效保护国内公共政策的目的。如前所述，仲裁庭无论对于符合东道国法律条款采取广义或狭义的解释策略，投资设立时的腐败问题都当然属于该"法律"的范围。那么，在仲裁庭中我国便可援用相关 BIT 当中的符合东道国法律条款来达到令仲裁庭驳回相关裁决或裁定无管辖权的效果。

最后，虽然国际仲裁庭在裁决腐败问题方面存在着因其自身权限问题而导致的种种缺陷，但是并不是没有弥补的可能性。通过引入国家责任原理并与东道国国内诉讼程序形成良性互动，国际仲裁庭可以在反对跨国腐败问题中发挥更大的作用，从而推动形成更加良好的国际投资环境。

---

① 王海浪：《论国际投资仲裁中贿赂行为的证明标准》，载《法律科学（西北政法大学学报）》2012 年第 1 期。

② 马迅：《论国际投资仲裁中腐败问题的可仲裁性》，载《武大国际法评论》第 16 卷第 2 期。

(二) 投资者可利用国际仲裁庭抵制中亚国家索贿行为

我国投资者在中亚地区进行投资时,其主要途径是与东道国政府签订相关合同及取得政府的许可证,投资主要领域为自然资源开采以及基础设施建设,因而我国投资者在中亚地区面临的腐败风险更加具体地说应当是东道国政府官员的索贿风险。考察 ICSID 涉及腐败的仲裁案例,可以得知,投资者可以利用国际仲裁庭去抵制东道国索贿行为,只要做好相关准备工作,获得对自身有利的裁决并不是不可能的。

首先,投资者尽可能保存有关证据,最好是可以达到"清楚且有说服力"(clear and convincing)的证明标准。虽然仲裁庭对于证明标准问题并无共识,但是在准备阶段搜集尽可能多且证明力足够的证据是获得有利裁决的重要前提。鉴于仲裁庭对于腐败问题裁决的态度已经开始发生转变,因而若搜集的证据达到了盖然性权衡(balance of probabilities)的证明标准,即可提出腐败指控,投资者依然有得到保护的可能性。

其次,投资者面临东道国索贿时,可以先向东道国国内的刑事侦查部门或反腐败机构提出指控。即便东道国国内的相关部门不对相关指控进行调查,这一步也可为投资者在后续的国际仲裁庭获得有利裁决奠定基础。投资者可以在仲裁庭中反映其已经提出指控的事实,仲裁庭会将相关事实尤其是东道国不作为的行为纳入考量。此外,投资者还可以要求仲裁庭命令东道国相关部门公开调查文件及证据,从而解决投资者无法获得充足证据的困境。

最后,应当注意提出东道国索贿指控的时间。若在证据充足的情况下,应当尽早提出,以在仲裁庭中掌握主动权。但应注意不可在无足够证据时盲目提出腐败主张,如前所述该种行为可能影响仲裁的公正性,有可能被仲裁庭认定为滥用仲裁程序。

专题二：中美（欧）经贸争端与WTO

中国关于国际技术转让规则的合法性研究
　　——聚焦于WTO(DS542)案例　师　华 / **47**
中美贸易摩擦导火线之"301调查"及相关措施法律问题思考　陈咏梅 / **65**
特朗普政府"232措施"中的"国家安全话语"
　　——选择、意图及合法性　陈若鸿 / **78**

中国关于国际技术转让规则的合法性研究
——聚焦于 WTO（DS542）案例

师 华[*]

摘要：在 WTO（DS542）案中，美国在其磋商请求中指出中国的 4 条有关技术转让的法规给予外国知识产权人较低的待遇，违背了《TRIPS 协议》以及 WTO 的国民待遇原则。通过对这些条款进行分析，本文认为中国的规定符合《TRIPS 协议》允许的例外条款，中国作为发展中国家有权享受差别优惠待遇，在法规的制定上可以存在一定的灵活性，并且外方就有关事项进行约定的权利也是可以通过法律适用的选择来间接实现的，因此，美国的指控缺乏 WTO 依据，中国的相关条款并未违反国民待遇原则。

关键词：技术转让；国民待遇；差别优惠待遇；《TRIPS 协议》第 30 条

2018 年 3 月 26 日，美国代表团针对有关知识产权保护的措施，向中国代表团和 WTO 争端解决机构主席提出磋商请求，① 美国指控中国技术转让相关的法律法规，违背了国民待遇原则，在其磋商请求中，重点列出了 4 条中

---

[*] 师华，同济大学法学院教授。
① 参见 https://www.wto.org/english/news_e/news18_e/ds542rfc_26mar18_e.htm，访问日期：2018 年 5 月 3 日。

国的法规来证明这些条款对于国民待遇的违反。① 通过分析这些法规并且与中国国内相关法律进行对比，我们认为中国关于技术转让的相关规定并不违反国民待遇。

美国指控中国《技术进出口管理条例》第 24 条②、第 27 条③、第 29 条第 3 款④以及《中外合资企业法实施条例》第 43 条第 4 款⑤违背了国民待遇。⑥ 首先，就《技术进出口管理条例》第 29 条第 3 款而言，该款是关于限制性条款的规定，与我国《合同法》第 329 条⑦以及《最高人民法院关于审理技术合同纠纷案件适用法律若干问题的解释》第 10 条⑧规定的内容是一致的，这是为了防止技术滥用导致的不公平竞争，这一点也符合《TRIPS 协议》第 8 条第 2 款⑨以及第 40 条第 2 款⑩的规定，并不违反国民待遇，因此，对这一条款在此不加赘述。本文主要就美国磋商请求中提出的其他三条法规

---

① 参见 https://www.wto.org/english/tratop_e/dispu_e/cases_e/ds542_e.htm，访问日期：2018 年 5 月 3 日。

② 技术进口合同的受让人按照合同约定使用让与人提供的技术，侵害他人合法权益的，由让与人承担责任。

③ 在技术进口合同有效期内，改进技术的成果属于改进方。

④ 技术进口合同中，不得含有下列限制性条款：……（三）限制受让人改进让与人提供的技术或者限制受让人使用所改进的技术。

⑤ 技术转让协议期满后，技术输入方有权继续使用该项技术。

⑥ China – Certain Measures Concerning the Protection of Intellectual Property Rights, Request for Consultations by the United States, WT/DS542/1, P2.

⑦ 《合同法》第 329 条规定非法垄断技术、妨碍技术进步或者侵害他人技术成果的技术合同无效。

⑧ 《最高人民法院关于审理技术合同纠纷案件适用法律若干问题的解释》第 10 条规定："下列情形，属于《合同法》第 329 条所称的'非法垄断技术、妨碍技术进步'：（一）限制当事人一方在合同标的技术基础上进行新的研究开发或者限制其使用所改进的技术，或者双方交换改进技术的条件不对等，包括要求一方将其自行改进的技术无偿提供给对方、非互惠性转让给对方、无偿独占或者共享该改进技术的知识产权……"

⑨ "只要与本协定的规定相一致，可能需要采取适当措施以防止知识产权权利持有人滥用知识产权或采取不合理地限制贸易或对国际技术转让造成不利影响的做法。"

⑩ "本协定的任何规定均不得阻止各成员在其立法中明确规定在特定情况下可构成对知识产权的滥用并对相关市场中的竞争产生不利影响的许可活动或条件。如以上所规定的，一成员在与本协定其他规定相一致的条件下，可按照该成员的有关法律法规，采取适当的措施以防止或控制此类活动，包括诸如排他性返授条件、阻止对许可效力质疑的条件和强制性一揽子许可等。"

的合法性和正当性进行论证。

一、43条第4款规定的合理性：《TRIPS协议》授予权利的例外规定

美国指控中国在相关技术转让的法律法规中，违背国民待遇原则，强迫其公司转让技术给中国企业，该指控是不成立的。美国在磋商请求中提出中国剥夺了外国知识产权持有人在中国的知识产权能力，① 具体涉及我国《中外合资企业法实施条例》第43条第4款。针对美国这项指控，笔者认为可以利用《TRIPS协议》第30条有关"授予权利的例外"的规定进行反驳。

美国指出："《中华人民共和国中外合资企业法实施条例》单独适用或集合与其他所列文件一起适用，与《TRIPS协议》第28条第1款（a）（b）项不符合，因为：该条例第43条拒绝外国专利持有人的排他权，包括防止第三方未经外国专利持有人许可的TRIPS协议第1款（a）（b）项的行为。比如，第43条第4款合资企业的中方在合同期满后有权继续使用技术转让合同下转让的技术。"② 实际上，《TRIPS协议》将知识产权保护推到了一个较高水平，其中关于技术转让的核心内容集中于序言、第7、8、31、40、66.2等条款。③

从《TRIPS协议》的第28条④可知，其规定了专利权人对专利的独占权，包括"制造、使用、许诺销售、销售、进口"等权利，但是《TRIPS协

---

① China – Certain Measures Concerning the Protection of Intellectual Property Rights, Request for Consultations by the United States, WT/DS542/1, p. 1.
② Ibid, p. 2.
③ 马忠法：《国际技术转让法律制度理论与实务研究》，法律出版社2007年版，第118页。
④ 见《TRIPS协议》第28条：1. 一专利授予其所有人下列专有权利：（a）如一专利的主题，则防止第三方未经所有权人同意而进行制造、使用、许诺销售、销售或为这些目的而进口该产品；（b）如一专利的主题是方法，则防止第三方未经所有权人同意而使用该方法的行为，并防止使用、许诺销售、销售或为这些目的而进口至少是以该方法直接获得产品的行为。

议》第 30 条①允许对第 28 条规定的独占专利权给予例外。由于《TRIPS 协议》总体上体现了发达国家的利益,对发展中国家的利益考虑较少,一些原则性条款和例外条款的规定成为发展中国家为维护本国利益的重要理由,而《TRIPS 协议》第 30 条即是此种例外条款之一,其不仅可以使发展中国家政府为追求自己的政策有更多的灵活选择,而且本身也能够起到平衡发达国家与发展中国家利益的作用。② 作为国际条约,《TRIPS 协议》例外条款的规范模式渊源于 1886 年《保护文学与艺术作品伯尔尼公约》(以下简称《伯尔尼公约》)第 9 条(2)款③,结合《TRIPS 协议》第 30 条内容,可以看出《TRIPS 协议》第 30 条的例外条款借鉴了《伯尔尼公约》,其区别只在于《TRIPS 协议》第 30 条规定了"同时考虑到第三方的合法利益"。

根据笔者检索(至 2018 年),经 WTO 专家组或者上诉机构审理解决的 TRIPS 协议争端案件中,只有一起案件(WTO/DS114 "加拿大—药品专利保护"案)涉及该协议第 30 条有关授予权利的例外。其中涉案专家组对例外条款的条约解释,可以帮助我们理解《TRIPS 协议》第 30 条的立法意图,并可解释我国《中外合资企业法实施条例》第 43 条的合理性。

(一)对《TRIPS 协议》第 30 条的解读

在该案中,事实上加拿大承认违反了在《TRIPS 协议》第 28 条项下的义务,但认为可以引用《TRIPS 协议》第 30 条作为其行为的法律根据。④ 所以,该案的争议点是《TRIPS 协议》第 30 条例外是否成立。争端各方对《TRIPS 协议》第 30 条的解释有分歧,而专家组根据《1969 年维也纳条约法

---

① 见《TRIPS 协议》第 30 条:各成员可对专利授予的专有权规定有限的例外,只要此类例外不会对专利的正常利用发生无理抵触,也不会无理损害专利所有权人的合法权益,同时考虑到第三方的合法权益。

② 胡建国:《TRIPS 协议第 30 条研究》,武汉大学 2005 年硕士学位论文。

③ 张乃根:"论 TRIPS 协议的例外条款",载《浙江社会科学》2006 年第 3 期。

④ Canada – Patent Protection of Pharmaceutical Products, Complaint by the European Communities and their member States, Report of the panel, WT/DS114/R, pp. 150–151.

公约》第 31 条和第 32 条所确立的条约解释原则指出，在解释《TRIPS 协议》的具体条款时，所援用的上下文不能只限于《TRIPS 协议》本身的条文、前言和附录，而且应包括这些已经被纳入协议的国际条约的有关规定，以及争端各方相互达成的这些多边协议有关的任何双边协议。在本案中，《伯尔尼公约》（1971 文本）第 9（2）条是解释《TRIPS 协议》第 30 条的重要参考。如在考虑有关协议的谈判历史时，可以考虑《TRIPS 协议》的谈判历史，也可以考虑其所接纳的国际知识产权条约的谈判历史。①

专家组通过审理该案，对适用《TRIPS 协议》第 30 条的例外条件做了以下阐明："双方对第 30 条的基本结构表示同意，第 30 条确定了符合例外所必须满足的三项标准：（1）该例外必须是有限的；（2）该例外必须没有不合理地与专利的正常利用相冲突；（3）该例外必须没有不合理地损害专利所有人的合法利益，并顾及第三方的合法利益。该三项条件是递进的，每项都是分开的、独立的必须满足的要求。未符合其中任何一项条件会导致第 30 条所不允许的例外。②"③ 专家组除了确定符合第 30 条例外所必须满足的三项标准之外，还对三者之间的联系做了进一步解释："当然，这三项条件必须在互相联系中加以解释。三项条件的每一项都必须假定意味着包含与其他两项有所不同的意义，否则，就是多余的。罗列的顺序通常可解读为符合第一项条件的例外却可能违反第二项或第三项条件，并且，符合第一项和第二项还可能

---

① 王新奎、刘光溪主编：《WTO 与知识产权争端》，上海人民出版社 2007 年 7 月版。

② Canada – Patent Protection of Pharmaceutical Products, Article 30 establishes three criteria that must be met in order to qualify for an exception：（1）the exception must be "limited"；（2）the exception must not "unreasonably conflict with normal exploitation of the patent"； （3）the exception must not "unreasonably prejudice the legitimate interests of the patent owner, taking account of the legitimate interests of third parties". The three conditions are cumulative, each being a separate and independent requirement that must be satisfied. Failure to comply with any one of the three conditions results in the Article 30 exception being disallowed.

③ Canada – Patent Protection of Pharmaceutical Products, Complaint by the European Communities and their member States, Report of the panel, WT/DS114/R, Section 7.20, p. 152.

违反第三项。①"②

在对《TRIPS 协议》第 30 条进行条约解释的基础上，专家组结合《TRIPS 协议》的目标与原则，进一步追溯了其国际条约法的渊源，指出："《TRIPS 协议》第 30 条的存在本身就是承认第 28 条规定的专利权条件将需要某些调整。③"④

从专家组的评议中我们知道，《TRIPS 协议》第 30 条的确是针对第 28 条规定而做出的灵活变通，一项专利能否适用第 30 条例外条款取决于是否满足上文提到的三个条件。所以下文将分析解释这三个条件，结合"加拿大—药品专利保护"案中专家组的评议与分析，进一步阐述《中外合资企业法实施条例》第 43 条，来证明我国该实施条例的第 43 条是完全符合《TRIPS 协议》第 30 条的专利例外适用情形的。

1. 关于"有限例外"（limited exceptions）的解释

在加拿大药品专利保护案中，专家组认为《TRIPS 协议》第 30 条的"有限"一词具有较狭窄的内涵，即"有限"一词意味着范围狭窄的例外，它只能对有关权利做小的缩减。⑤ 专家组认为"有限"应由专利所有人专有权被

---

① Canada – Patent Protection of Pharmaceutical Products："The three conditions must, of course, be interpreted in relation to each other. Each of the three must be presumed to mean something different from the other two, or else there would be redundancy. Normally, the order of listing can be read to suggest that an exception that complies with the first condition can nevertheless violate the second or third, and that one which complies with the first and second can still violate the third. The syntax of Article 30 supports the conclusion that an exception may be 'limited' and yet fail to satisfy one or both of the other two conditions. The ordering further suggests that an exception that does not 'unreasonably conflict with normal exploitation' could nonetheless 'unreasonably prejudice the legitimate interests of the patent owner'."

② Canada – Patent Protection of Pharmaceutical Products, Complaint by the European Communities and their member States, Report of the panel, WT/DS114/R, Section 7.21, p.152.

③ Article 30 is very existence amounts to a recognition that the definition of patent rights contained in Article 28 would need certain adjustments.

④ Canada – Patent Protection of Pharmaceutical Products, Complaint by the European Communities and their member States, Report of the panel, WT/DS114/R, Section 7.26, p.153.

⑤ Canada – Patent Protection of Pharmaceutical Products："the word 'limited' has a narrower connotation than the rather broad definitions cited by Canada…the narrower definition is the more appropriate when the word 'limited' is used as part of the phrase 'limited exception'…The term 'limited exception' must therefore be read to connote a narrow exception – one which makes only a small diminution of the rights in question."

剥夺的程度来衡量，他们认为法律的减损程度不能简单地以受例外措施损害的权利个数进行衡量，一个小小的行动就可能严重违背第28条第1款规定的所有五项权利。判断一项具体例外是否属于有限例外，必须衡量专利所有人权利被减损的程度。①

中外合资企业在我国是一种比较常见的外国投资方式，外国专利权人转让相关技术，帮助中外合资企业进行经营，提高企业的竞争力，企业以该技术作为基础不断发展。基于这种合作和依赖，中方有理由相信外国投资者在设立企业初期就意识到该项技术对于合资企业的重要性，一旦完全脱离此项技术，可能会严重影响到合资企业存续，与当初双方共同投资设立中外合资企业的初衷相违背。按照第43条第4款规定，即使技术转让合同期满，中方继续使用该项技术合同下转让的技术也不会对专利权人的专有权造成大的影响，专利所有权人被减损的权利是极其有限的，除了中外合资企业正常使用技术转让合同期满前的相关技术以外，专利权人的专利所有权没有任何的限制和削减，这种程度的影响是属于"有限例外"的情况的。

2. 关于"正常利用"（normal exploitation）问题

第30条的第2项即禁止例外措施与专利的"正常利用"发生不合理的冲突。在加拿大药品专利保护案中，争端双方对行使专利的方式没有争议，但对"正常"（normal）一词持有不同的意见。

专家组认为："'利用'是专利所有权人从中获取经济价值的商业行为。而'正常'一词界定为第30条试图保护的各种商业活动。在词典中'正常'一词通常是指'常规的、通常的、典型的、平常的、习惯的'等。②"③ 按此

---

① Canada – Patent Protection of Pharmaceutical Products, Complaint by the European Communities and their member States, Report of the panel, WT/DS114/R, pp. 154 – 155.

② Canada – Patent Protection of Pharmaceutical Products: "exploitation" refers to the commercial activity by which patent owners employ their exclusive patent rights to extract economic value from their patent. The term "normal" defines the kind of commercial activity Article 30 seeks to protect. The ordinary meaning of the word "normal" is found in the dictionary definition: "regular, usual, typical, ordinary, conventional".

③ Canada – Patent Protection of Pharmaceutical Products, Complaint by the European Communities and their member States, Report of the panel, WT/DS114/R, Section 7.54, p.160.

界定，专家组指出："这一词既可指在相关群体内可得出共同的经验结论，也可指规范的权利标准。①"② 最后专家组总结认为："在第 30 条中"正常"一词是在这两种含义相结合的意义上使用的。③"④ 也就是说，在《TRIPS 协议》第 30 条中，"正常"一词是指在相关群体内得出共同的经验结论和规范的权利标准这两种含义相结合的意义上使用的。

专利所有权人利用专利的正常做法是排除可能损害其从专利所获得的市场独占中可以预见的经济利益的所有形式的竞争。专利利用的具体形式是多样的，因为有效的利用必须与技术发展和市场实践的变化相一致。根据我国《中外合资企业法实施条例》第 43 条第 4 款规定，合同期满后中方可以继续使用该项技术，因为这对于中外合资企业的发展至关重要。首先，对于中外合资企业利用该项转让的技术经营而带来的市场收益专利所有权人是可以预见的，因为在与中方签订技术转让合同后，外国专利所有权人就可以获得因合资企业要利用该项技术而支付的对价，即获取相应的经济利益。在技术转让中，由于受让方在对技术信息的掌握程度、投入成本、开发成本、市场前景、价格判断等诸多方面处于劣势和巨大风险状态中，并为此付出高昂代价，这些都严重偏离了公平交易的正常轨道。⑤ 发展中国家与发达国家间在国际技术转让中地位是有很大差异的，双方的技术标准、技术持有数量以及技术发展水平差异明显，对知识产权的利用和保护程度不一。因此，中方作为技术受让方，即使合同期满，中方继续使用该项技术，专利所有权人从专利获

---

① Canada – Patent Protection of Pharmaceutical Products: the term can be understood to refer either to an empirical conclusion about what is common within a relevant community, or to a normative standard of entitlement.

② Canada – Patent Protection of Pharmaceutical Products, Complaint by the European Communities and their member States, Report of the panel, WT/DS114/R, Section 7.54, p. 160.

③ Canada – Patent Protection of Pharmaceutical Products: the word "normal" was being used in Article 30 in a sense that combined the two meanings.

④ Canada – Patent Protection of Pharmaceutical Products, Complaint by the European Communities and their member States, Report of the panel, WT/DS114/R, Section 7.54, p. 160.

⑤ 唐华：《国际技术转让法律制度研究》，西南政法大学 2009 年硕士学位论文。

得的市场独占中可以预见的经济利益也不会被损害,因为中方只是在原来的领域继续使用该项技术,并不影响专利所有权人在其他领域对专利市场的独占权,中方的这种使用是基于对中外合资企业的发展而做出的,这也符合当初签订技术转让合同的意图,以技术促进中外合资企业的发展。因此这种利用属于"正常利用"的范畴。

3. 关于"合法利益"(legitimate interests)的理解

在加拿大专利药品保护一案中,对于"合法利益"的含义,争端双方有不同的理解。专家组同意加拿大所主张的定义,认为"legitimate"一词一般有两层含义:"一是指符合法律或原则;经法律或原则的许可或授权;合法;合理;正确等。二是指正常,常规,符合公认标准等。①"② 他们认为,要弄清"合法利益"这一用语的意思,必须按法律常用的方法加以界定。而在法律中,它通常被视为一种正当的权利要求,即保护受相关的公共政策或其他社会准则支持的合理利益。这种"合法利益"是不能与第 28 条第 1 款规定的法定利益相等同的。③ 实际上,《TRIPS 协议》第 30 条的最初表述对"有限例外"作了包括个人使用、以前使用、科学使用、对药品生产商的传统例外的具体罗列,有《TRIPS 协议》的谈判记录为证,但最终采取了现在的措辞。④ 通过分析,最后,专家组认定"确定'合法利益'之含义,必须要依法律文献中常用的方式来解释,在法律文献中,一项标准的、受保护的权利

---

① Canada – Patent Protection of Pharmaceutical Products: The word "legitimate" is commonly defined as follows: (a) Conformable to, sanctioned or authorized by, law or principle: lawful; justifiable; proper; (b) Normal, regular, conformable to a recognized standard type.

② See New Shorter Oxford Dictionary, p. 1563.

③ 梁志文:"专利权例外的国际标准——《TRIPS 协议》第 30 条及其适用",载《电子知识产权》2007 年第 1 期。

④ Status of Work in the Negotiating Group: Chairman's Report to the Group of Negotiations on Goods, MTN. GNG/NG11/W/76, 23 July 1990, Part III, Section 5, para. 2.2. The relevant text is quoted in Annex 6 to the present report.

主张具有被相关的公共政策或社会规则所支持的正当性。①"②

美国指控我国《中外合资企业法实施条例》第 43 条第 4 款规定违反《TRIPS 协议》第 28 条有关专利专有权的规定,事实上,合同期满后,中方继续使用该项技术并没有损害专利权人的合法权益。外国专利权人依旧可以行使其专利权,如许可销售、进口,等等,同时中方的继续使用也没有损害第三方的合法权益。此外,美国只是针对我国该条例的条文进行控诉,并没有阐述其他具体的利益受损细节。在加拿大药品专利保护案中,加拿大主张第 30 条规定了此类例外,其是负有证明责任的。同样,针对美国的指控,因为我国主张该条例第 43 条第 4 款是符合《TRIPS 协议》第 30 条的例外的,所以我国也需要承担对应的举证责任。但举证责任的程序是复杂的,因为该条件涉及要证明有关例外是否有负面影响,在不知道可要求得到的合法利益是什么之前不能证实专利所有人的合法利益是否受到损害。同样,在专利所有人的合法利益的合理性和大小被确定前,第三方合法利益的大小也是不能得到全面的评估的。③ 因此,不能说该条例第 43 条第 4 款无理损害专利所有权人的合法权益以及第三方的合法利益。

综上分析,我国《中外合资企业法实施条例》第 43 条第 4 款的规定是符合《TRIPS 协议》第 30 条例外规定的,可以推动中外合资企业的发展,有助于我国技术进步与社会发展,并且符合国际规范。巴西在 TRIPS 理事会会议中曾说过,例外和限制能够在校正国内知识产权制度时以一种每个国家的个体目标能够被现实地追求和被最终满足的方式起到关键作用。一个适当地被校准化的知识产权制度很有可能在促进一个国家的技术与社会发展方面起

---

① Canada – Patent Protection of Pharmaceutical Products:"To make sense of the term 'legitimate interests' in this context, that term must be defined in the way that it is often used in legal discourse – as a normative claim calling for protection of interests that are 'justifiable' in the sense that they are supported by relevant public policies or other social norms."

② Canada – Patent Protection of Pharmaceutical Products, Complaint by the European Communities and their member States, Report of the panel, WT/DS114/R, Section 7.69, p. 164.

③ 王新奎、刘光溪主编:《WTO 与知识产权争端》,上海人民出版社 2007 年 7 月版。

到积极和关键的作用。①

(二) 公共健康领域技术保护的例外

上文我们就我国《中外合资企业法实施条例》第 43 条第 4 款属于《TRIPS 协议》第 30 条的例外进行了分析，该条是对有关知识产权保护例外的一般规定，若签订的技术转让合同涉及特殊的领域，如有关食品、药品等关乎公众健康的领域，《TRIPS 协议》对于专利所有权人的专利独占权规定了更多的限制，《TRIPS 协议》第 7、8 条都有所体现。而在 2001 年 11 月 WTO 第四次部长会议通过的《多哈部长级宣言》（以下简称《多哈宣言》）中更明确了这一点。

从《TRIPS 协议》第 8 条②来看，如果采取与《TRIPS 协议》不一致的维护公共健康与发展的措施，有可能是不被《TRIPS 协议》所允许的。但是《多哈宣言》第 4 条进一步明确规定，"TRIPS 协定不能够也不应该妨碍各成员采取措施以维护公共健康。因此，在重申对 TRIPS 协定承诺时，应确认该协定能够也应该在解释和执行方面支持 WTO 成员维护公共健康的权利。基于此，部长们再次确认 WTO 成员充分使用 TRIPS 协定中为此目的提供灵活性条款的权利。"也就是说当《TRIPS 协议》中的条款影响成员采取措施维护公共健康时，公共健康权利优先，这就明确了公共健康权利优先于知识产权的原则。与此同时，《多哈宣言》中还明确了《TRIPS 协议》中可用于维护公共健康、限制专利权人的具体条款（如第 5 条）。

《多哈宣言》第一次在 WTO 体制内确认公共健康权优于知识产权，并且明确了 WTO 成员方可以依据《TRIPS 协议》中的弹性条款（第 7 条、第 8

---

① 都毫："贸易保护主义对 WTO 的挑战及其应对"，载《世界贸易组织动态与研究》2012 年第 5 期。
② 见《TRIPS 协议》第 8 条：在制定或修改其法律和法规时，各成员可采用对保护公共健康和营养，促进对其社会经济和技术发展至关重要部门的公共利益所必需的措施，只要此类措施与本协定的规定相一致。

条、第 6 条、第 31 条）维护公共健康安全的权利，发达国家承诺不得使用单边贸易制裁或者法律诉讼相威胁。① 由于美国的指控只是针对我国具体的法律条文，没有阐述具体涉及的领域，如果中外合资企业签订的转让技术涉及所提到的医疗等特殊领域，很明显，在这种情况下，中方基于对社会利益的考量，合同期满后继续使用该项技术是有利于社会利益的。除此之外，对于上述技术的转让，基于公共健康保护的目的，中国可以规定技术的改进由技术输入方享有，若不作此规定，改进的技术仍要支付巨额许可费才能使用，外方如果以中方无法支付该许可费用拒绝中方使用该改进技术，那么公共健康可能会因此受到巨大威胁。《TRIPS 协议》承认专利制度应服务于社会利益，包括健康政策的多重利益，专利法中所含的专利权人与社会之间的利益平衡是专利法的基本准则或方针；并且《多哈宣言》也着重强调公众健康的优先性。在这种情形下，普遍的社会利益尤其是与健康政策有关的利益应当被顾及，美国指控我国的法律条文违反《TRIPS 协议》也是不能被支持的。

二、中国有关技术进口规定的正当性：WTO 差别优惠待遇原则

差别优惠待遇原则是 WTO 的一项基本原则，旨在授权发达国家成员为发展中国家成员提供背离 WTO 多边贸易体系中由最惠国待遇和国民待遇原则代表的无歧视原则，以帮助发展中国家成员进行能力建设和发展经济。② 其主要体现在权利和义务两个方面，就权利而言，发展中国家有权享受发达国家在关税、市场准入等方面给予的优惠，以及发达缔约方提供的经济技术

---

① 曹建明、贺小勇：《世界贸易组织》（第三版），法律出版社 2011 年版，第 32 页。
② 姜作利："试析 WTO 特殊差别待遇规则'硬化'的合理性——发展中国家的视角"，载《山东师范大学学报（人文社会科学版）》2015 年第 4 期。

等方面的援助,就义务而言,发展中国家在履行降低关税、减少贸易壁垒、促进贸易自由等方面的义务时,可以有一定的灵活性,同时在承担减让等义务的时间上,也有更长的过渡期。①

差别优惠待遇的产生和发展有其历史必然性以及内在正当性。首先,发达国家经济的迅速发展在很大程度上源于其早期殖民掠夺完成的资本原始积累,而发展中国家的落后也正是因此所导致的,发达国家利用全球的资源发展起来,作为世界公民,其有义务为了全球经济的发展做出努力。其理应在国际贸易中给予发展中国家一定的优惠待遇以及经济援助,促进发展中国家经济社会等各方面的发展。其次,只有给予发展中国家一定的差别待遇,才有助于实现国际贸易的实质公平。由于发展中国家和发达国家之间存在着巨大的发展水平差异,如果实行绝对的无歧视原则,要求发展中国家在促进贸易自由化过程中承担与发达国家同等的义务,所导致的结果将会是南北差距的进一步拉大,发展中国家将完全沦为发达国家低廉原材料的来源地以及高价产成品消费市场,无异于新一轮的殖民掠夺。正如联合国贸易与发展会议(UNCTAD)前秘书长的一句名言:"在经济实力不平等的国家之间,实行最惠国平等原则,实际上意味着歧视国际社会中的弱国。"② 差别优惠待遇作为WTO的一项基本原则,也是WTO宗旨的体现,1994年4月通过的《马拉喀什宣言》③ 明确提出协商,包含给予发展中国家差别和更优惠待遇,以及特别关注最不发达国家的规定;《建立世界贸易组织协定》在关于WTO宗旨的序言部分规定了要积极努力确保发展中国家尤其是最不发达国家在国际贸易中获得与其经济发展相适应的份额增长④。由此可见,差别优惠待遇原则是

---

① 周晓虹:"正当性、合理性和现实性——世贸组织法中发展中国家的特殊和差别待遇",载《法制与社会发展》2002年第4期。
② 赵维田:"协调共同与特殊利益——WTO对发展中国家的差别与优惠待遇",载《国际贸易》2002年第11期。
③ Marrakesh Declaration, 15 April 1994.
④ See Agreement Establishing the World Trade Organization.

WTO宗旨的一项具体体现,符合WTO成立的初衷。

中国作为发展中国家,有权利享受差别优惠待遇。但是近年来,由于中国的崛起,许多西方国家借此否认中国的发展中国家地位,以此排除中国享受差别优惠待遇。不可否认,改革开放以来,中国的经济发展取得了巨大的进步,已成为世界第二大经济体,贸易出口额也位居世界前列,尤其是经过2008年的经济危机,在整个西方国家经济疲软期,中国仍然保持着稳健的经济增长。但这并未改变中国发展中国家的性质。根据世界银行数据,2016年中国人均国内生产总值为8123美元,为世界平均水平(10190美元)的80%左右,仅为美国(57638美元)的1/7,居世界第68位。目前中国基础设施人均资本存量只有发达国家的20%~30%。2017年中国居民消费恩格尔系数为29.3%,仍远高于发达国家的水平。① 除此之外,就产业结构而言,中国第一产业占比仍然较高,服务业和知识密集型产业比率仍然偏低,在全球市场内的竞争力仍比较弱,科技创新能力与发达国家相比仍存在着较大的差距,因此,中国仍然是发展中国家。西方国家否认中国发展中国家地位的原因主要是基于近年来中国在国际社会影响力的增强,例如,中国在联合国的常任理事国地位,成功举办奥运会、世博会以及G20峰会,包括对非洲国家的援助,以此拒绝承认中国发展中国家地位,拒绝给予中国差别优惠待遇,这其实是掺杂政治因素来评判中国的经济发展,实质是想借此来抑制中国的发展,这样的评判标准无疑是不科学的。②

中国作为发展中国家,在国际技术转让贸易中往往是技术较为落后的输入方,因此在政策制定和实施方面可以有一定的灵活性,这并非是对于国民待遇的违反,而是差别优惠待遇的体现。因此,我国《技术进出口管理条例》第24条、第27条没有规定当事人可以就因合同使用导致的侵权以及技

---

① 参见http://news.eastday.com/eastday/13news/auto/news/finance/20180413/u7ai7608644.html。
② 金玲、苏晓晖:"西方对中国发展中国家地位的认知",载《国际问题研究》2010年第3期。

术改进成果的归属进行约定,《中外合资经营企业法实施条例》第43条规定,转让合同期满后,输入方仍然可以使用该技术,这些规定并不违反国民待遇,而是为差别优惠待遇所允许的,中国技术发展水平不高,如果允许当事人就技术改进成果的归属进行约定,或者在因合同履行引发侵权时,赋予当事人约定的权利,中国作为亟需引进技术的一方,必然在合同中处于不利的地位,容易出现掌握技术一方利用有利地位侵犯国内进口方利益的情形,如果不允许中国在转让合同期满后继续使用该技术,则相当于允许外国输入方在技术出资到期后可以完全抽回出资,这可能危及中方企业的生存,因此单纯的国民待遇反而会造成贸易的不公平,这是与WTO的宗旨背道而驰的。

三、外方知识产权人权益的保障:适用法律意思自治

通过将我国合同法和《技术进出口管理条例》相关条款的对比,我们可以发现美国指控中国的《技术进出口管理条例》第24条、第27条违背WTO的国民待遇原则主要是基于条例中对于侵权责任和改进技术成果的归属没有允许当事人约定。但条例的规定是否剥夺了技术转让合同当事人就上述事项意思自治的权利呢?本文认为我国并未完全剥夺技术进出口合同中当事人约定的权利,该权利可以通过选择合同适用的法律来实现。

由于发达国家和发展中国家技术发展的不均衡性,发达国家的技术水平远高于广大发展中国家,技术转让往往是发达国家向发展中国家输入。技术转让往往伴随着巨额的许可使用费,因此,在利益的驱使下,发达国家往往利用自己掌握的高端技术变相掠夺发展中国家,在技术转让合同的法律适用方面坚持"当事人的意思自治",发展中国家基于其亟需引进技术的需求,在不对等的协商谈判中不得不同意对方的要求,适用对方的法律,发展中国家的利益往往无法得到保障。因此,广大发展中国家联合起来,试图改变这一局面,呼吁建立技术转让的国际新秩序,希望国际社会能通过一部统一的

适用国际技术转让的规范。经过努力，最终在1985年联合国贸发会议上达成了《国际技术转让行动守则》草案，这一草案中更多体现的是发展中国家的利益，因此遭到发达国家的反对，由于南北阵营未能达成一致，因此，该守则最终未能生效实施。到目前为止，国际技术转让适用法律问题仍是由各国国内法来调整。①

考察我国对于国际技术转让合同适用法律的相关规定，可以看出我国既没有像有些发展中国家完全限制当事人的意思自治，也不像一些发达国家允许当事人绝对的意思自治，而是采取了"适当限制"的态度。② 我国《合同法》第126条规定，涉外合同的当事人可以选择合同纠纷适用的法律，没有选择时适用与合同有最密切联系的法律；我国《涉外民事关系法律适用法》第41条、第49条也规定了当事人可以协议选择知识产权转让或许可适用的法律，没有选择时适用最能体现合同履行特征一方当事人经常居所地法律或者最密切联系地法律。由此可见，我国对于技术转让合同所采取的基本态度是允许当事人的意思自治，当然当事人对适用法律的选择需要受到一定的限制，如不得违反我国的公共利益③，不得进行法律规避④等。

由此我们可以得出以下结论，对于我国当事人与国外当事人签订的技术进出口合同适用的法律，当事人之间可以约定适用中国的法律，也可以约定适用外国的法律，如果当事人之间没有约定，则会适用与合同有最密切联系的法律，可能是技术转让方所在地也可能是技术受让方所在地的法律，总之，涉外的技术转让合同可能适用我国的法律，也可能适用外国的法律。如果适用我国的法律，《合同法》第355条确定了对技术进出口合同做出规定的法

---

① 邵景春："论国际技术转让合同的法律适用问题"，载《中国法学》1989年第6期。
② 张丽娜："论国际技术转让的法律适用"，载《海南大学学报（人文社会科学版）》2003年第3期。
③ 参见我国《涉外民事关系法律适用法》第5条。
④ 参见《最高人民法院关于审理涉外民事或商事合同纠纷案件法律适用若干问题的规定》第6条。

律、行政法规的优先适用的效力,因此,当事人选择适用我国的法律相当于选择适用了《技术进出口管理条例》的规定,则关于因按合同使用技术导致侵权的责任承担以及改进技术成果的归属需按第 24 条、第 27 条的规定来处理。但当事人也可以选择其他国家的法律,法院在通过最密切联系原则确定适用的法律时也可能适用外国的法律,可能会由受让方承担上述侵权责任或者改进技术成果归属于转让方。因此,虽然《技术进出口管理条例》并未规定当事人就上述事项可以直接进行约定,但通过适用法律的意思自治可以实现就上述事项的约定,这是一种间接的约定,就其结果而言,并未违背国民待遇。

结　语

中国关于技术进口的相关规定并未违反国民待遇原则。《中外合资经营企业法实施条例》第 43 条第 4 款规定中方在技术转让合同到期后仍然可以适用该技术,并未侵犯外方专利权人的权利,这一规定可以从《TRIPS 协议》的例外条款中找到合理性依据,这一规定是为了促进中国技术的发展,对于知识产权人权利的减损是十分有限的,不会影响其在其他领域和贸易中的合法权益,因此是符合《TRIPS 协议》第 30 条规定的条件的,如果转让合同项下的技术涉及食品药品等公共健康领域,《多哈宣言》中也明确了公共健康利益优先于专利权益。中国《技术进出口管理条例》第 29 条包含的限制性条款与我国合同法以及《TRIPS 协议》相关条款是一致的,该条例第 24 条以及第 27 条与合同法相比虽然没有明确规定当事人就相关事项约定的权利,看似与国民待遇不符,但是中国作为发展中国家,有权享受差别优惠待遇,因此在政策法规的制定过程中允许有一定的灵活性,而且当事人约定的权利可以通过法律适用的选择间接实现,并未完全被排除。因此上述规定完全是合理的,美国的指控是不成立的。

但同时我们也必须看到中国在技术转让方面的立法存在着一定的问题，这才为其他国家诟病提供了可乘之机。一方面，各种法律法规之间存在着一定的矛盾或者重复之处。例如，《合同法》中关于技术转让的规定应该是不分国内国外都应予以适用的，但该章第255条赋予了特别法的优先适用效力，《专利法》和《技术进出口管理条例》同属于特别法，前者效力层级更高，后者又属于新法，两者到底如何适用仍是需要解决的问题。① 另一方面，有些法律过于滞后，亟需通过新的法律来取代。例如，《中外合资经营企业法》及其实施条例均是在改革开放初期制定的，许多条款体现了当时形势的需要，但是经过近四十年的发展，我国的经济形势等已经发生了深刻的变化，因此需要新的法律来取代或者对其进行大幅度的修改，这一点在新完成的《外国投资法（草案征求意见稿）》中已经实现。

不可否认，在相当长的一段时间内，中国仍将处于技术输入国的地位，需要引进技术促进国内技术的发展，但同时我们也应该意识到，如今的中国已不是过去技术完全落后的输入国了，除了引进他国技术外，我国的技术也逐渐走出国门，在某些方面成为技术输出一方，例如，我国的高铁技术、建桥技术。过去的相关政策和法规并没有考虑到这些因素，所以在很多方面都有贸易保护的影子，这也是美国指控我们的主要原因。因此，我们应该顺应我国技术已经有了很大发展的形势，对相关的法律进行调整，积极利用发展中国家的差别优惠待遇以及《TRIPS协议》的例外条款，完善我国的立法和相关执法，以便更好地利用外国技术发展我国的技术，为我国技术走出去提供更好的保障。

---

① 马忠法：《论经济全球化下的国际技术转让法律协调制度》，复旦大学2005年博士学位论文。

中美贸易摩擦导火线之"301 调查"及相关措施法律问题思考[*]

陈咏梅[**]

摘要：美国"301 调查"是引发近期中美贸易摩擦的导火线之一。中方认为，美国的"301 调查"及调查后采取的措施违背了 DSU 第 23 条多边纪律的要求，违反了 GATT1994 第 1 条最惠国待遇要求以及第 2 条关税减让承诺。我们在坚持自己主张，谴责美国违约行为的同时，需要冷静思考美方的主张和回应，并思考中方可能需要面临或应对的法律问题，以便从法律上为后续的磋商或谈判，抑或辩论做好更充分的准备。

关键词："301 调查"；"301 条款"；"301 报告"；WTO 争端解决

一、"301 调查"及相关措施

近期中美贸易摩擦的导火线主要源自美国的两项措施：一是"232 措施"，①

---

[*] 本文受国家社科西部项目"《跨太平洋伙伴关系协定》创新与中国应对研究"（项目号：16XFX023）、西南政法大学国际法学院科研项目"跨太平洋伙伴关系协定新议题研究"（项目号：2015T006）以及"中国-阿拉伯法律研究中心"资助。

[**] 陈咏梅，西南政法大学国际法学院教授。

① "232 措施"指美国根据《1962 年贸易扩展法》第 232 条，对进口钢铁和铝产品分别征收 25% 和 10% 关税的措施。

二是"301调查"及其后续相关措施。① 前一项措施系美国对全球而发起，后一项措施仅针对中国，本文重点关注后一项措施。就"301调查"及其后续相关措施而言，2017年8月14日，美国总统特朗普签署总统函，指示美国贸易代表（USTR）决定是否对中国的法律、政策、做法或行为可能存在不合理或歧视性，并可能有损美国的知识产权、创新或技术发展展开调查。2017年8月18日，USTR根据《1974年贸易法》第302（b）（1）（A）条发起了调查，调查中国有关技术转让、知识产权和创新的行为、政策和做法是否属于美国贸易法第301（b）（1）条项下可诉的措施，随后提出与中国政府磋商、征询公众意见并举行了听证会。② 2018年3月22日，美国贸易代表办公室公布《根据1974年贸易法301条款对中国技术转让、知识产权和创新有关行为、政策及做法的调查结果》（*Findings of the Investigation into Chin's Acts, Policies, and Practices Related to Technology Transfer, Intellectual Property, and Innovation Under Section* 301 *of the Trade Act of* 1974，简称"301报告"）。同日，特朗普签署总统函，指示贸易代表做出两项决定。第一，是否对中国出口至美国的货物加征关税。第二，就调查中指控中国与知识产权相关的行政许可方面的歧视性做法启动WTO争端解决程序。在总统函中，特朗普还指示美国财政部，就调查中指控中国为获取技术和知识产权而系统性地对美国投资、并购美国公司提出可能行使的投资限制措施。随后，4月3日，美国宣布，准备对中国产品拟征关税，涉及航空航天，信息通讯技术，机器人、机械等约1300种产品，清单内产品将被加征25%关税，涉案产品价值约为500亿美元。③ 4月4日，中国根据《对外贸易法》等法律

---

① "301调查"指美国根据《1974年贸易法》第301-310节，对中国技术转让、知识产权和创新有关行为、政策及做法进行的调查。后续相关措施是指美国根据"301调查"结果采取的加征关税和起诉至WTO等一系列措施。

② 参见https：//ustr.gov/sites/default/files/301/FRN% 20China% 20301.pdf。

③ Office of the United States Trade Representative, Under Section 301 Action, USTR Releases Proposed Tariff List on Chinese Products, April 3, 2018.

法规和国际法基本原则，公布了原产于美国的大豆、飞机、机动车、牛肉等商品清单，宣布将对清单内产品对等加征 25% 关税，同样，涉案产品价值约为 500 亿美元。① 在经过听证、豁免申请等程序后，美国分别于 7 月 6 日和 8 月 23 日开始，实施对上述 500 亿产品范围内的 340 亿美元（清单一）和 160 亿美元（清单二）中国产品加征 25% 关税。9 月 18 日，美国政府宣布实施对从中国进口的约 2000 亿美元商品（清单三）加增关税的措施，自 2018 年 9 月 24 日起加征关税税率为 10%，2019 年 1 月 1 日起加征关税税率提高到 25%。② 截至 2019 年 5 月，被美国纳入征税范围的中国商品价值已达 2500 亿美元。相应地，中国实施了反措施，将美国价值约 1100 亿美元的商品纳入了征税范围。③

中美双方除分别采取上述措施外，还分别启动了 WTO 争端解决程序。一方面，美国于 3 月 23 日向中方提出磋商请求（WT/DS542/1），具体涉及中国《进出口管理条例》第 24 条、第 27 条和第 29 条，《中外合资经营法实施条例》第 43 条。④ 另一方面，中国于 4 月 4 日向美方提出磋商请求（WT/DS543/1），主要涉及美国《1974 年贸易法》第 301~310 节及根据第 301 节进行调查的结果、采取的措施、发出的通知。另外，在 7 月 6 日美国正式实施对 340 亿美元的中国产品加征 25% 关税、中方实施对等反制措施后，7 月 10 日，USTR 莱特希泽发表了关于"301 条款"行动的声明，指出总统已下令美国贸易代表办公室启动程序，准备对另外 2000 亿美元中国进口商品征收

---

① 参见商务部：《关于对原产于美国的部分商品加征关税的公告》（2018 年第 34 号），2018 年 4 月 4 日发布。
② Office of the United States Trade Representative, USTR Finalizes Tariffs on 200 $ Billion of Chinese Imports in Response to China's Unfair Trade Practices, 18 September, 2018.
③ 参见商务部：《关于对原产于美国的部分商品加征关税的公告》（2018 年第 55 号），2018 年 6 月 16 日发布；商务部：《关于对原产于美国的部分商品加征关税的公告》（2018 年第 69 号），2018 年 9 月 18 日发布。
④ 2019 年 6 月 14 日，美国已向 WTO 提出申请，中止了对 DS542 涉案措施的审理。参见 WT/DS542/10。

10%的关税。① 7月17日,中国在世贸组织就美国对华"301调查"项下对2000亿美元输美产品征税建议措施追加了起诉。②

综上我们可知,加征关税的导火线来自"301调查"。本文旨在讨论"301调查"所涉的部分法律问题,希望能为整个中美贸易摩擦法律问题的研究提供一些思路。

二、"301调查"与启动WTO争端解决程序的关系问题

"301调查"离不开调查所适用的实体法和程序法。就"301调查"适用的实体法"301条款"而言,通常,"301条款"泛指美国《1974年贸易法》第301节(后经修正)。"301条款"是美国用以针对其贸易伙伴非公平行为、政策和做法的一项重要工具。美国《1974年贸易法》第301节(a)(b)条规定了USTR可以采取行动的两大类情形。一类是USTR有义务采取行动的情形,一类是USTR可以自行决定是否采取行动的情形。

第301(a)(1)条规定了USTR有义务对三类情形采取行动。第一,美国基于任何贸易协定项下的权利被拒绝;第二,某一外国的行为、政策或做法违反了任何贸易协定项下的规定或与其不一致,或拒绝给予美国基于该贸易协定而享有的利益;第三,某一外国的行为、政策或做法是"不正当的"(unjustifiable),并为美国的商业造成负担或限制。紧接着,第301(d)条对"商业""负担或限制""不正当的"等术语进行了解释。例如,第301(d)(4)(A)条规定,如果一项行为、政策或做法侵犯了美国的国际法律权利或导致美国与其享有的国际法律权利不一致,则该项行为是"不正当的"。由此我们可知,第301(a)(1)条适用于美国与其贸易伙伴存在贸易协定的前提下。

---

① Office of the United States Trade Representative, Statement By U. S. Trade Representative Robert Lighthizer on Section 301 Action, 10 July, 2018.

② United States – Tariff Measures on Certain Goods from China, Request for Consultations by China, WT/DS543/1/Add. 2, G/L/1219/Add. 2, 17 July, 2018.

另外，第301（b）(1)条规定了USTR可以自行决定是否采取行动的一类情形，即某一外国的行为、政策或做法是"不合理的"（unreasonable）或"歧视性的"（discriminatory），并为美国商业造成了负担或限制。也就是说，在此情形下，如果USTR认为是适当的（appropriate），则可以对此采取行动，这属于USTR自由裁量的情形。在第301（b）(1)条的规定中，未提及国际贸易协定，因此，从理论上讲，在美国与其贸易伙伴不存在贸易协定的情况下，可以适用该条。同样，第301（d）条对"不合理的""歧视性的"等术语进行了解释。例如，第301（d）(3)(A)条规定，如果一项行为、政策或做法在不必然侵犯美国的国际法律权利或不必然与美国的国际法律权利不一致的情况下，但该项行为是不公平的和不公正的，则该行为、政策或做法便是"不合理的"。另外，在第301（d）(3)(A)条对"不合理的"进行了解释的基础上，第301（d）(3)(B)条又列举了"不合理的"行为、政策或做法的例子。如在知识产权方面，拒绝公正平等地为美国人提供知识产权保护的非歧视市场准入机会，被认为是"不合理的"行为、政策或做法。①

综上，我们可以得出这样的推论，"301调查"可以适用于三类行为、政策及做法：第一，违反美国参加的任何贸易协定；第二，不正当，并为美国的商业造成负担或限制；第三，USTR认为某外国的行为、政策及做法是不合理的或歧视性的，并对美国商业造成负担或限制。需要注意的是，从美国《1974年贸易法》第301（a）(b)条的条文规定中可知，"301调查"既可能关涉国际贸易协定事项，也可能关涉国际贸易协定之外事项，还可能关涉国际贸易协定与美国国内贸易法的交集事项。

就"301调查"适用的程序法而言，美国《1974年贸易法》第302节规定了调查的发起，也分为两类，一类是经请求而发起，一类是未经请求而发

---

① The Trade Act of 1974, Sec. 301, Art. 301 (d) (3) (B) (Ⅲ).

起,分别规定于第 302(a)(b)条。2017 年 8 月 18 日美国发起的调查适用的是第 302(b)(1)(A)条,即未经利益相关方(any interested person)请求而发起。但无论调查是否经请求而发起,一旦 USTR 发起了调查,则需要遵循"301 条款"程序上的要求。例如,根据第 303 节的要求,在调查发起当日,USTR 应当与相关外国方磋商。① 另外,第 303 节还特别规定了如果发起的调查涉及某一贸易协定,则在与相关外国方磋商失败的情况下,USTR 应当立即寻求该协定提供的争端解决程序。②

联系到本次中美"301 调查"贸易摩擦,美国是否需要启动 WTO 争端解决程序取决于 USTR 的判断,即 USTR 需要判断本次"301 调查"是否涉及 WTO 协定。如果涉及,则 USTR 应当立即寻求 WTO 提供的争端解决程序,这是美国《1974 年贸易法》第 303(a)(2)条本身的要求。然而,在"301 条款"中,似乎没有什么规定可以用来解释 USTR 如何判断"301 调查"是否涉及 WTO 协定,也没有可以依赖的明确规定来说明 USTR 需要在什么阶段做出这样的判断,是在调查发起之时?调查过程中?还是在调查结束后?本次"301 报告"是 2018 年 3 月 22 日公布的,随后,美国就调查中的部分调查结果在 WTO 向中国提出了磋商请求(WT/DS542/1),由此我们可以认为,作为本次中美贸易摩擦导火线的"301 调查",USTR 是在调查结束后做出的判断,认为调查事项中有涉及 WTO 协定的内容,进而启动了 WTO 的争端解决程序。然而,在"301 报告"中,美国并没有明确指出调查的四项措施中,③ 哪部分措施与 WTO 协定有关,哪部分措施与 WTO 协定无关。在"301 调查"的发起阶段和调查阶段,美国也没有对此进行明确。无

---

① The Trade Act of 1974, Sec. 303, Art. 303(a)(1).
② The Trade Act of 1974, Sec. 303, Art. 303(a)(2).
③ "301 调查"的四项措施是:第一,中国利用外资所有权限制(如要求合资企业形式和对外资股权的限制)、外商投资限制、行政许可和行政申请程序迫使美国公司将技术转移至中国公司;第二,中国通过有利于中国受让人的合同条款要求,通过许可程序迫使美国公司将技术转移至中国公司;第三,中国通过为中国实体提供系统性的投资便利从事兼并美国公司及其资产的投资活动,获得技术和知识产权;第四,中国通过网络入侵美国计算机系统,获取有价值的商业信息。参见"301 报告"第 5 页。

专题二：中美（欧）经贸争端与WTO

论如何，如果"301调查"涉及WTO，则美国应当启动WTO争端解决程序，而不应当单边采取行动，这不但是《WTO争端解决程序谅解》（DSU）第23条的要求，①也是"301条款"本身的要求，另外，美国政府在1994年的《乌拉圭回合协定行政行动声明》（The Statement of Administrative Action to the Uruguay Round Agreements Act，简称SAA）中对"301调查"也做出了时间上的限制，即根据美国贸易法所进行的调查和调查后做出的决定，在时间上需要遵循DSU的要求，若需要采取贸易制裁，则必须在DSU争端解决程序之后。②因此，我们根据SAA做出的推论与根据美国国内法和DSU做出的推论一样，即一旦"301调查"触及WTO协定，如果美国意欲寻求救济，美国应当通过启动WTO争端解决程序来解决中美之间的争议。

如前所述，美国在4月6日公布了对约1300种中国产品加征25%的关税，在完成美国国内法律程序后，案涉340亿美元产品的关税措施已于7月6日实施。我们认为，由于美国已经于3月23日就"301调查"事项中的部分内容提交WTO争端解决，因此，任何在争端解决程序完成之前所采取的行为都构成了单边的措施，既违反DUS第23条，也违反美国国内法及其SAA。然而，美国却认为，25%关税的措施是针对"中国制造2025"产业政策获利的产品③，并非针对美国在WTO起诉的那些中国措施④。本文理解的美国采

---

① DSU第23.1条规定："当成员寻求纠正违反义务情形或寻求纠正其他造成适用协定项下利益丧失或减损的情形，或寻求纠正妨碍适用协定任何目标的实现的情形时，它们应当援用本谅解的规则和程序。"

② Uruguay Round Trade Agreement, Statement of Administrative Action, Understanding of Rules and Procedures Governing the Settlement of Disputes, H. R. DOC. NO. 316, 103D CONG., 2D SESS., VOL. 1, 1027 – 1029, 1032 – 1036（27 September 1994），Art. 1. d. (4).

③ Office of the United States Trade Representative, Under Section 301 Action, USTR Releases Proposed Tariff List on Chinese Products, Press Releases, April 3, 2018.

④ 美国在WTO起诉的中国措施是"301调查"中的部分中国措施，美国认为，相关中国措施剥夺了外国知识产权权利人在中国就其知识产权获得保护，以及其在市场条件下自由谈判专利许可和技术相关合同的权利。被起诉的相关中国措施涉及《技术进出口管理条例》第24条、第27条和第29条，《中外合资经营企业法实施条例》第43条。美国认为，中国措施违反了《TRIPS协议》第3条、第28.1（a）（b）条或第28.2条。参见WT/DS542/1。

用的逻辑是，涉及 WTO 协定的中国措施，美国已经到 WTO 起诉了，而美国采取的加征关税措施，不是针对到 WTO 起诉的那些中国措施，到 WTO 起诉的那些中国措施，美国将通过并等待 WTO 的争端解决程序做出裁定，然后再行决定采取必要的行动。如果这样，那么美国的做法并不违背其《1974 年贸易法》"301 条款"的规定，也符合 SAA 的要求。但是，美国没有说明征收关税的措施与"301 调查"中的事项，包括与部分涉及 WTO 的事项（即起诉到 WTO 的中国措施）如何可以截然分开。也就是说，中方可以主张，加征 25% 的关税与整个被调查的关涉 WTO 的中国措施有关，或者说与被调查且已由美方申诉至 WTO 的中国措施以及被调查但未被申诉至 WTO 的涉WTO 的中国措施有关；并且，如果美国认为其可以分割，则举证责任在美方。如果这一观点成立，那么，美国未经多边授权而采取的征税措施在程序上就违背了 DSU 第 23 条的纪律约束，相应地，也违背了"301 条款"的要求以及 SAA 的承诺。而对于加征 25% 的关税与 WTO 的关联问题，下文将做进一步的讨论。

三、"301 调查"内容与 WTO 争端解决涵盖范围的关系问题

如前所述，美国发起"301 调查"适用的程序法是《1974 年贸易法》第 302（b）(1)（A）条，适用的实体法是第 301（b）(1）条。根据美国对适用法的选择和前面分析的《1974 年贸易法》第 301（b）条的适用情形，我们可知，本次摩擦中，美国认为中国的行为、政策及做法是"不合理的"或"歧视性的"。与此同时，我们知道，中美双方都是 WTO 成员，即中美之间存在贸易协定。那么，美国本次调查的中国的行为、政策及做法是在中国与美国存在的贸易协定（如 WTO 协定）涵盖范围内还是涵盖范围外呢？这成为问题的焦点。美国的观点可以总结为，若调查的内容在 WTO 协定涵盖范围内，则美国应提交 WTO 解决争端，当美国在"301 调查"后发现调查事

专题二：中美（欧）经贸争端与WTO

项中存在与WTO相关的内容，美国随即提交了WTO争端解决的磋商请求；对于那些不在WTO协定涵盖范围内，因而WTO争端解决程序无法提供救济的，则美国可以不受WTO争端解决程序约束，此时，美国可以通过"301调查"采取行动，进而对这些问题进行平衡救济。①

我们知道，中方已经明确反对"301调查"及其相关措施，并对此已在WTO提起磋商请求（DS543）。那么，中方可否主张，涉及"301调查"的事项均应提交WTO争端解决呢？对此，我们需要考虑WTO争端解决规则与程序的适用范围。② 回顾历史可知，1998年欧盟曾在WTO就"301条款"起诉美国，1999年12月22日专家组散发了裁决报告（WT/DS152/R）。鉴于美国政府的行政行动声明为USTR提供了符合WTO义务的充分的自由裁量权，该案专家组裁定"301条款"没有与美国的WTO义务不一致。但上述裁决完全或部分基于美国政府的行政承诺，即SAA。③ 该案专家组认为，美国做出的行政行动声明显示，美国对涉WTO协定的非公平贸易做法的挑战将提交WTO解决。④ 遗憾的是，该报告没有说明，如果USTR认为某一"301调查"不涉及WTO协定内容，因而USTR认为没有必要提交WTO争端解决，那么这种情况又该如何处理？而这正是目前中美"301调查"引发摩擦需要解决的法律问题。中方可以认为，目前"301调查"引发的争议事项，尤其是美国加征的关税关涉WTO，因为GATT1994第2条"减让表"规定了各成员应受其承诺关税的约束。⑤ 如果美国意欲挑战中方的行为、政策或做法，应当寻求WTO救济，而非采取单边措施。我们从中方提起的

---

① Terence P. Stewart, China, 301, and the Search for Reciprocity, Stewart and Stewart, p. 6.
② DSU第1.1条规定："本谅解的规则和程序适用于按照本谅解附录1所列各项协定（本谅解中称'适用协定'）的磋商和争端解决规定所提出的争端……"
③ WT/DS152/R, paras. 7.110 – 7.113, p. 351.
④ WT/DS152/R, paras. 7.110 – 7.113, pp. 330 – 332.
⑤ GATT1994第2.1条规定："每一缔约方对其他缔约方的贸易所给予的待遇不得低于本协定所附有关减让表中有关部分所规定的待遇。"

WTO 磋商请求中可以看出，中方正是采用的这样的观点。①

中方的这一观点是可取的。但是，同时需要注意的是，主张本次"301调查"相关争议尤其是后续的加征关税措施应当提交 WTO 争端解决与主张所有"301调查"事项均应提交 WTO 解决是两个不同的问题。因为在确认涉 WTO 事项美国将遵循 DSU 的同时，SAA 第 2.b 条（Enforcement of U.S. Rights，"美国权利的执行"）又规定，当 USTR 认为某一事项不涉及 WTO 协定时，美国贸易法第 301 节或 DSU 都不要求 USTR 启动 WTO 争端解决程序……再者，WTO 协定已涉及的事项，如有关知识产权保护的问题，如果外国政府的行为在《TRIPS 协议》纪律约束之外，即不在 TRIPS 范围之内的事项，也不意味着美国必须启动 DSU 解决程序。② 通常，一些外国政府的行为可能涉及一系列的行为，这些行为有的为 WTO 协定所涵盖，而有的不为 WTO 协定所涵盖。"301 调查"既针对为 WTO 协定所涵盖的行为，也针对不为 WTO 协定所涵盖的行为，还针对具有混合性质的外国政府行为。因此，美国政府需要辨明并采取措施，对于涉及贸易协定的行为启动贸易协定的争端解决程序，而对于其他行为则通过双边协商予以解决。③ 在前述 DS152 案中，虽然该案专家组对美国"301 条款"非违约的裁定是基于美国在 SAA 中的承诺，但即便把该案作为先例，主张所有"301 调查"事项均应提交 WTO 争端解决，说服力显不足。

另外，中方是否可以主张，如果中国某些行为、政策或做法没有违反 WTO 协定，即便美国认为这些行为、政策或做法造成了美国利益的丧失或减损，美国也应当在 WTO 寻求救济，而不应当采取单边行动？因为 GATT1994

---

① WT/DS543/1, 26 March 2018.

② Uruguay Round Trade Agreement, Statement of Administrative Action, Understanding of Rules and Procedures Governing the Settlement of Disputes, H. R. DOC. NO. 316, 103D CONG., 2D SESS., VOL. 1, 1027-1029, 1032-1036 (27 September 1994), Art. 2.b, paras. 11-13.

③ Ibid.

第 23 条既规定了违约之诉，还规定了非违约之诉。① 另外，DSU 第 26 条还对非违约之诉的问题进行了更加详细的规定。② 我们知道，"违约之诉"是指某 WTO 成员有违约行为，其他成员可以诉诸 WTO，"非违约之诉"是指某 WTO 成员没有违约行为，但其行为损害了其他成员可以合理期待获得的利益，则其他成员也可以诉诸 WTO。但这里存在一个"非违约"范围的界定问题。详言之，我们需要考虑的前提问题是，是否存在约定的事项？在有约定事项存在的前提下，违反了约定的事项为违约，没有违反约定的事项为非违约，这个理解应该不难。但如果将约定事项范围内的"非违约"广义地理解为约定事项外从事的行为也为"非违约"，似乎说服力就不够了。另外，目前"非违约之诉"仅适用于在货物和服务贸易领域引发的争端，WTO 各成员自 1995 年 WTO 成立以来，一直认同"非违约之诉"暂时不适用于《TRIPS 协议》。至于将"非违约之诉"不适用于《TRIPS 协议》是暂时的冻结还是永久的废除，目前 WTO 各成员尚未达成共识。在 2017 年布宜诺斯艾利斯 WTO 部长级会议上，各成员已经达成的共识是，将上述的不适用继续执行，直到 2019 年的部长级会议再行讨论。③ 故，至少"301 调查"涉及 TRIPS 事项的内容，"非违约之诉"的主张并不可取。

四、总结与建议

无论是美国《1974 年贸易法》"301 条款"，还是 SAA，以及 DSU，都要求当调查事项涉及 WTO 协定时，美国需要通过 WTO 争端解决程序寻求救济，但这些国内法和 WTO 法的规定都没有要求当调查不涉及 WTO 协定时，美国需要寻求 WTO 的 DSU 程序。WTO 为国际贸易协定，涵盖内容广泛，

---

① GATT1994, Art. 23.1 (a) (b).
② DSU, Art. 26.
③ 参见 https：//www.wto.org/english/tratop_e/trips_e/nonviolation_background_e.htm。

不但涵盖了货物贸易领域，还涵盖了服务贸易、与贸易有关的知识产权以及投资措施等领域，但我们不能就此认为WTO涵盖了与贸易有关的所有问题。美国"301条款"的设计不但授权USTR对贸易协定内的非公平做法进行调查，还授权USTR对贸易协定外的非公平做法进行调查，对此，我们不得不承认，美国对"301条款"的法律设计的确精美。如果我们主张针对非公平行为、政策和做法的所有"301调查"均应提交WTO争端解决不一定站得住脚。另外，在前述WTO已决案件中，DS152的裁决对中国的帮助可能也有限。鉴于此，我们在主张美国单边措施的违法性的同时，还应认真思考如何应对可能的法律挑战，如美国主张的25%的加征关税系针对"中国制造2025"产业政策所涉产品，而非针对DS542案所涉中国措施。本文认为，首先，我们可初步认为本次"301调查"与WTO有关，力争将争议措施引导入多边贸易体系中，通过WTO的争端解决予以解决。实际上，中方在磋商过程中已经指出，鉴于美方在4月13号的来信中要求就"301调查"中涉及的中国政策进行讨论，这表明美国也承认"301调查"中的中国措施涉及WTO规则。① 其次，我们可以组织学者进一步论证"301调查"事项为WTO协定涵盖这一问题，全面分析"301报告"内容与WTO协定的关联性。例如，"301调查"事项第一项和第二项中的强制转让技术，可能与《中国入世议定书》第7.3有关，② 一旦证成，则其自然属于WTO协定的涵盖范畴。"301调查"事项第一项中的通过合资企业的要求干预美国公司在中国的运作，可能与中国在GATS项下的承诺范围有关。再次，中方可以坚持的主张是，美国7月6日采取的加征25%关税的措施，无论其基于"301调查"的事项是否为WTO所涵盖，其采取的措施本身（加征关税）属于WTO的管

---

① WTO/DS543/3, 27 April 2018.
② 《中国入世议定书》第7.3条规定："……中国应保证国家和地方各级主管机关对进口许可证、配额、关税配额的分配或对进口、进口权或投资权的任何其他批准方式，不以下列内容为条件：此类产品是否存在与之竞争的国内供应者；任何类型的实绩要求，例如，当地含量、补偿、技术转让、出口实绩或在中国进行研究与开发等。"

辖范围，为 WTO 协议所涵盖，因为单方面实施加征关税，属于未经授权的单边措施，违反了 DSU 第 23 条以及 GATT1994 第 1 条（最惠国待遇）和第 2 条（减让表）。最后，我们也需要考虑，如果经过研究发现，有的问题的确不在 WTO 的涵盖范围之内，那么可能只能通过谈判来解决。无论如何，通过谈判达成和解，是所有策略的优选项。

总之，政治、经济、法律往往交织在一起，如果贸易摩擦不断升级，法律手段的效果可能有限，但如果我们具有较为充分的法律依据，在很大程度上可以为政治上的谈判奠定更好的基础，进而在经济上扭转可能面临的"双输"局面，并尽最大努力控制局面的恶化，将经济损失减少至最低。与此同时，我们应以大国的胸怀，更广阔的视野，维护多边贸易体制，扼守中国关于遵守国际贸易规则的承诺，以减小贸易摩擦对多边贸易体制带来的不良影响，并积极思考如何有效参与可能面临的 WTO 体制的改革。

特朗普政府"232措施"中的"国家安全话语"
——选择、意图及合法性

陈若鸿[*]

摘要：特朗普政府在国际经贸领域的举措呈现"泛安全化"趋势。本文以美国2018年三起"232措施"为切入点，指出"国家安全威胁"话语是特朗普政府面对国际国内形势的一种政治建构，其目的是在"安全之幕"掩盖之下实现阿甘本所称的"例外状态的治理"，对外悬置WTO法，推动特朗普式的国际贸易秩序，对内助推美国再工业化进程，并在复杂的国内治理情境下强化政府权力。文章分析了特朗普政府几起"232措施"在WTO体系下的合法性，指出各国应清醒地看到这套国家安全话语背后的意图，在话语上正本清源，在行动上联合抵制，防止特朗普将经贸领域的例外状态普遍化。

关键词："232措施"；国家安全；GATT XXI条；例外状态

一、引子：近期美国经贸政策话语的"泛安全化"现象

特朗普上台后，"国家安全"词频繁出现在美国对外经贸政策话语中，

---

[*] 陈若鸿，北京外国语大学国际商学院副教授。

突出表现在以下三方面：第一，2017年《国家安全战略报告》高调凸显重振国内经济、增进自由公平及互惠的经济关系等议题，这些议题被归并在"繁荣"主题下，列为国家安全四大支柱之一。报告中"安全"（security）一词出现117次，"经济"（economic）一词出现115次，二者出现频率在历年报告中最为接近，突出了经济与安全的关联性。① 第二，在国际贸易领域，美国先是动用许久未用的1962年《贸易扩展法》第232节对进口钢铝产品展开了国家安全调查（下称"232措施"），并以此为由对进口钢铝产品全面加征高额关税，其中钢铁税率为25%，铝税率为10%。之后不久，美国又以同样理由对进口汽车启动国家安全调查并威胁加征25%的关税，不惜惹恼欧盟日本等盟友。第三，在投资领域，仅2018年第一季度美国就以国家安全为由否决了五起中资企业赴美并购，虽然这些案件的涉案金额远远算不上引人注目，所涉及的行业也与传统国家安全的敏感行业相距甚远。2018年，国会又以较快的速度通过了《外国投资风险审查现代化法案》，强化以国家安全为由对入美外资进行审查。一时间，国际经贸领域许多问题似乎都与美国的国家安全挂上了钩，美经贸政策领域呈现"泛安全化"现象。

那么，美国经贸领域诸多"安全化"现象出现的原因是什么？该如何看待这些现象？各国应如何应对？本文拟以美"232措施"为切入点对这些问题展开分析。

特朗普政府对进口钢铝及汽车进行的"232国家安全调查"及结论令国内外讶异，各界对此批评如潮。正如彼得森经济研究所指出的，美国98%的进口汽车都源自盟友国家，特朗普政府居然在这种情况下认定进口汽车损害了美国国家安全，显然是在滥用国家安全制度，其本质是欲对进口征税。就钢铁行业来看，特朗普上台后，美国钢铁业整体产能利用率在72%左右，进口的主要来源地也是盟友国家或地区，无论从哪个角度来看美国钢铁业的进

---

① 王秋怡："特朗普政府《美国国家安全战略》报告评析"，载《国际论坛》2018年第5期。

口现状都远未达到威胁国内行业的程度,更妄论威胁国家安全。正因如此,美国国际钢铁协会对"232 钢铁措施"严重不满,甚至针对政府此项措施提起了违宪之诉。在国际层面,贸易伙伴国也纷纷抨击美"232 调查"结论及征税决定是借国家安全之名行贸易保护之实,为此,各国除将其提交 WTO 货物贸易理事会讨论外,更有多国将此措施诉至 WTO。[①]

值得注意的是,虽然美国"232 措施"是顶着"国家安全"之名出台的,贸易伙伴国在诉至 WTO 时却没有沿着"国家安全"的路径展开批驳,目前起诉的九个国家或地区主要都是以美国违反了《保障措施协定》为由提出相关主张。各国援引 GATT 1994 第 XIX 条(对某些产品进口的紧急措施)和 WTO《保障措施协定》的程序和实体义务条款,指责美"232 措施"实为保障措施且违反了保障措施协定。这一互动过程具有相当丰富的意涵,应该说,各国纷纷回避沿着安全问题的路径来直接驳斥美国"232 措施"有其合理和务实的一面,主要是在 WTO 的多事之秋避开 GATT 安全例外条款和自决权问题给案件带来的极大不确定性,以确保 WTO 争端解决机构能够在 WTO 框架内对美措施进行裁判。笔者认为,这一现实博弈的选择并不意味着对美"232 措施"进行"安全"方面的理论探讨没有意义。事实上,深入剖析美"232 措施"下的"国家安全"话语,揭示其与 GATT XXI 条安全例外条款中的"安全"概念的实质性差异,尤其是揭示出美国如何通过这套安全话语来形塑现实秩序,仍十分必要。笔者认为,这一探讨具有以下三方面意义。

第一,通过比较美"232 措施"下的国家安全和 GATT XXI 条下的"基本安全利益",可以厘清美国的做法是否背离了国际社会的共同规约,又在多大程度上背离了多边贸易体制。如果不能厘清这个问题,WTO 规则的例外条款的边界将缺乏清晰界定,这会为美国不依理性和协商而任意决断留下可

[①] 截至 2018 年 8 月 15 日,已有欧盟、中国、俄罗斯等九个国家和地区将美国"232 措施"诉至 WTO。

乘之机，其至导致任意背离 WTO 规则的行为正当化。考虑到特朗普上台后美国政府在国际经贸领域的"泛安全化"倾向，对"安全"的概念正本清源对于防止贸易保护主义十分必要。

第二，笔者认为，法律语言都有其权力或目的指向。特朗普政府在国际经贸领域的国家安全威胁话语，其本质意图，一方面是在国际层面悬置国际法，在"例外之幕"下推动特朗普式的"美国优先"国际贸易秩序，另一方面是在国内层面辅佐美国"再工业化"战略，通过建构"国家安全威胁"来强化行政机构的权力，推动特朗普式的国内治理。理解这套话语如何发挥形塑现实秩序的作用，对于清醒地面对美国的国家安全威胁论十分必要。

第三，虽然多国在 WTO 是以违反《保障措施协定》为由起诉美"232 措施"，但目前并不能排除"232 措施"合法性的讨论重回安全轨道的可能。有分析人士结合近期 WTO 保障措施及 DS490、DS496 等案件的裁决精神指出，中欧等国对美"232 措施"的保障措施指控仍存在不被 WTO 争端解决机构接受，进而使问题重回安全轨道的可能性，原因是"根据争端解决机构在 DS490、DS496 等案件中的裁决精神，美国'232 措施'被认定为保障措施的难度似乎较大"①。更进一步，根据相关裁决精神，即使美"232 措施"被认定为具备保障措施的两个法律要素，美国仍然可以依据第 11.1（c）条主张其采取的"232 措施"是根据除第 XIX 条外的 GATT 1994 其他条款，如 GATT 1994 第 XXI 条（安全例外），从而排除《保障措施协定》的适用。"因此，专家组在未来的案件审理中似乎将不可避免地对美国的'232 措施'

---

① 具体说来，争端解决机构在 DS490、DS496 等案件中明确，应通过以下几方面来判断一项措施是否构成保障措施：其一，成员方立法中该措施的特征；其二，导致采取该措施的国内法程序；其三，任何向 WTO 保障措施委员会所做的相关通报。保障措施的特征则是"被设计用于阻止或救济国内产业所遭受的'严重损害'，即对国内产业状况的重大全面减损"，而对美国"232 措施"的分析关注的是进口是否"削弱国内经济"，因此，美"232 措施"能否被认定为保障措施仍有不确定性。参见管健："再评美国 232 措施的 WTO 合规性"，载"国际贸易法评论公众号"，访问日期：2018 年 8 月 23 日。

是否符合 GATT 1994 第 XXI 条进行讨论。"①

出于以上原因,本文将沿着"安全"话语的路径对美"232 措施"展开分析。在第二部分,文章指出"国家安全"话语是对现实的映射,有必要在美国身处的具体国际政治经济结构中去把握其心态与认知,看清特朗普政府借"安全之幕"悬置 WTO 规则重塑"美国优先"的贸易秩序的意图。在第三部分,文章将对特朗普政府几起"232 措施"的 WTO 合法性进行分析,指出"232 措施"中的"国家安全"与 GATT XXI 条项下的"基本安全利益"之间的概念距离,并结合 WTO 第一个安全例外条款的专家组报告(DS512)的分析框架对美 232 措施进行合法性分析。

二、特朗普政府的"232 国家安全调查":意图与选择

(一)一反常态的"232 国家安全调查"

美国"232 措施"的法律基础是美国 1962 年《贸易扩展法》(修订版)第 232 节(美国法典第 19 卷第 1862 节,以下简称第 232 节),该节授权政府对进口产品对美国国家安全可能产生的影响展开调查并采取应对措施。特朗普上台一年多的时间里,美国商务部便根据第 232 节展开了三起针对进口产品的国家安全调查,分别涉及进口钢铁、铝及汽车。2018 年 2 月,美商务部公布了对美国进口钢铁和铝产品的"232 调查"报告,认定进口钢铝产品严重损害了美国内产业,威胁到美国家安全,据此建议对进口钢铁和铝产品实施关税、配额等进口限制措施。一个月之后特朗普发布总统文告决定对除加拿大以及墨西哥以外的全球进口钢铁和铝产品分别加征 25% 以及 10% 的进口关税。2018 年 5 月 23 日,商务部部长又依职权自主发起对进口汽车的"232 调查",以确定进口到美国的 SUV、厢式货车、轻型卡车和汽车零部件等是

---

① 管健:"再评美国 232 措施的 WTO 合规性",载"国际贸易法评论公众号",访问日期:2018 年 8 月 23 日。

专题二：中美（欧）经贸争端与WTO

否构成国家安全威胁。根据该项调查的结果，美威胁对进口汽车加征25%关税。

如前所述，美动用许久未用的"232条款"，将钢铝等基础材料以及汽车等民用物品与国家安全威胁相关联的做法令国际社会十分讶异。这一做法背离了WTO各成员在安全例外问题上一贯以来的审慎和善意。在WTO，虽然存在GATT XXI条"安全例外"条款，各国可以基于基本安全利益采取违反WTO基本原则的做法，但该条款被视为"君子协定"，在实践中成员方一直避免援用该条款，避免贸易纠纷升级到安全问题，避免贸易问题政治化。特朗普政府连续三起"232措施"无疑打破了维持多年的君子协定。

另外，特朗普政府的"232措施"甚至背离了美国历史上的常见做法。美国历史上的"232调查"具有以下几个特点：①基于"232条款"采取进口限制措施的案件从未超越石油类案件的范围。自1962年《贸易扩展法》实施后到特朗普2017年上台之前，美国政府共发起过26项232调查，主要发生在冷战时期，涉及的进口产品主要是石油及制造业（涉及原材料、制成品及零部件）。最终总统认定对国家安全构成威胁并决定采取限制性措施的仅有七起，全部是石油类案件。②自1995年WTO成立以来，美国政府仅发起过两次"232调查"，分别是在1999年与2001年，最终均未采取任何进口调整措施。如今，在距离上一次调查16年之后，特朗普政府在一年多的时间里连续发起钢、铝及汽车的"232调查"，并迅速决定对除加拿大、墨西哥之外的进口钢铁和铝产品全面征收进口关税，其涉及国家及产品范围之广，进口惩罚措施之重，决定做出之快，在"232调查"历史上是罕见的。钢铝和汽车并不是典型的国防用品，至多可以算作是军民两用物资，且进口远未达到严重冲击美国产业的地步，例如，2017年进口钢材只占美国国内消费量的

83

30%，国防需求仅占全部需求的 3%。① 在这种情况下，商务部仍认定钢铁进口的数量和相关情况"削弱了美国内部经济"，威胁到第 232 节规定的国家安全，这一做法不仅引发贸易伙伴国普遍不满和贸易保护主义的指责，还在国内引发了"232 违宪"之诉。那么，为什么特朗普政府会动用这一令人讶异的手段？其意图是什么？"232 措施"究竟可以如何有助于特朗普的国际国内政策目标？

（二）特朗普政府"232 国家安全调查"的国际国内背景

在一定意义上，话语是对现实的回应。因此，有必要结合具体的国际国内环境去理解特朗普政府经贸领域安全话语的建构及其逻辑。

在国际层面，美国面对着霸权相对衰退的局面。2008 年肇始于美国的金融危机重创了美国金融与实体经济，导致美国陷入全面经济衰退，步履维艰。金融危机之后，美国无论对国内经济难题还是对国际经济困境都未能拿出实质性的解决方案，其经济发展态势与中国形成强烈反差，这一点触动了美国有关权力转移的敏感神经。今天的美国既没有足够的能力也没有强烈的意愿像过去那样为国际社会提供足够的公共产品，导致其在多边机制中的影响力和自信心大不如前。美国国家情报委员会甚至认为美国的超强优势正相对衰落，并将在 20—40 年内最终丧失。② 对于美国这样的霸权国家来说，最"揪心"的问题莫过于其霸权地位的衰落以及"他者"崛起对其霸权构成的挑战。在总统特朗普看来，他接手的美国不再是一个伟大国家，世界其他大国也不再尊重美国。③

在国内层面，经过 20 世纪，新经济和"去工业化"的战略调整，美国

---

① See U. S. Department of Commerce Bureau of Industry and Security Office of Technology Evaluation, *The Effect Of Imports of Steel on the National Security*, 11 January 2018.
② National Intelligence Council, *Mapping the Global Future*, Report of the National Intelligence Council's 2020 Project, Washington, D. C: GPO, 2004, p. 63.
③ 陈积敏："新版《美国国家安全战略报告》评析"，载《国际研究参考》2018 年第 4 期。

新经济比重大幅上升,超过了钢铁和汽车。经济结构调整之后,美国从过去极具生产优势的制造业大国转变为以科技为基础、结合金融优势的新型资本发展模式。制造业部门在整个美国国民经济中的地位不断下降。在跨国企业蓬勃发展的背景下,传统制造业开始向外转移,制造业就业人口不断减少,占 GDP 比重也从 1980 年的 20.16% 下降至 2012 年的 12.05%,美国经济呈现出非常明显的去工业化特征。"去工业化"是一把双刃剑,在巩固了美国高端优势产业的同时也埋下了不利的隐患——美国虽然控制了利润最丰厚的部分,却造成国内产业"空心化"。一方面美国虚拟经济的泡沫不断扩大,另一方面缺少实体经济支撑,结果泡沫破灭并导致了金融危机。奥巴马政府对去工业化进行了反思,并力推"再工业化"战略,但受制于经济规律,其效果并不十分明显。

产业分工全球布局及"去工业化"带来了美国社会结构的变化。在美国内部形成了"第一世界中的第三世界",即那些在新一轮全球化中被远远甩开的社会底层,包括中西部锈带的失业工人阶级、底特律深受种族冲突冲击和经济衰退之苦的白人城市贫民、被北方自由主义城市深深歧视的南方农民,等等。经济地位的巨大落差和政治组织力的陡然真空必然带来深刻的失落、危机和恐惧,民粹主义泛起。这正是未曾有过从政经验的特朗普被选为总统的重要社会背景。特朗普的主要支持者来自边缘化的劳动者和愤懑的中产阶级,他们是美国经济衰退的最大受害者,迫切希望改变现状,特朗普也正是抓住了这部分社会需要才得以上台,他给选民的承诺是让美国再次伟大。

此外,特朗普上台后还面对着复杂的国内治理局面,一方面社会矛盾不断累积,身份政治的兴起使美国社会陷入相互对立与怨恨,造成社会撕裂,① 另一方面两党之争、府会之争也使政府一度陷入停摆窘境。

特朗普是在一片质疑的眼光中上台的。上台后,他迫切需要找到合适的

---

① 郦菁:"美国保守主义的社会基础和特朗普政权的未来",载《文化纵横》2016 年第 12 期。

执政工具,在较短时间内特别是赶在中期选举之前对内避开复杂的政治羁绊、凝聚国内力量,继续推动再工业化、促使资本回流重振美国经济,对外抛开其认为已变得对自己不利的多边贸易秩序的约束,打造特朗普式的"美国优先"贸易秩序。在这种局面下,"国家安全"为其提供了抓手。国家安全威胁论被推上前台是由于它能够很好地契合特朗普的政治需要——一方面借着 WTO 的"安全例外"条款,在"安全之幕"掩护下直接悬置 WTO 的关税约束,通过对进口产品加征关税,从而达到干预全球产业链,推动资本和制造业回流的目的;另一方面,通过建构一个外部的国家安全威胁,将内部成员的攻击冲动指向外部群体,[①]减少群体内成员之间的敌意行为,强化行政机构在复杂国内治理环境下的权力。

(三)"安全之幕"背后特朗普政府的国际国内目标

1. 经济层面:通过高关税推动资本回流,辅佐美国再工业化战略

对特朗普而言,再工业化对于重振美国经济,实现"让美国再次伟大"的目标十分重要。再工业化战略源自金融危机之后美国对 20 世纪"去工业化"转型的深刻反思。奥巴马政府提出再工业化,欲重振美国制造业,提升美国经济实力。然而虽然有政府力推,再工业化战略终因受制于经济规律而效果不彰。特朗普上台后,虽然在很多政策上都和奥巴马唱反调,但在再工业化战略这一问题上却是一致的。特朗普提出,"美国制造不只是一个口号,更是一种生活方式"("Made in america" not just a slogan, It's a way of life)。为此,特朗普政府通过对内减税对外加税的方法形成组合拳,敦促资本回流,一方面继续国内再工业化进程,另一方面减少贸易赤字。在"232 措施"下对进口产品加征高额关税,其意图是加重进口产品成本以及增加向美国出口的不确定性,迫使产业链进行重新调整,促使那些关注美国市场的资本回流,

---

① 薛晨:"社会心理、错误知觉与美国安全观的转变及实践——以九一一事件和伊拉克战争为例",载《世界经济与政治》2006 年第 12 期。

以重振美国制造业，振兴经济。正如美国在"钢铁 232 报告"中提到的，通过此类措施可以"帮助美国国内钢铁业恢复闲置设备的运行，让关闭的钢厂恢复生产，通过雇用新钢铁工人保护必要的技术，增加钢产量"。

然而，再工业化战略并不能解释特朗普政府的全部。虽然特朗普和奥巴马都力推再工业化战略，在手法上却有着非常重要的区别。奥巴马仍然是在法律的框架内去推动其各项举措，他在贸易措施上一方面密集动用反倾销、反补贴等措施对进口产品进行限制，另一方面通过 TPP、TTIP 谈判来打造 WTO PLUS 的新贸易规则。相比而言，特朗普在诸多可选项中选择了"232 措施"这种"核强度的贸易保护主义"①，其本质是借 GATT XXI 条安全例外条款，在"安全之幕"掩盖下悬置 WTO 规则，以最直接有效的关税壁垒去构建对美国经济振兴有利的经贸秩序。应该说，与其他措施相比，"232 措施"这种"国家安全措施"在最大程度上契合了特朗普作为政治人物的独特个性和他在处理国际关系时的执政需要。

作为总统，特朗普有两个鲜明的特色。首先他不是传统意义上的政客，在当选总统之前没有执政经验；从个性层面来看，他性格不羁，历来对各种传统政治规范要么置之不理要么进行各种挑战。② 这两方面共同作用，意味着在特朗普那里，抛开 WTO 成员方一贯的善意、动用 WTO 的安全例外服务于自身利益并不存在太多心理障碍。

从保护国内产业的角度来看，特朗普其实有一系列可选择的替代措施，如反倾销和反补贴措施、保障措施等。动用这些替代措施所引发的争议应该比"232 安全措施"小很多，然而在特朗普政府那里，其他经贸手段具有各自的局限性。第一，在中期选举的时间压力下，特朗普迫切需要能立竿见影见到经济效果的措施。奥巴马政府两个任期内的再工业化战略均效果不彰，在特朗普眼里这种传统做法恐怕不足为取。第二，以保障措施为例，虽然该

---

① 荣民："美国'232 调查'背后有玄机"，载《中国贸易报》2017 年 7 月 4 日。
② 尹继武："特朗普的政治人格特质及其政治偏好分析"，载《现代国际关系》2017 年第 2 期。

措施属于WTO授予成员方的"安全阀",可以在国内产业受到严重冲击时用以自我保护,但《保障措施协定》在启动条件、因果关系分析、措施强度及适用期限等都规定了严格的纪律。美国2002年曾发起对进口钢材的保障措施,结果被WTO上诉机构裁定为不符合WTO协定并被终止。第三,在美国眼中,反倾销反补贴之类措施亦是十分不便。美商务部部长罗斯在VOA采访中也提到了将双反调查弃置不用的原因:"这些年来,我们发起了很多涉及钢铁的贸易诉讼。我们事实上对不同国家发起过一百多起反倾销或反补贴关税的诉讼……共发起了104起,针对34个国家的产品。所以这是个十分普遍的问题……(然而)这些措施必须遵守世贸组织规则,中国最近做得更多的是,他们说要精确到产品,在一起诉讼案中,甚至说要在0.2毫米内,他们还说要精确到国家。这就让他们较为容易规避惩罚,因为你可以改变一点尺寸,生产上加工一下。或者不管有没有进一步加工,还可以通过其他国家转运。所以关税的问题是,虽然限制了行为,但是并没有真正解决整体上的问题,因为这个问题开始通过其他国家冒出来。"① 可见,对于特朗普政府的目标而言,动用传统的双反手段意味着要受到WTO规则的各种约束,掣肘太多,制约了目标的实现。

相比而言,"232措施"最大的特点是在"国家安全"名义下对进口设限。国家安全属于政治敏感议题,为此,GATT XXI条安全例外条款在表述上比其他条款如GATT XX条更为含蓄和原则,成为GATT/WTO内"最为宽泛、争议性最强的例外条款"。② 该条款的模糊措辞导致了不同的解释方案,现实主义政治学派多主张国家主权至上,排斥WTO对国家安全例外条款的司法权。因此,WTO争端解决机构是否有权审查此类纠纷、应如何裁决国家安全措施导致的贸易纠纷等问题均无明确答案,现实中各国遵循善意原

---

① 尹继武:"特朗普的政治人格特质及其政治偏好分析",载《现代国际关系》2017年第2期。
② Lindsay, Peter, The Ambiguity of GATT Article XXI: Subtle Success or Rampant Failure, *Duke Law Journal*, Vol. 52, pp. 1277 – 1313.

则，尽量避免贸易纠纷升级。在美国的理解中，使用"232 国家安全措施"来对进口设限是不应受到 WTO 的审查的。美商务部长罗斯在 2018 年 3 月接受 VOA 记者采访谈到钢铝关税问题时就清晰地传递了美国的这一"愿望"——"如果世贸组织告诉我们的总统什么符合我们的国家安全利益，在美国会非常不受欢迎"。而在被问及为何采取"232 措施"时，罗斯的回答却与国家安全没有关系，"我们的贸易逆差有两个根本来源。一个是地理性的，那就是中国；另一个是产品，那就是汽车。所以，如果我们要想以有意义的方式减少我们的整体贸易逆差的话，我们必须解决中国问题和汽车问题"①。可见，解决贸易逆差问题是美国关心的重点，而打国家安全牌，是因为可以抛开 WTO 纪律的约束。在操作上，美国"232 措施"的法律基础条文（主要是美国《贸易扩展法》第 232 节）措辞十分含混，232 节第（b）（3）（A）条规定，商务部部长对"进口产品在一定的数量或一定情况下对国家安全的影响进行报告并就相关发现提出建议"。该条款未对"国家安全"进行定义，既未规定进口产品足以威胁国家安全的"一定数量"的阈值，也没有定义何为"一定情况"。此外，该条并不要求进口产品正在损害国家安全，对国家安全的影响无须是现实的或迫近的，只要有损害国家安全的威胁就可以得出肯定性裁决。"232 条款"将预防逻辑与含混措辞结合起来，意味着美国国家安全是否受到威胁、关税提高到多少才能应对进口产品的威胁、国内产能需要恢复到多少才能够消除国家安全威胁，这些关键问题均可由政府任意决断。"232 条款"下，政府采取进口限制行动如入无人之境，可任意决断，且难以受到其他权力机构的制约。

2. 国际政治层面：通过宣告例外状态悬置 WTO 法，推动特朗普式的"美国优先"贸易秩序

"232 措施"发生的另一个重要背景是美国对 WTO 的满腹怨气。WTO

---

① 参见"美商务部长谈钢铝关税和中美贸易"，http://www.sohu.com/a/225825189_100053199，访问日期：2018 年 3 月 23 日。

是美国一手推动建立的多边贸易体系,历史上美国通过打造 WTO 这套体系获得了一系列收益,包括信用收益,即美国通过多边规则的自我约束建立起领导者的信用基础;国家安全收益,即美国在"二战"后通过多边贸易规则体系帮助其盟国恢复经济,防止其受国内外共产主义影响,以及在冷战之后通过经济相互依存为美提供国家安全保障;此外还有动态贸易收益和国内政治收益等。然而在 WTO 成立二十多年后,随着利益格局的变化,美国对 WTO 早已十分不满——近年来美国影响力下降,伴随着来自欧盟、日本等昔日盟友的竞争以及新兴经济体的不从,这套美国自己主导的贸易体系难以再为其谋取贸易利益,反而影响了国内政治平衡。WTO 由此成了替罪羊,美国开始批评多边贸易体系的合法性,不愿再为其背书。2016 年大选前,美国已经赤裸裸地因输了案子而对上诉机构韩国籍大法官的连任横加阻挠,到了特朗普这里,他对 WTO 的批评更是直言不讳、登峰造极,在竞选时就曾公开表示"WTO 完全是场灾难"[①],批评 WTO "对美国非常不好"(treats the U.S. very badly)[②]。特朗普上任后,美国搁置 WTO 争端解决机构中上诉机构法官的选任,使这颗 WTO "皇冠上的明珠"已近瘫痪。2018 年,白宫被传起草《美国公平互惠关税法案》,该法案所提倡的互惠原则和关税方案实质上相当于宣告美国从 WTO "退群"。美国政府,尤其是特朗普政府对 WTO 的怨气可见一斑。

众所周知,GATT XXI 条是安全例外条款,成员方据此享有相当程度的自决权。施密特有一著名定义"主权者就是决断例外状态之人",揭示的就是这样一个现象:主权者通过宣告例外状态悬置整个宪法规范,进而得以不受法律限制地采取重建秩序的任何必要措施。特朗普屡屡在国际经贸中声称

---

① Chris Isidore, White House lauded US Record with WTO, Which Trump Now Calls a 'disaster', https://money.cnn.com/2018/03/02/news/economy/trump - wto - white - house - economic - report/index.html, 访问日期: 2018 年 3 月 23 日。

② 参见 https://www.bloomberg.com/news/articles/2018 - 07 - 02/trump - says - wto - is - treating - the - u - s - very - badly - despite - wins, 访问日期: 2018 年 3 月 23 日。

国家安全受到威胁,其意图十分明显,就是要利用安全例外来悬置既有国际贸易秩序。

WTO 毕竟是美国一手建立起来的多边体系,在美国历史上,像特朗普这样毫无顾忌地直接以 GATT XXI 条为由全面抛开多边规则主张美国例外的情形并不多见。但在反恐领域以及针对个别国家的经贸问题上,"美国特殊""美国例外"彰显出的民族主义色彩一直十分强烈,美国通过例外条款和紧急状态来悬置国际法已成常态。

反恐领域,自 2001 年 9 月 14 日美国总统宣布进入例外状态之后,美国以反恐之名制定了《爱国法案》,对外悬置国际法,对内宣告永久的例外状态,悬置许多美国宪法中保障基本人权的法律。之后,美国进一步通过阿富汗与伊拉克战争延续这种例外状态。阿甘本在他的名著《例外状态》中一针见血地指出,在例外状态下,关塔那摩监狱中被关押的囚犯既不具有日内瓦战俘公约中的战俘地位,也不具有美国法之下的被控犯罪人的地位。他们仅仅是"关押犯",被完全从法律的视野中抹去。在这里,主权者不仅不受法律约束,还让自身成了一部"活的法律"。① 战争与例外状态的结合不仅在空间上突破了民族国家的疆界,在内容上也逐渐从军事领域蔓延到其他社会领域。更值得警惕的是,战争的性格从被动防卫转向主动预防,原先针对特殊事件的例外措施变成为预防性的一般准则,例外状态成为常规,变成政府治理的惯用范式。

在经贸领域,根据 1977 年生效的《国际紧急状态经济权力法案》(IEEPA),当美国遭遇到对国家安全、外交政策和经济的非寻常的来自外部的强烈威胁时,总统有权宣布美国进入紧急状态,并以阻止交易、冻结资产或没收相关国家或个人在美资产等制裁方式予以应对。该法案给予美国总统的授权较为广泛,既可以是全面的干预,也可以是重点的打击,可以干预、

---

① 刘颜玲:"'例外状态'发展简史——兼论阿甘本例外状态的常规化进程",载《湖南社会科学》2012 年第 3 期。

许可或调查任何与国家安全相关的外汇交易、银行支付、证券买卖,以及进出口、投资等各项活动,禁止或限制美国公民或企业与相关国家开展经贸活动。截至目前,美国政府以 IEEPA 为由采取的制裁仍然有效的还有 27 项,涉及俄罗斯、布隆迪、南苏丹、委内瑞拉等 18 个国家,以及中东、西巴尔干等地区,还有 6 项涉及全球范围。由此可见,"国际紧急状态"已经逐渐失去了其名称所代表的真正含义,逐渐变成了美国政府单方面对外施加影响的工具,所谓的国际紧急状态成了常态。①

透过以上历史我们便不难理解,虽然 WTO 是美国亲手打造的多边规则体系,但当美国认为自己不再能从中获得好处时,其实用主义哲学势必引向通过主张美国例外来悬置 WTO 规则。这正是特朗普政府一反常态地动用"232 调查"的原因:一方面,232 的预防式安全逻辑意味着美国政府可以以未来不确定性为基础来形塑现在,在这种不可能否认或知晓的"国家安全被威胁"的假设性情境中,任何情况都可以被认为是例外的,政府可以在"安全之幕"下任意悬置现有的多边经贸秩序,将美国政府的各种进口干预措施合法化;另一方面,沿着这一路径,特朗普政府还可以沿用反恐领域的做法,使经贸领域的例外状态成为一种常规,使主权者不受法律约束,并让自身成为活的法律,在国际经贸中实现施密特所说的"主权专政"(sovereign dictatorship),不仅悬置现行法律,还要运用例外的权利去重建新的政治秩序。②

当美国感到难以再从 WTO 体系中获得贸易利益,当特朗普决定时时刻刻把美国利益放在第一,当传统的保障措施和双反调查受到 WTO 规则的掣肘而不能实现美国所期望的美国优先的效果时,"232 调查"可以在"安全之幕"下为美国提供最便捷有效的工具,同时将难题抛给 WTO 和其他贸易伙

---

① 周密:"美国说的国际紧急状态是怎样的状态",载《世界知识》2018 年第 10 期。
② Schmitt, C., Dictatorship. *From the origin of the modern concept of sovereignty to proletarian class struggle*, Polity Press, 2013.

专题二:中美(欧)经贸争端与WTO

伴国——如果WTO认可美国做法,那自然符合美国利益;如果WTO裁定美国败诉,美国退出WTO便有了一个新的理由。美国既然可以退出TPP、可以退出《巴黎协定》,为什么就不能退出WTO呢?①

3. 国内治理层面:通过建构国家安全威胁增强国内凝聚力,强化政府权力

国际关系领域的研究揭示了这样一种社会事实——有关国家安全的"威胁"并非总是真实、客观的存在,而是可以凭借主观想象和观念假设制造出来,是一定的历史及社会环境下经由主体活动所建构的政治结果。以研究安全化现象闻名的哥本哈根学派的研究表明,美国这样的"超级大国"将事物安全化的本质是通过建构安全"威胁"来操纵政治话语,使其对外政策行动"合法化"。②

对安全"威胁""冲突"和"敌人"的社会建构乃是一种政治选择,可以起到至少两个作用:一是通过制造这类想象的外来"危险"转移国民对某个社会事件或政策行为的关注,从而把国民视线从政府不想(或不愿意)解决的问题上面移开;二是通过把建构起来的安全"威胁"或"敌人"作为政治替罪羊来回避真正需要应付的社会及政治难题。③ 这种构建起来的安全威胁如此重要,以至于每当这种威胁、冲突和敌人消失,美国政治家和决策者们便需要重新寻找、发现并重建它们,这个过程并不一定是对国际政治的"感知或现实"做出回应。④ 这样,我们就不难理解为什么特朗普政府会声称源自盟友的汽车威胁了美国国家安全。

---

① 荣民:"美国'232调查背后有玄机'",载《中国贸易报》2017年7月4日。
② 贺炜:"认同、话语建构与美朝核危机",载《国际问题论坛》2006年夏季号;潘亚玲:"'9.11'后布什政府对'敌人'的建构",载《外交评论》2007年第1期;李菁华:"方法与应用:话语分析与美国公众外交",载《世界经济与政治》2008年第5期;孙吉胜:"国际关系中语言与意义的建构——伊拉克战争解析",载《世界经济与政治》2009年第5期;刘永涛:"建构安全威胁——美国战略的政治选择",载《世界经济与政治》2010年第6期。
③ 刘永涛"建构安全威胁——美国战略的政治选择",载《世界经济与政治》2010年第6期。
④ Jef Huysmans, *The Politics of Insecurity*, Routledge, 2006.

当国家声称自己的安全受到威胁时，正常的三权分立机制处于失效状态，政府权力被大大强化。国家安全有助于将所有决策权威集中于执行者，安全措施所要求的急切性使政府各部门的代理、审议、管制的制度机制非法化了。[1] 为此，在"232 条款"以及《国际紧急状态经济权力法案》下，行政部门有较大行动空间，基本不受限制，这一点令美国国内利益主体感到切肤之痛，以至于 2018 年 6 月美国国际钢铁协会提起了"232 条款"违宪之诉，控诉在"232 条款"下政府可以完全不受约束任意而为、可以施加"无限制的"关税或其他贸易壁垒。在诉状中，美国国际钢铁协会指出，"232 条款"除了给予总统"开放式的选择"以应对进口产品可能带来的任何威胁外，还允许总统基本上可以将对美国经济的任何影响纳入"国家安全"考量中；该措施违反了权力分立原则和宪法保护的制衡机制，却没有任何法律条款允许对总统"232 措施"进行司法审查。[2] 此外，美国国会也有一些议员试图通过提案限制总统以国家安全为名征收关税，这些都从另一个方面说明了特朗普政府为何会频频动用"232 条款"。在国家安全问题面前，美国行政当局既是宣布国家安全受到威胁的机构，同时又让自己成了执行者。这一巨大的"好处"导致了意大利哲学家吉奥乔·阿甘本（Giorgio Agamben 2003）一针见血指出的现象——在现代国家包括所谓的民主国家，例外状态已经成了政府治理的一种范式。

在三权分立、权力制衡的结构下，怎么会发生这种情况呢？有学者指出，这种对决策者与执行者的分离原则的违背，植根于美国的总统制传统，始于

---

[1] 冈萨洛·韦拉斯科·阿里亚斯："生命政治安全设制中例外的正常化"，载《国际社会科学杂志》2013 年第 3 期。

[2] American Institute For International Steel, inc., sim‐tex, LP, and Kurt Orban Partners, LLC v. United States and Kevin K. Mcaleenan, Commissioner, United States Customs and Border Protection, Court No. 18–00152, http：//www.aiis.org/2018/06/american‐institute‐for‐international‐steel‐files‐lawsuit‐challenging‐constitutionality‐of‐section‐232‐steel‐tariffs/，访问日期：2018 年 8 月 25 日。

亚伯拉罕·林肯,① 在这种先例的基础上,美国历史的一个特点是为后来的总统在危机状态中的全权在握做辩解。② 虽然在历史上西方议会的立法权与统治者的行政权曾展开长久的博弈,但议会实质上已经渐渐将自己的立法权授予了行政部门。③ 在美国,经由罗斯福、布什等的发展,从革命、内战、战争、经济危机、自然灾难到反恐,例外状态渐渐成为政府治理的常态性机制而得到了空前的发展,为了"保卫国家安全",美国政府可以预防性地宣告一种例外状态,并实施有法律效力的特殊法令。④ 本文住笔时,特朗普已经在 2019 年年初为修墙一事宣布国家进入紧急状态,之后又签署行政令,以"科技网络安全"为由宣布美国进入紧急状态,禁止美国通讯企业与华为进行商业交易。无论史实还是现实,都反复印证了阿甘本关于"例外状态已然常规化"的论断。⑤

特朗普上台后,在话语上除了国家安全威胁论外,还屡屡有"WTO 对美国非常不好"之类的受害论修辞,将美国描述为多边贸易体系的受害者。从政治心理学角度来看,受害者心理暗示着群体的福祉与生存正受到外界威胁,统一与团结的重要性被凸显。⑥ 集体受害者心理可以成为"社会黏合剂",无论群体成员是否经历过历史的创伤,都会将过去的创伤与伤害内化,转化为强大的文化叙事,并使之成为社会身份必不可少的部分。⑦ 不论真实

---

① 他在 1861 年 4 月 12 日国内战争开始时宣称自己是联邦的保护者,单方面增加一支军队,命令封锁南方各州,授权海军司令搁置人身保护令,最初是在费城和华盛顿之间,后来是在华盛顿和纽约之间。国会的授权只是在事后才取得,在 7 月 14 日举行的一次特别会议上,林肯辩称他的决定是对"人民的要求和公共必要性的状态"。

② 冈萨洛·韦拉斯科·阿里亚斯:"生命政治安全设计中例外的正常化",载《国际社会科学杂志》2013 年第 3 期。

③ Agamben, Girgio, *State of Exception*, Kevin Attell (Trans), University of Chicago Press, 2005, pp. 37-38.

④ 刘颜玲:"'例外状态'发展简史——兼论阿甘本例外状态的常规化进程",载《湖南社会科学》2012 年第 3 期。

⑤ Ibid, p. 55.

⑥ 黄鹏、吴连海:"族际冲突中的受害者心理研究",载《世界民族》2016 年第 6 期。

⑦ A. Robben & M. Suarez-Orozco, *Cultures under Siege: Collective Violence and Trauma*, Cambridge University Press, 2000, p. 23.

与否，过去的悲怆经历可以引起群体对历史的集体关注，产生强烈的情感归属，加强群体的团结，增强民族身份认同，从而塑造出安德森所称的"想象的共同体"。① 可见，建构国家安全威胁论和美国受害者论有助于特朗普政府在复杂的国内形势下进行国内治理。

综上，特朗普政府选择"232措施"，频频在国际经贸领域称国家安全受到威胁，是回应了其特定的需要。借着"安全之幕"的掩护，特朗普政府试图在经济上以高关税促使资本回流，辅佐美国的再工业化战略；在政治上悬置美国早已非常不满的WTO的束缚手脚的规则，并进而强化复杂环境下的国内治理，试图超出宪法架构来强化政府权力。各国尤其应警惕的是美国惯于将例外普遍化的做法，应在观点上应加以批驳，在行动上联合抵制，防止特朗普不断地对一般规则进行悬置而借"安全之幕"实行其例外状态的治理。

三、特朗普政府"232措施"在WTO规则下的合法性——以DS512专家组裁决为基础的分析

2019年4月，WTO争端解决机构发布了俄罗斯—货物运输措施案（下称DS512案）的专家组报告，这是WTO历史上第一次就安全例外条款做出裁决。在单边主义盛行使得WTO面临巨大挑战的2019年，该案裁决具有重要意义。下文将简要介绍该案裁决，然后以其中的分析框架讨论特朗普政府"232措施"的合法性。

（一）DS512案裁决简介

俄罗斯—货物运输措施案起因是俄罗斯对经公路和铁路运输穿越俄罗

---

① 本尼迪克特·安德森：《想象的共同体》，吴叡人译，上海人民出版社2005年版。

斯领土的货物采取管制措施。乌克兰起诉到 WTO，认为俄罗斯违反了其 WTO 义务。俄罗斯则以 GATT XXI 条进行抗辩，并提出以下主张：第一，本案存在国际关系中的紧急情况，该紧急情况自 2014 年出现，直至 2018 年仍然存在；第二，该紧急情况威胁了俄罗斯的基本安全利益；第三，根据 GATT XXI b（iii），应完全由成员方自己决定是否涉及"基本安全利益"以及所采取的措施是否必需；第四，WTO 不应对本案进行审查，世界贸易组织不是一个为处理此类争议而建立的组织，也不具备处理此类争议的能力。

本案专家组裁决确定了以下几个重要问题：首先，专家组有权对俄罗斯的措施是否符合 GATT XXI b（iii）进行审查，WTO《关于争端解决规则与程序的谅解》中未对涉及 GATT XXI 条的争议做出任何特殊或附加规定，因此俄罗斯援引 GATT XXI 条所提出的辩护主张在专家组职权范围之内。第二，围绕最关键的自决权问题，专家组确认，GATT XXI 条 b 款下的三个单项属于客观情况，需由专家组进行客观审查，b 款前言中的"必需"问题以及"基本安全利益"问题由援引该条的成员方决定，然而这种自决并非毫无限制，"基本安全利益"必须根据善意原则予以解释，在"必需"问题上成员方需表明其措施和目的之间存在真实的联系。最终，专家组认定，俄罗斯措施属于 GATT XXI 条 b 款（iii）范围内的措施。

虽然该案裁决可能还会经历上诉机构的审查，但笔者认为，专家组裁决正确地解决了争议已久的 GATT XXI 条的几个关键问题。第一，该裁决肯定了 WTO 争端解决机构对案件的审查权，这一确认十分重要，有助于从根本上遏制美国这种任意宣布例外状态悬置既有多边贸易秩序的做法。第二，该案专家组正确地坚持了善意原则在安全例外条款解释中的指导作用。专家组自始至终坚持以善意原则来解释 GATT XXI 条，在结果上既维持了成员方的安全权利，又可以有效防止权利滥用损害其他成员权利的情况。这一解释结果符合 WTO 对各种利益的平衡，符合 GATT 的目的和宗旨，因为从立法本意来看，"安全例外"必须达到某种立法平衡。在成员方"基本安全利益"受到威胁或正被侵犯的情况下，它当然尤其依据其在国际法上所享有的"内在权利"采取一切必要措施，但同时，一成员方停止履行其相关义务势必会影响到其他成员方在 GATT/WTO 内所享有的实体性权利，如果后者的实体性权利得不到保证，那么后者也可能据此认为出现了威胁其"基本安全利益"的情势，继而也行使与前者一样的"内在权利"，停止履行相应的特定义务。一旦如此反复，此种恶性循环将影响 GATT/WTO 的正常运作，GATT/WTO 推动贸易自由化的宗旨自然也无从实现。因此，"安全例外"的适用必须受到一定的限制。相较而言，那种把 GATT XXI 条解释为完全自决权的解释路径将 GATT 置于一种非平衡的状态，背离了 GATT 谈判者的平衡意图。笔者认为，专家组裁决中的这些精神值得上诉机构的肯定。

下文将沿用 DS512 案专家组报告的框架来分析特朗普政府"232 措施"在 GATT XXI 条下的合法性。美国最有可能援用 GATT XXI 条 b 款的（ii）项进行抗辩，也可能援用 GATT XXI 条 b 款（iii）。因此，下文将重点结合 GATT XXI b 款（ii）、（iii）两个分项展开分析。

（二）特朗普政府"232 措施"下的"国家安全"不同于 GATT21 条项下的"基本安全利益"

GATT XXI 条规定，本协定的任何规定不得解释为：（a）要求任何缔约方提供其认为如披露则会违背其基本安全利益的任何信息；（b）阻止任何缔约方采取其认为对保护其基本国家安全利益所必需的任何行动：（i）与裂变和剧变物质或衍生这些物质的物质有关的行动；（ii）与武器、弹药和作战物质的贸易有关的行动，及与在直接或间接供军事机构用的其他货物或材料中所进行的此类贸易有关的行动；（iii）在战时或国际关系中的其他紧急情况下采取的行动；（c）组织任何缔约方为履行其在《联合国宪章》项下的维护国际和平与安全的义务而采取的任何行动。

GATT 第 21 条中并没有"国家安全"字眼，其中的 a 项和 b 项第一句中使用的表述都是"基本安全利益"。从字义看，基本即"essential"[①] 一词具有"非常重要、不可或缺"的含义，从语言学角度分析，既然存在"基本安全利益"，则相应地存在"非基本安全利益"，这之间的界限如何区分容易引发了争议。结合 GATT 立法历史可知，并非所有的安全利益都是基本安全利益——在该条起草的讨论中，美国代表曾指出，"采用'关系到成员方安全利益的任何措施'这样的措辞，会带来极大的风险。因为这将允许成员方采取'包罗万象'的措施。因此，约文应当考虑那些真正的基本安全利益"[②]。"我们意识到存在例外条款太过宽泛的危险……最好是起草一些可以考虑到真正的安全利益的条款，同时，尽我们所能地对例外条款进行限制，防止成员在每种可设想到的情况下为维护其行业发展而采取保护措施……此外，安全措施必须有一些自由度。实际上，这是一个平衡的问题。我们必须有一些例外条款。我们不能使之过于严格，因为一方面我们不能禁止那些纯粹为安全原因所需要的措施；另一方面，我们不能使之过于宽泛，以至于在安全的伪装下，成员方将采取实际上有商业目的的措施'。"[③]

由这段条约的谈判历史可见，"基本"这个限定词是经过深思熟虑加上去的，其目的就是为了对"安全利益"进行限定，避免将任何东西都归入安全例外条款中来。那么，特朗普政府"232 措施"所保护的国家安全利益与 GATT XXI 条中的"基本安全利益"是不是一回事呢？下面通过对比表明了二者在内涵、安全措施启动条件等方面的重大差异，如表 1 所示。

---

① Byran A. Garner, *Black's Law Dictionary*, Thomson West, 2004, p. 585.
② Second Session of The Preparatory Committee of The United Nations Conference on Trade and Employment, GATT Doc. E/PCT/T/A/PV/33, July 24, 1947, p. 20.
③ WTO, Analytical Index of the GATT, http://www.wto.org/english/res_e/booksp_e/gatt_ai_e/art21_e.pdf, 访问日期：2019 年 3 月 2 日。

表1 "国家安全利益"与"基本安全利益"内涵和安全措施启动条件差异表

	WTO（GATT XXI条）	U.S.（232）	
安全的基本概念	基本安全利益	国家安全	
安全的内涵	1. 与裂变材料或衍生这些材料的材料相关的行动； 2. 与武器、弹药和作战物资的贸易有关的行动，及与在直接或间接供军事机构用的其他货物或材料中所进行的此类贸易有关的行动； 3. 在战时或国际关系中的其他紧急情况下采取的行动。	15C.F.R.705.4规定，在评估产品进口对国家安全影响时考虑的因素。该条分为两部分： （a）款直接关注"国防"的要求，明确"国防"是广义的"国家安全"的一部分。此时考察受调查产品之进口数量或其他相关调查产品之进口情形。（详见右侧栏中相关情形） （b）款集中在更广泛的经济上，明确指出，国务卿和总统"应认识到国家经济福祉与国家安全的密切关系"。此时考察进口产品的数量、效用、特征和用途，以及右侧栏目中3项因素。	1. 出于国防要求的国内产品的产量； 2. 为达国防标准所需之国内产量与产能； 3. 为生产受调查产品所需的既有与预期人力资源、产品、原料及其他资源，以及其他针对国防的必要供给和服务； 4. 受调查产品、产业为符合国防标准所需的成长条件，以及确保上述增长的必要供给和服务，包括（产业）投资、开发和发展等； 5. 任何其他相关因素： （1）外国竞争对于任何对于国家安全来说是必要的国内产业的经济福利造成的影响； （2）任何国内产品的被取代导致的大量失业、政府收入的减少、特殊技能、产品或投资流失，或其他严重后果； （3）任何其他正在导致或将要导致美国经济弱化的相关因素。
采取行动的条件	缔约方认为行动系保护基本安全利益所必需。	进口在一定的数量下或在一定情况下"有损害国家安全之威胁"。	

由上表1可见，美国"232条款"虽没有定义"国家安全"，但在分析进

口产品对国家安全的影响时，除分析对国防的影响外，还有一项重大增项，即经济影响分析，关注进口对行业经济福祉、国家经济弱化的影响。这样的条款构造造成的结果有二：一方面，特定行业受到的不利影响及国内经济的弱化不仅与国家安全挂钩，还可以直接等同于国家安全受到影响；另一方面，任何程度的经济问题都可能上升为国家安全问题。从这一点来看，"232 措施"下的"安全"已经大大超出了 GATT XXI 条所说的"基本安全利益"范畴。DS512 案中，"基本安全利益"问题由成员方决定，但必须根据善意原则予以解释。笔者认为，根据这一裁决精神来判断，特朗普政府采取"232 措施"尤其是钢铁措施的理由是钢铁行业经济"福祉"受到某些影响，但它既不涉及国家经济整体盘面，受影响程度也远未达到严重的程度，其与国家安全的关系仅在于钢铁行业衰退会导致生产相关国防产品存在风险。在国防需求仅占美国总需求3%、进口占国内消费30%的情况下，"232 措施"与基本安全利益的逻辑联结不仅遥远且似是而非。

（三）特朗普政府"232 措施"是否属于 GATT XXI b（ii）范畴

根据 GATT XXI 条 b 款（ii）项，WTO 不得阻止成员方采取"与武器、弹药和作战物质的贸易有关的行动，及与在直接或间接供军事机构用的其他货物或材料中所进行的此类贸易有关的行动"。进口钢铝和汽车显然不是"武器、弹药和作战物质"，充其量只能算作"军民两用物资"。那么，它们是否属于"直接或间接供军事机构用的其他货物或材料"呢？

"与作战物资的贸易有关的行动"和"直接或间接供应军事机构的物资有关的行动"使安全例外适用于"军民两用产品"。仅从字面来看，将进口钢铝、汽车归入"间接供应军事机构的物资"当然说得通。然而，上下文解释、目的解释以及善意解释原则并不支持这一解释结果。

DS512 案专家组指出，从上下文来看，GATT XXI 条 b 款下的几个单项条款都是围绕军事利益展开的。其中 b（i）与裂变和剧变物质有关，（iii）

与"战时"或"国际关系中的其他紧急情况"有关,而(ii)段的前半句"武器、弹药和作战物质的贸易有关的行动"也同样关乎军事利益,因此,(ii)段的后半句"直接或间接供军事机构用的其他货物或材料中所进行的此类贸易有关的行动"亦不能脱离这一基本上下文语境而拓展到无比宽泛的行业"经济福祉"或者"经济弱化"。

不仅从上下文语义角度,"间接供应军事机构的物资"须作狭义解释,从条约目的实现以及善意原则的要求来看,它们也支持对其狭义解释:GATT XXI 条 b 款(ii)项中不包含任何时间限定语,也就是说,援引该条并不要求发生在战时,甚至不要求国际关系紧张等特殊要件。如果对这句话做广义理解,将导致世界市场上交易的所有货物在任何时点任何情况下都能被解释为"间接供应军事机构的物资",进而得出任何国家在任何情况下都可以主张在其对任何货物采取的措施属于 GATT XXIb(ii)条的安全例外措施的荒谬结论。这一解释结论不仅背离了 WTO 对各种价值及各种权利义务所做的平衡,还背离了条约解释中的善意原则,因为善意原则要对各种解释方法得出的结果进行协调,避免不合理的解释结果。因此,货物是否属于 GATT XXIb(ii)项,不仅要评估货物本身,还要评估具体交易,在考虑当事人身份、交易背景、市场环境等因素基础上,判断买主是否将交易物资用于军事,交易是否与军用性质有关,无关者不能归入这一范畴。[①]

历史上最典型的一起滥用 GATT XXI 条案例(1975 年瑞典鞋案)与特朗普政府"232 措施"很相似。当时瑞典推出了鞋类的全球进口配额制度,并称其措施符合 GATT XXI 条,理由是"瑞典的经济防御应急规划是国家安全政策中一个不可分割的组成部分,国内生产的减少已经成为其关键威胁。这项政策必须维持重要行业的国内最小产能。为了确保在战争或国际关系中的其他紧急情况下,满足基本需求所必要的必需品的供给,(鞋类的供应)能

[①] 李巍:"新的安全形势下 WTO 安全例外条款的适用问题",载《中国政法大学学报》2015 年第 3 期。

力是必不可少的"。然而在 GATT 理事会对这项措施的讨论中,许多代表对该措施的正当性表示怀疑。1977 年 7 月 1 日,瑞典终止了鞋类配额。"瑞典鞋"案是公认的滥用 GATT XXI 条的案例,该案说明:安全例外并不是为维持国内一些重要行业生产与产品获得(不论是"民品"还是军民两用产品)而授予成员的免责权,也不允许在和平时期限制甚至可能用于军事目的一般产品贸易,更何况是包括鞋类这样的民用产品。① 因此,纳入 b 项(ii)中的货物首先应属于军用物资,而对于"军民两用物资"应在考虑是否具有与战争和与军事活动有关的因素情况下严格界定。按照这一标准,特朗普政府三起"232 措施"中的货物并不符合这一特征,因此,不属于 GATT XXI 条 b 款(ii)项范畴。

(四)特朗普政府"232 措施"是否属于 GATT XXI b(iii)范畴

GATT XXI 条 b 款(iii)项规定不得阻止成员方采取"在战时或国际关系中的其他紧急情况下采取的行动"。"战时"是国际关系的严重局面,作为国际公法特定概念,是指国家间发生武装冲突或交战状态,意图用武力战胜对方而实现特定目的。并非所有武装冲突都可称之为战争,应该根据冲突规模、交战各方的敌对程度、各方对冲突的态度和认识来判断。显然,美国与受 232 措施影响的主要贸易伙伴国并不处于战时状态。

"国际关系中的其他紧急情况"应该是仅次于"战时"的危机情况,这样的解释应符合立法者将两者相提并论的本意。"紧急情况"不是一般性的国与国之间一段时间关系紧张。DS512 专家组报告指出,国与国之间时常会发生一些政治或经济冲突,虽然这些冲突有时在政治意义上比较严重,但除非涉及国防或军事利益,或是为维持法律或公共秩序,否则并不能算作是 GATT XXI b(iii)意义上的国际紧急状态。此外,"紧急情况"在时间上应

---

① 李巍:"新的安全形势下 WTO 安全例外条款的适用问题",载《中国政法大学学报》2015 年第 3 期。

该不是多年以前就持续存在的情况,危机应该是突发和紧迫的情况,应对安全危机的措施也应该是迅速采取的措施和行动。以此判断,特朗普政府采取"232 措施"时,美国并非处于"国际关系中的其他紧急情况"。美国与其钢铝或汽车出口国之间甚至不存在严重的政治或经济冲突。以美国"232 钢铁措施报告"为例,其中分析了十余年来由于过度进口而导致国内钢铁遭到替代的现象,这表明美国钢铁行业的情况并非突发和紧迫的。此外,在进口只占到国内消费 30% 的情况下,即使其他国家都停止供应也远远不能得出行业已经处在紧急关口的结论,更何况其他国家并无任何减少供应的意向。

综上,作为 WTO 成员方,美国有权援用 GATT XXI 条安全例外条款为其"232 措施"辩护。但 WTO 争端解决机构对于此类案件有审查权。以善意原则解释 GATT XXI 条,几起"232 措施"发生时,美国措施既不在 GATT XXI 条 b(ii)范畴,也不存在 GATT XXI b(iii)项的"战时"或"国际紧急情况"。特朗普政府几起"232 措施"在本质上是应对相关行业的经济福利或经济弱化问题,美国的逻辑是这些行业一旦衰落将影响其中国防产品的生产,问题是这一逻辑链条下"232 措施"与国防目标的关系可谓十分遥远且似是而非,这种预防逻辑建构起来的"232 措施"与国防安全的关系既无法证实也无法证伪。如果安全威胁可以被任意建构且不加审查地纳入 GATT XXI 条范畴,就将从根本上废弃 WTO 规则。善意原则不能容忍这样的解释结果。因此,特朗普政府几起"232 措施"不能因 GATT XXI 条获得合法性。

结　语

安全的概念始终不能离开解释安全问题的情境而存在。美国《贸易扩展法》第 232 条出台于"冷战"时期。在经济深度全球化、各国紧密依存的今天,特朗普将冷战零和博弈竞争思维下的军事、反恐安全逻辑运用于经济领域，并不是出于对安全问题的真实感知，而是要通过建构的国家安全威胁来实现对外悬置国际法，对内在复杂局面下强化政府治理范式。这种做法脱离了真实的情境，不仅不能实现安全，反而会将各国带入安全困境。如果我们从国家免于被征服和摧毁的角度来理解安全，那么不同领域的安全有着完全不同的前提——在传统的军事、反恐领域，现代武器弹药和战争技术的发展意味着小概率事件可以瞬间摧毁一个国家，因此遏制"敌人"、防止小概率事件的"安全最大化"思维显得十分必要。但在经济领域，上述前提假设完全不存在，甚至完全相反：在经济规律的作用下，各种资源按照效率原则进行全球布局，全球产业链得以发展并日臻成熟，相互依存合作是主流，每个国家、行业和企业都从这种模式中发展了自身的禀赋，在全球产业链中获得了自己的位置，形成了其"免于被摧毁和征服"的基础。在合作依存的体系中，只要不出现背叛者，整个体系就是安全的，即使出现背叛者，也不会在很短时间内摧毁或征服一个国家，这一点从特朗普政府2018年对全球产业链肆无忌惮的干扰而全球经济仍继续前行的事实中就可以得到充分证明。

零和博弈竞争思维下所追求的绝对安全不仅形成自身的悖谬，还会形成杰维斯所说的安全困境。无须借助社会建构主义的理论术语，仅凭常识便可知，国家之间如果互相高度猜疑，都对彼此的意图做最坏的假设，在维护安全利益时完全奉行竞争与"自助"原则，就容易造成"安全困境"；相反，如果有足够的共有知识或"共识"使它们能够相互信任，从而宁愿通过协商合作来解决争端也不愿轻易选择战争等对抗手段，将无疑有助于培育"安全共同体"意识直至形成真正的安全共同体。因此，国际安全的状况不仅取决于国际体系的"物质结构"或"权力分配"，也受到国际社会在安全上的"文化心理结构"与"观念分配"的深刻影响。

安全的概念很重要，然而国际经济领域的安全研究中仍缺乏足够深入的探讨和分析。虽然WTO不是讨论安全问题最合适的场所，也不是安全治理的适宜场所，但不能否认，国际社会中，如果缺乏对例外状态的清晰界定，最终将因话语的混乱而促使一些国家在"安全之幕"下任意悬置 WTO 规则。笔者赞同阿里亚斯提出的外交现实主义的观点，不将国际法解释为一种无条件的预设，我们需要正视各个国家主权之间的利益关系，同时不否认国际法作为一种象征性调解的必要性。在经济领域，一方面美国的贸易伙伴国应该清醒地看到特朗普政府正通过国家安全问题悬置国际法，并有将此例外普遍化的危险倾向，各国应该联合起来，在话语上正本清源，在行动上联合抵制美国的恐吓与极限施压的讹诈做法，另一方面，各国亦应广泛展开经济领域国家安全的对话，增进对以下问题的理解和沟通——为了谁的安全？为了哪些价值的安全？全球产业链的格局下如何认定在什么情况下国家安全受到了威胁？当长期和短期的安全政策可能发生冲突时，我们如何看待二者各自的成本、手段，展开理性的对话？国家安全与国际安全的关系是怎样的？

在当代条件下，共同安全与合作安全是一种最佳选择。但国际社会的相关共识严重不足，国际安全的基础十分脆弱，安全形势因此难有根本改观。要走出这种困境，必须塑造新的国际安全文化，确立新的价值共识。经典现实主义者一般都能认识到，过度或无限制的国际权势斗争不仅会危害特定国家的利益与生存，甚至可能摧毁主权国家所构成并在其中进行各类交往互动的国际体系。国家安全不仅取决于以自强、自助与竞争为特征的安全战略，也取决于基本的国际安全，即大多数国家独立生存所必需的基本秩序与相对和平、稳定的国际环境。

专题三：WTO的成就、困境与改革

WTO投资便利化议题与中国立场　漆　彤 / 109

WTO法律及其争端预防制度研究中的利益分析法　吴建功 / 134

WTO程序机制改革的国际法审思　李雪平 / 150

世贸组织安全例外条款的适用困境评析　都　亳 / 170

WTO补贴纪律中公共机构认定问题的新探讨
　　——"要素分析法"的提出与适用　徐忆斌　杨　鑫 / 190

发展权在推动WTO改革进程中的功能定位　李春林 / 210

WTO 投资便利化议题与中国立场[*]

漆 彤[**]

摘要：投资便利化议题近年来受到越来越多关注，有望成为国际投资规则体系重构的突破口。投资便利化与投资自由化、投资促进、投资保护等概念具有密切联系，也存在显著区别。各国和国际社会有关投资便利化的实践与合作日益密集，为多边谈判奠定了基础。WTO 目前围绕多边投资便利化议题讨论的焦点主要包括：提高行政监管透明度和可预测性、简化行政程度以提高行政效率、加强技术援助和能力建设等方面的国际合作等。对于 WTO 多边框架下的投资便利化协定谈判，目前各国仍存在较大分歧。为促进投资规则的多边合作、改善全球的投资环境，中国应积极推动并引领投资便利化议题向实质性合作的纵深发展。

关键词：世界贸易组织；投资便利化；投资保护；投资促进"一带一路"

一、投资便利化议题的兴起

投资便利化是国际投资发展趋势对各国提出的共同要求。自"二战"以

---

[*] 本文为 2018 年中国法学会世界贸易组织法研究会年度重点课题"改革开放四十周年：入世与法制建设"（CLS2018WTOZD02）的阶段性成果。

[**] 漆彤，武汉大学法学院、武汉大学国际法研究所教授，博士研究生导师。

来，国际投资呈现出增长速度极快、规模不断扩大的特点。20世纪80年代后期，国际投资进入了迅猛发展的阶段，增长速度甚至快于国际贸易。① 国际投资的重要性日益凸显，但各国原有的投资管理规则在应对日益增多的国际投资时出现了效率低下、壁垒众多的缺陷，一定程度上束缚了国际投资的进一步发展。在有关投资的国际制度供给方面也不尽如人意。一方面，过于强调市场准入、投资自由化和投资保护的传统国际投资政策目标饱受争议；另一方面，投资体系涉及要素复杂繁多，各方基于国情差异与需求差异存在根本性的利益冲突，OECD、WTO等国际组织有关建立全球投资框架的尝试均以失败告终，全球化体系推行受阻。

不同于传统议题，投资便利化（investment facilitation）的效果在于减少投资规则中的"隐形"投资壁垒，强调提高投资规则的透明度和高效性，使投资者的投资更加容易、高效，能解决投资领域"实践走于规则之前"的问题。投资便利化议题避开了外资管制和投资者保护之间的天然利益冲突，相对而言在各国之间分歧意见较小，谈判难度较低，更易达成共识基础，属于"容易采摘的低处果实"（low‐hanging fruit）。② 投资便利化主要通过东道国政府的措施来便利投资者的投资活动，这既是东道国吸引外资的自身建设需要，也是投资者母国对外投资发展的重要因素，符合双方共同利益。同时，投资便利化本身是一个具有包容性和指导性的概念，在引导各国投资政策走向时也提供了灵活调整规则的空间，更加符合一国的实际国情需要，较容易得到各方接受，有望成为国际投资规则体系重构的重要突破口。基于上述特点，近年来投资便利化议题受到越来越多的关注，逐渐成为国际协定谈判中的重要内容，许多国际组织也越发关注这一议题，纷纷制订投资便利化相关行动计划，就投资便利化议题达成合作意向。

---

① UNCTAD, *World Investment Report* 1996, Executive Summary.
② See UNCTAD, Investment Facilitation: The Perfect Match for Investment Promotion (2017), https://unctad.org/en/PublicationsLibrary/webdiaepcb2017d4_en.pdf.

中国于 2017 年 4 月在 WTO 发起成立"投资便利化之友"（Friends of Investment Facilitation for Development，FIFD），率先提出投资便利化议题，旨在积极响应业界诉求，提升全球投资便利化水平。① 该议题得到 WTO 成员的广泛关注和积极响应，目前已有包括中国、阿根廷、巴西等 16 个 WTO 成员加入"投资便利化之友"。在 2017 年 12 月的 WTO 第十一届部长级会议上，中方呼吁各成员方共同推动全球投资便利化并获得积极响应。② 与会部长通过《关于投资便利化的联合部长声明》强调投资与贸易和发展密切相关，应推动在全球层面加强国际合作，支持开展深入讨论以建立投资便利化多边框架。2018 年 4 月 23 日，WTO 在日内瓦总部举行投资便利化议题非正式对话会议，聚焦如何提升各国投资措施的透明度和可预测性。③

投资便利化议题，不仅对于促进全球资本流动和治理提升具有重要价值，对于中国的对外开放新格局，尤其是"走出去"和"一带一路"倡议也具有重要意义。在逆全球化浪潮高涨、中美贸易摩擦升级的外部严峻形势下，中国应当在国际层面大力倡导"投资便利化"合作，并以此为突破口，反击逆全球化主张和保护主义潮流。"投资便利化"中国方案的重要意义在于，打破了 WTO 十余年来一直未能讨论投资议题的禁锢，朝着制定国际多边投资规则的目标迈出了重要一步，充分展现大国风范与责任担当。

本文共分为五个部分，首先阐述 WTO 投资便利化议题的提出背景，其次通过比较"投资自由化""投资保护""投资促进"等相近概念厘清"投资便利化"之内涵，然后梳理各国及国际社会有关投资便利化之相关实践，进而分析 WTO 投资便利化议题的主要讨论内容及各国立场，最后提出中国立场和建议。

---

① See WTO Workshop on Investment Facilitation for Development，https：//www.wto.org/english/tratop_e/invest_e/workshopinvestjuly17_e.htm，访问日期：2019 年 8 月 11 日。
② 张磊："投资便利化中国方案获支持"，载《WTO 经济导刊》2018 年第 3 期。
③ See DG Azevêdo addresses the Informal Dialogue on Investment Facilitation，https：//www.wto.org/english/news_e/spra_e/spra219_e.htm，访问日期：2019 年 8 月 11 日。

二、对投资便利化的理论认知

(一)"投资自由化"与"投资便利化"

"投资自由化"是西方发达国家所倡导的世界经济秩序的重要核心,指的是尽可能地减少非市场因素对国际投资带来的壁垒,让外资的进入由市场而非由政府进行决定,保障市场合理分配利用资源。① 但是,"投资自由化"本身是一个偏向于发达国家的不平衡结构,在效果上也存在一定的局限性。例如,随着大多数发展中国家开始推行投资自由化政策,自由化政策便逐渐失去了对外资的吸引力,② 甚至导致"逐底竞争"的共损局面。

"投资自由化"是"投资便利化"产生的动因之一,但二者之间也存在显著不同:①在实施目标上,"投资自由化"是为了应对经济全球化带来的共同竞争发展要求,"投资便利化"则是为投资者创造更有利的投资环境。②在功能作用上,"投资自由化"用于消除国际投资的外资准入限制等实质障碍,为外国投资者提供更加公平的投资环境,而"投资便利化"则用于消除国际投资的手续冗杂等程序障碍,帮助投资者降低行政成本以提高收益率。③在内容侧重上,"投资自由化"的关注核心是外资准入问题,很多发展中国家在"投资自由化"的浪潮下呈现出弱化外资管制、放宽外资准入限制的立法趋势;"投资便利化"则侧重于提高投资政策透明度和简化投资流程、手续,在各国新采取的投资政策以及新签订的投资协议中越来越多被采纳。④在发展阶段上,受晚近逆全球化浪潮的影响,不少国家在新采取的投资政策中选择收紧外资、加强管制。③ 这让人们更多把眼光投向了"投资便利化",不仅是用于推进自由化进程,更是补充自由化存在的问题与局限性。

---

① 胡昕蕾:"论国际投资便利化",载《法制与社会》2009 年第 5 期。
② 徐泉:《国际贸易投资自由化法律规制研究》,中国检察出版社 2004 年版,第 265 页。
③ See UNCTAD, World Investment Report 2017, p. 99.

(二)"投资保护"与"投资便利化"

"投资保护"指的是投资者母国为保护投资者海外投资中的正当利益,确保其合法权益和利益免遭损害所构建的法律体系。双边投资协定(BIT)是目前各国最常采取的投资保护制度,缔约国通过相互间权利义务的让渡赋予了外国投资者一套特定的实体权利,通常包括对征收适当补偿的保证、不受不合理或歧视性措施的保障、对国民待遇的保证、对公平和公正待遇的保证,承诺投资者将得到充分保护。更重要的是,BIT 为投资者提供了直接执行实体权利的程序权利,也就是投资者—国家争议解决机制(Investor - State Dispute Settlement, ISDS)。ISDS 是国际投资保护制度最重要的创新,也是最有力的投资保护措施,但因其对国家主权的冲击而颇具争议。

"投资保护"和"投资便利化"在具体内容上差别较大,作为在先理念的"投资保护"并不能解决"投资便利化"所要解决的问题,但二者并非毫无联系。以投资争议解决为例,"投资便利化"能够与 ISDS 机制在投资过程的不同阶段管控国际投资风险,构成国际投资争议处理的有机体系。① "投资便利化"通过提高东道国法律政策框架的透明度减少信息不对称的障碍,帮助投资者在掌握充分信息的基础上理性进行投资,具有减少投资风险、预防投资争议的效果。而 ISDS 机制则是为投资者提供了在争议发生之后的解决措施,最常见的就是提起国际投资仲裁。从晚近发展来看,由于传统国际投资协定提供的"投资保护"相对过高而导致投资者与东道国利益失衡,国际投资协定呈现"投资保护"标准适当降低、更加关注"投资便利化"内容的趋势。②

---

① 漆彤:"投资争议处理体系的三大构成",载《社会科学辑刊》2018 年第 4 期。
② Rukia Baruti, Investment Facilitation in Regional Economic Integration in Africa: The Cases of COMESA, EAC and SADC, *Journal of World Investment & Trade*, Vol. 18, pp. 493 – 529.

(三)"投资促进"与"投资便利化"

"投资促进"是指一个国家或地区为了吸引和鼓励外国直接投资,针对潜在投资者开展的一系列活动和相关措施。① 大多数国家都有专门的投资促进机构(investment promotion agency, IPA),虽然工作重点有所差异,但基本职能都集中于形象塑造、引进投资、投资服务及政策建议。

"投资促进"与"投资便利化"联系最为密切,二者常常被放在一起进行讨论,也被称为"最佳搭档"。② 二者的共同点之处在于都具有吸引国际投资、加大经济效益的作用,以及都依赖于投资相关政策质量和整体投资环境的提高与改善以发挥作用。二者的区别在于:①投资促进具有零和博弈的竞争性质,投资便利化则以合作为出发点,不具有竞争性。②投资促进是投资促进机构的主要任务,投资便利化是贯穿于整个投资管理环节所有相关机构的共同职责。③投资促进主要关注的是以地域为导向的投资活动,投资便利化有利于所有类型的投资活动。④投资促进有可能需要昂贵的对价支出,投资便利化属于更加容易实现的措施。③ ⑤投资促进是利用一国的投资环境优势,突出投资机会并确定当地合作伙伴,以有关政策措施直接吸引、激励外商投资;投资便利化则是通过减少行政负担、降低腐败风险以及填补政策不一致带来的信息鸿沟,④ 改善东道国的投资环境,间接提高外资吸引力。⑥投资促进的主要措施内容包括了形象塑造、引进投资、投资服务、政策建议;投资便利化主要措施包含提高透明度、简化投资流程的政策措施。

---

① 王爱香、韩立民:"投资促进的涵义、体系设计与实施要素分析",载《东方论坛》2004年第6期。
② UNCTAD, The IPA Observer 6-2017.
③ James Zhan, Investment Facilitation - UNCTAD Perspective, Workshop on Investment Facilitation for Development, Geneva, 2017.
④ OECD, *Policy Framework for Investment*, OECD Publishing, 2015.

三、有关投资便利化的各国实践与国际实践

（一）各国实践

从全球范围来看，各国投资便利化差异程度较大，在国内投资政策和立法中的受关注度也普遍不高。UNCTAD 曾做过一项调查，分析了来自 108 个经济体（包括发达经济体、发展中经济体以及转型经济体等不同经济体）的 111 项投资法律，发现全球只有 13% 的法律规定政府公开有关投资的法规和规章，只有 20% 的法律提到采用一站式机制以提高行政效率。① 从各国新采取的投资政策措施来看，投资便利化的实践情况亦不理想，2010—2017 年，全球至少新采取 730 个投资政策措施，其中与投资便利化相关的仅仅只有 69 个，占比不足 10%。② 不过，虽然普遍来说各国对于投资便利化关注较少，但也有部分国家非常重视此类措施，积极推动投资便利化改革并积累了良好的实践经验，其中尤以菲律宾、南非、中国等较为典型。

2016—2017 年，菲律宾政府在提升投资便利化水平、为投资者营造更加便利的营商环境方面采取了一系列措施：①通过发起"废除行动"消除"过度监管"。菲律宾国家竞争力委员会（National Competitiveness Council, NCC）于 2016 年 3 月发起的这项行动主要通过审查影响企业竞争力和投资环境的不相关、繁重和不必要的法律法规，旨在消除导致政府进程放缓的繁文缛节。NCC 领导了 86 个政府部门及其附属机构共同开展对一万三千余项法律法规的审查，并通过 NCC 签署的一系列备忘录指示将所有废除、修改和合并的条例提交菲律宾大学法律中心行政登记办公室来完成废除程序。③ ②简化营业许可流程。2016 年 8 月 30 日，菲律宾工商部（DTI）、内政部

---

① UNCTAD, *A Review of Policy Practices in Investment Facilitation*, 2017.
② UNCTAD Investment Policy Monitor database.
③ National Competitiveness Council, Project Repeal: The Philippine Anti-Red Tape Challenge, http://www.competitive.org.ph/node/1361, 访问日期：2017 年 6 月 30 日。

(DILG)、地方政府和信息通信技术部（DICT）发出《联合通知》，要求地方政府简化营业执照和许可证制度，减少审批花费的步骤与时间。根据要求，地方政府应把商业注册手续从5步削减成3步，把设立业务和获得许可证所需的时间从5天压缩至2天，把许可证延期所需时间进一步减少至1天。此外，所有地方政府都将采用相同的营业许可登记表，纸质版与电子版保持一致，且只需要2个签署单位（市长和财务主管或营业执照或许可证制度的负责人）。DICT为此研发了一个基于网络的计算机程序供给地方政府单位使用，将记录、评估、发放商业许可证的程序完全自动化。① ③启动"商业数据银行"。2017年11月6日，菲律宾财政部（DOF）、信息和通信技术部门（DICT）、内政部和地方政府部门（DILG）共同启动数字化平台"商业数据银行"（Philippine Business Data Bank，PBDB），旨在通过相关的政府机构在线共享信息，简化业务许可申请程序，让企业得以在更短的时间内申请和更新许可证。PBDB在菲律宾的国家政府门户网站上就能够访问，不仅能使政府机构能够通过单个参考文档来验证企业实体的存在，也允许公众验证特定企业实体的存在，并且能够提供来自不同来源的数据。同时，PBDB已经涵盖了企业在相应的营业许可中应当披露的公开信息，使得政府机构可以很容易地获得特定企业的数据，因此，企业完成政府的行政程序的过程中不必再携带大量文件，从而提高在菲律宾营商的便利性。②

南非投资便利化的重要表现形式就是一站式办理模式，即将政府业务集中到一起，为投资者极大节省了在行政程序上花费的时间与精力，是提高政府行政效率极为有效的手段。2015年，南非总统祖马在总统商务工作组会议上首次宣布了建立投资南非一站式服务点的计划，2017年3月17日正式推

---

① Amy R. Remo, DTI, DILG, DICT sign circular to cut red tape, Philippine Daily Inquirer, August 31, 2016, https://business.inquirer.net/214279/dti-dilg-dict-sign-circular-cut-red-tape, 访问日期：2017年6月30日。

② See Government launches data bank to cut red tape, Philippine Daily Inquirer, December 05, 2017, http://business.inquirer.net/241953/govt-launches-data-bank-cut-red-tape, 访问日期：2017年6月30日。

出。南非在这一计划开展过程中充分听取了商人意见，了解到官僚主义的繁文缛节已经扼杀了企业的发展。为了使投资者更容易开展经营，南非一站式服务点将与投资相关的主要政府业务都汇聚到了一起，政府部门包括有内政部、劳工部、环境事务部、贸易部及工业部，机构包括知识产权委员会、南非纳税服务部门、南非国家电力等都可以利用一站式服务点，投资者只需要通过一站式服务点就能够获得各类许可证，而无须跑去各个部门分别进行办理。同时，南非政府要求一站式服务点确保大幅削减不必要的手续与程序，为投资者提供更加协调、精简和专业的服务。据悉，南非已在夸祖鲁—纳塔尔省、豪登省和西开普敦三省率先推出省级一站式服务点，以此打造南非投资新品牌，其他省份在接下来的三年里也会陆续建立起一站式服务点，以此来缩短、简化政府的行政程序和投资指导。①

中国也是投资便利化的支持者和倡导者，近年来在提高投资便利化水平方面采取了很多新的措施，通过备案制改革、单一电子窗口受理等举措积极完善相关投资政策，不断推进投资便利化进程。2016年9月，全国人大常委会对外资企业法等四部法律进行修正，在全国范围内将不涉及国家规定实施准入特别管理措施的外商投资企业由审批改为备案管理。同年10月，商务部正式公布了《外商投资企业设立及变更备案管理暂行实施办法》，同样规定了不涉及国家规定实施准入特别管理措施的外商投资企业，无须审批，只需经过备案即可完成设立及变更手续。根据《暂行办法》，所有备案均通过在线方式进行，需要提交的信息和材料较之前审批制时大大减少，且明确要求备案机构应在3个工作日内完成备案。2018年2月28日，商务部办公厅、工商总局办公厅联合发布了《关于实行外商投资企业商务备案与工商登记"单一窗口、单一表格"受理有关工作的通知》，计划于2018年6月30日起在全

---

① South Africa Government, President Jacob Zuma: Launch of Invest South Africa One Stop Shop, https://www.gov.za/speeches/invest-south-africa-one-stop-shop-launch-17-mar-2017-0000, 访问日期：2017年6月30日。

国推行外商投资企业商务备案与工商登记"单一窗口、单一表格"受理。这一政策要求政府机关加强部门间信息交换共享，以"互联网＋政务服务"的管理模式贯彻"多证合一"改革要求，建立起单一电子窗口，从而简化外资企业设立程序、节约外企投资成本。该通知对"单一窗口、单一表格"的推行做出了进度安排，明确这一便利化举措的未来实施计划。

（二）国际实践

投资便利化在国际社会起步较晚，直到20世纪90年代末才开始在国际条约中作为指导理念出现。早期国际协定中的"投资便利化"的特点是高度笼统抽象，讨论范围广泛而缺乏针对性，且实质关注点集中于国际贸易方面。不过，近年来投资便利化正逐渐成为新型国际投资协定中的重要内容。以透明度条款为例，1986—2000年签订的含有透明度条款的BIT仅10%左右，2001—2010年这一比率上升并维系在约20%，而到了2011年到2015年新签订的BIT已有48%都纳入了透明度条款。[1] 较为典型的BIT是巴西的《合作与投资便利化协定》（Cooperation and Facilitation Investment Agreement, CFIA）。巴西于2015年发布了一个以投资便利化为核心的双边投资示范协议，即CFIA，并分别与哥伦比亚、智利、莫桑比克、安哥拉、墨西哥和马拉维签订了以此为基础的BIT。[2] CFIA不仅极为强调透明度条款，而且引入了企业社会责任体制和反腐败条款，同时要求缔约国设立监察专员来解决投资者需求。CFIA为巴西在国际投资发展中谋得了一席之地，也为巴西积累了相当的经验，2018年2月，巴西向WTO提交建议形成投资便利化协定的议案，主要章节包括了范围和基本原则、制度监管、电子监管、程序、管理环境、实施、特殊和差别待遇条款、企业社会责任、制度框架和最终条款，并建议在协定的适用范围方面明确规定政府采购、公共特许权、市场准入规定排除

---

[1] UNCTAD, A Review of Policy Practices in Investment Facilitation, May 2017.
[2] DAF/INV/WD（2016）4/FINAL.

在外，以及协定不涉及投资保护规则。①

除双边投资协定之外，各国还就"投资便利化"事项的多边合作达成了诸多合意。OECD 的新版《投资政策框架》、UNCTAD 的《投资便利化全球行动清单》都将"投资便利化"纳入国际投资政策改革的重要领域，并得到了积极响应；"投资便利化之友"致力于组织和推动"投资便利化"的多边谈话，并总结良好的国际实践范例和经验。2008 年 5 月，APEC 秘鲁高官会（SOM）上，各成员对于《投资便利化行动》达成了共识，使得"投资便利化"成为亚太地区投资的重要原则。2016 年 9 月，G20 杭州峰会上达成了以"投资便利化"为重要内容的《G20 全球投资指导原则》，成为全球首份关于投资政策制定的多边纲领性文件，并为制定更加便利化的投资政策提供总体指导，参与制定的 20 个集团国家占据了全球 2/3 以上对外直接投资。2017 年 9 月，金砖国家领导人厦门会晤中通过了《金砖国家投资便利化合作纲要》，这是金砖国家的投资便利化实践第一次上升成国际协调中的举措与倡议，也是全球投资便利化领域中的第一份专门文件。该纲要主要解决三个领域的问题：一是增强政策透明度；二是提高行政效率；三是提高金砖国家间合作水平。2017 年 12 月，在 WTO 第 11 届部长级会议上，42 个成员方共同签署了《关于投资便利化的联合部长声明》，② 支持开展深入讨论以建立投资便利化多边框架。该声明第 3 条承认了投资、贸易和发展在当今经济世界的动态联系，并明确应加强国际合作以创造更透明、更具效率以及可预测性的环境。该声明第 4 条指出，相关讨论应明确并发展促进外国直接投资框架的要素，包括：提高投资措施的透明度和可预见性；简化和加快行政程序和要求；加强国际合作、信息共享、经验交流，并巩固与利益相关者之间的关系（包括预防纠纷）。国际社会对"投资便利化"的关注和共同认可，让这一议题很有可能成为达成多边投资谈判的重要突破口。

---

① JOB/GC/169.

② WT/MIN（17）/59.

四、投资便利化协定主要议题与各国立场

(一) 主要议题

根据 WTO 的 15 个成员方在多边投资便利化议题（IFA）会议中提交的五份提案、① G20 峰会上关于投资便利化的提案，以及 WTO 第 11 届关于投资便利化的联合部长声明②等相关文件，各方有关投资便利化的讨论主要集中于以下四个方面。

1. 提高行政监管的透明度和可预测性

透明和可预测的投资法律和政策，可以引导投资者对市场风向进行预判，快速做出投资决策，减少投资争端，加速资本在市场中的流动。透明度原则已越来越被国际社会普遍认可，其要求成员方就投资事宜制定透明的、可预测的法律法规并向 WTO 报备，同时也要求为投资者和其他利益相关者提供发表意见的平台。尽管透明度原则和 FDI 流入不存在直接因果关系（中欧和东欧国家在 20 世纪 90 年代，未充分披露投资规则的情况下，外国投资仍然很发达），但政策规则透明化能够为投资者提供稳定的、可预测的国内投资环境，也能在一定程度上减少投资争端的数量。许多提案均提出各国应保障投资规则能够为投资者提供一个稳定的、可预测的投资环境。

中国向 WTO 提交的投资便利化文件进一步提出了透明度条款的要素，包括：①通过网络向投资者公开与投资相关的所有法律法规；②建立一个或多个咨询处，以便于回答投资者有关投资政策和投资申请等问题；③公开投

---

① The proposals submitted to the General Council of the WTO are: Russia: JOB/GC/120 (2017, March 31); Mexico, Indonesia, Korea, Turkey, and Australia (MIKTA): JOB/GC/121 (2017, April 6); Friends of Investment Facilitation for Development (FIFD): JOB/GC/122 (2017, April 26); China: JOB/GC/123 (2017, April 26); Argentina and Brazil: JOB/GC/124 (2017, April 26); Brazil: JOB/GC/169 (2018, February 1).

② WT/MIN (17) /59.

资评估标准等。德国在《投资便利化一揽子计划草案》中强调，为影响投资的行政决定制定透明的程序规则，并确保建立有效的，公平公开的，透明的预防和解决争端机制。其中，透明度规则的主要要素包括政府必须提高投资政策和其他影响投资的政策的可预测性和一致性，其他要素包括将投资法律法规系统化和普遍化，使国家政策与国际义务保持一致。德国还建议将投资政策统一化，以便在投资法律法规的适用上给予平等的待遇，避免国家机关歧视地使用自由裁量权。当然，由于各国行政程序的复杂性，以及法律和政治环境存在很大差异，制定、审查和执行投资规则透明度政策不能强求每个成员方适用同一标准，而是应保留其自主决定如何使投资政策规则透明化的权利。

2. 简化行政程序，设立一站式窗口

IFA鼓励各国提高与投资有关的行政程序效率，简化行政程序，设立单一窗口，提供投资者反馈平台。具体层面上，中国在提交的两页提案中提出：①制定与投资相关的批准和评估程序规则，并明确应提交的相关材料。②简化与投资有关的许可证等相关资质的审批程序，明确有关监管机构对投资申请审查的时间，并应及时通知申请人。③在申请人材料提交不全的情况下，应当向其说明应当补交的全部材料。④完善国内监管机构的合作协调机制，尽可能建立"一站式"审批机构，明确不同级别的政府和不同部门之间的责任。⑤尽可能将投资者在投资审批程序中的成本控制在最低，并收取申请过程中的合理成本费用等。俄罗斯提出了投资者获得必要许可的程序要求：①规则应保证获得许可的程序和要求是合理的；②相关信息应予以公开，包括公开各项要求的清单；③公开费用明细，包括索取费用的理由、收费机构、何时及如何收款，且费用应当与机构提供的服务相当；④公开行政行为的期限，且期限必须是合理的。巴西和阿根廷还提出：①成员方应定期审查投资相关的文件，并尽量确保这些文件不妨碍投资入境，同时减少投资申请的时间和成本；②成员方应承诺尽可能为投资者提交申请文件提供便利，对所需的证明文件保留纸质或电子副本；③要求建立一站式行政服务中心或单一电子窗口，统一受理投资事宜，包括设立公司、申请投资许可等事项，加强网上服务，便于投资者可以通过一站式窗口或网络电子系统快速办理相关行政手续。德国投资便利化一揽子计划呼吁各国提高行政效率，简化程序，缩短申请资质许可程序的审查期限，对批准程序和不提出异议都规定明确的期限。同时，德国建议要将与行政程序有关的投资成本降到最低，并让利益攸关者参与到评估投资法律和投资措施中。

各提案均对简化行政程序、提高行政效率、降低成本、公开费用明细、限制审批核查的期限等提出了详细的建议。此外，单一电子窗口能使外国投资者更为方便地查询与投资相关的信息，方便其提交所有申请文件，减少投资者在东道国获得许可所需的时间和精力。但是，也有代表质疑投资单一窗口能否获得与贸易单一窗口相同的效果，并指出这种机制可能在某些国家并不能获得预期效果，尤其是不同的投资事宜可能需要来自不同地方行政部门、主管部门或不同层级部门的批准。例如，在印度，外国投资者可能需要与不同的权力机构进行接洽，如征地和建设许可证（一般向当地相关机构申请，但各地规定不尽相同）、环境相关的资质（环境部），根据公司业务的性质，可能需要来自监管机构的许可（如中央银行）。因此，可以预测印度各地的单一窗口系统不太可能发挥有效作用。但是，若要吸引优质投资，各国将不得不采取行动努力消除行政障碍，最大限度地便利投资，降低风险。

3. 加强国际合作和满足发展中成员方的需求（如信息交流机制、发展中国家和最不发达国家的技术援助和经济能力建设）

各方 IFA 提案都鼓励成员方建立信息交流机制，巴西还提出可以通过国家联络点进行信息交换，包括与投资有关的法律法规、政府的投资激励计划、可能影响投资的公共政策、相关国际条约、海关程序和税收制度、货物和服务市场相关统计数据、政府采购和特许信息、移民法规、外汇立法和 PPP 相关的信息等。俄罗斯也指出各方应加强信息交流，但应当合法使用有关信息，不得非法披露包括商业秘密在内的非公开信息，成员方还应保留披露敏感信息的权利。巴西和阿根廷提出国家联络点的方案以改善与投资有关的管理体制，其职能包括：①与对方国家联络点进行互动；②提供投资者与主管部门协商的机会；③促成政府之间、投资者与政府之间的对话机制，并对投资者提出的建议和申诉做出评估；④建立公私争议协调与合作机制；⑤提供相关信息，明晰投资政策、政府监管等问题；⑥预防投资争端，尽可能不损害国家政府行政权力的情况下，协助投资者解决与政府之间的矛盾。缔约国的联络点或监察机构之间应当促进合作，包括交流投资申请程序的要求、所需的相关文件，分享实践经验，收集和汇编与投资有关的数据，技术指导和数据交换等。德国也呼吁成立联络点，以便查询投资政策和投资申请情况，并对投资制度的定期审查结果予以公布。联络点或监察机构有可能存在超国家部门的性质，其权力来自双方投资协议的授权，不仅在缔约国之间建立桥梁，还扮演着协调员的角色。但由于联络点的国际角色会使对国内政府投资管理进行干预，因此，在设立该部门时，各国对其职能划分很可能会采取更谨慎的态度。

巴西和阿根廷联合提案提出应设立名为"投资便利委员会"的多边机构，以便：①实施WTO关于投资便利化的文件；②回答与投资便利有关的问题；③提议新一轮的合作和投资便利议程；④与成员方交流投资便利化的经验；⑤将国际上的代表性案例汇编成册供各国参考。投资便利委员会的设立，旨在推进各国在WTO框架下加快形成多边投资便利化协定，主要负责文书工作和信息采集，推进国际投资便利工作与WTO及其成员方之间的互动，能够及时对不断变化中的投资促进和发展情况做出反应。

由于WTO成员方的经济发展水平和建设能力不在同一层次上，其中大部分来自发展中国家，如果对所有成员方适用同一套IFA规则而罔顾那些经济欠发达国家和地区的需求，就是对公平公正和共同发展的理念置若罔闻。为此，增加对发展中国家和最不发达国家的特殊待遇条款，帮助其经济能力建设和技术支援，符合全球经济合作和共同发展的原则。各方提案都提倡对发展中国家和最不发达国家进行技术援助。俄罗斯认为规则应考虑到特定会员的发展水平及其未来发展需要，在 IFA 中增加对发展中国家和最不发达国家技术援助和发展能力建设的规定。中国对此亦做出回应：①对发展中成员方和最不发达成员方特殊和差别对待；②为其提供有效的技术援助，提高其发展建设能力、服务能力和国际竞争力，帮助其组织促进投资的商业活动、加深商业政府之间的互动；③为其提供适当的政策支持以提高投资审批程序的效率；④鼓励其建立投资者企业社会责任制度；⑤优先考虑最不发达成员方的特殊经济情况及其发展需要。巴西和阿根廷认为技术援助还应帮助这些国家加强投资便利化的体制建设和监管能力。WTO 第 11 届部长级会议指出，发展中成员方和最不发达成员方参与全球投资流动应为投资便利化框架的核心目标，包括促进其同有关政府间组织的合作，评估其实施多边投资便利化协议框架上的需求，以便提供技术援助和能力建设支持来满足它们的需求。

4. 其他与投资相关的问题（政府与投资者合作、设立监察机构解决投资者的申诉以及企业社会责任制度等）

关于投资的定义和范围，虽然 WTO 框架下的 TRIMS 规定了与贸易有关的投资措施，GATS 规定了外国直接投资相关的服务贸易（商业存在），但都未对投资做出定义。IFA 中对投资的界定预计将包含货物和服务的投资。此外，MIKTA 和俄罗斯提交的文件中提及了《TRIPS 协议》，暗示着知识产权也将被视为一种投资。这也表明 IFA 可能会在界定投资这一术语时采广义观点，即在 TRIPS 等其他协议中，成员方已经接受的承诺也将归入 IFA 的适用范围。在早期 WTO 关于投资的非正式谈话期间，发达国家就已坚持广义的投资界定，使 IFA 界定广义投资的倾向可能面临来自发展中国家的抵制。

关于投资者行为准则，WTO 提倡各国可以鼓励投资者遵守企业社会责任条款，巴西和阿根廷也呼吁成员方自愿制定有关投资者对其商业行为负责的原则和标准。OECD 在关于《跨国企业行为准则》的相关规定中，提出了企业应当对环境保护、促进可持续发展、尊重人权等方面负责。巴西签署的

专题三：WTO 的成就、困境与改革

CFIAs 中也引入了企业社会责任制度来提升公司的社会责任感。投资者应遵守东道国的法律，对自身的商事行为负责。东道国在制定外国投资者企业社会责任制度时，应当符合非歧视待遇原则，在设立环境影响评价体系、企业社会责任信息披露制度、企业社会责任能力建设、劳工和人权制度等方面都应符合国民待遇原则。对于企业违反东道国法律和社会责任制度的惩罚措施也应当是合理的。

关于投资争议预防机制，多数提案对此均有所提及，即在投资者提交仲裁之前，当地政府、司法机关以及协议规定的其他机构（如国家联络点）应当尽可能地协调矛盾、和平解决争议。G20 在《全球投资指导原则》中还提到了投资争议预防机制应保证执法程序的有效性。俄罗斯在提案中提出应当通过司法、仲裁或行政程序来预防和友好解决投资争议，并在 2016 年修订的 BIT 范本中规定了外国投资者在启动国际仲裁前应用尽当地救济（6 个月的缓冲期）。印度 BIT 范本规定，投资者在提起仲裁程序前应当用尽当地救济，如争议仍未解决，则投资者可以在采取措施的一年内向仲裁庭提起申诉。① 巴西在 CFIA 范本中提出的争议预防机制则是通过政府部门间的合作和协调作为前置程序。投资者可将申诉提交联合委员会，通过国家联络点或监察机构的积极协调，必要时由联合委员会配合来和平解决投资争议。争议一方可以通过相关规定启动联合委员会协调程序：①具有利害关系的一方需提交书面申请，联合委员会应在请求之日起 60 日内召开会议；②联委会可以经双方同意延长 60 天，并对提交的文书进行审查；③为便于缔约双方解决争议，具有利害关系的投资者代表和参与调解的政府机构或非政府组织代表应尽可能地参加双边会议。任何一方可以在法定时间过后结束双边协调程序。② 在投

---

① K. Singh & B. Ilge（Eds.），Rethinking bilateral investment treaties：Critical issues and policy choices，Both ENDS，2016，pp. 69 – 100.

② See Cooperation and Facilitation Investment Agreement between the Federative Republic of Brazil and other party，http：//investmentpolicyhub.unctad.org/Download/TreatyFile/4786，访问日期：2017 年 6 月 30 日。

资争议进入仲裁程序前先予协调解决，不仅能降低投资成本使资本快速回归市场，避免投资者在争议解决上耗费过多的精力，还能使国家直接参与到争议协调中去，为和平解决争端提供谈判平台，防止国家资源过度浪费。减少投资争端流入国际仲裁的另一个考虑在于，ISDS 和 SSDS 各自存在短板，如果投资争端由本身就充满争议的程序予以解决，要获得各方都满意的结果更是天方夜谭。因此，WTO 呼吁搁置 ISDS 争端解决机制，加强争议预防机制。

关于保留国内政策空间，投资便利化条款应保护各国自主制定具体规则和政策的空间。俄罗斯的提案认为 IFA 不应涉及成员方的投资管理权和投资保护政策（如国有化、征收赔偿等方面的保护措施）。因此，投资便利化协定应当为合作和便利投资提供政府投资管理指导框架，而不是强制性义务。因为各国对国内经济的监管权是国家主权的一部分，一国有权根据国情和发展需要来制定经济政策。WTO 第 11 届部长级会议声明指出，对多边投资便利化协定的讨论应设法确定框架的组成要素，其中保护成员方为实现其政策目标进行监管的权利应是框架的组成部分。因此，对多边协定框架的制定应具备灵活性和适应性，以便对成员方不断变化的投资便利化措施做出反应。

此外，对 WTO 框架下 IFA 多边框架的讨论还应阐明其与现存 WTO 投资规则之间的关系（如成员方的投资承诺等）。由于 IFA 面临的大部分挑战来自投资规则的实质性和争议性问题，因此，讨论不应涉及诸如市场准入、投资保护和投资者—国家之间争端解决等问题。这对于新兴国家而言也许是一种明智的决策，因为他们更关注为其外资准入提供便利的措施，但传统东道国和投资者母国则可能会反对一个没有实质上解决他们的关切的中立性条约。尽管如此，IFA 对于国际投资促进和发展而言仍然利多于弊，不仅为打破投资规则发展瓶颈提供新的生存空间，也为促进全球投资发展和各国经济合作提供新的平台。

(二) 各国立场

投资便利化议题的提倡者在2017年12月份举行的第11届世贸组织部长级会议（MC11）前期主张就此事进行讨论，但在布宜诺斯艾利斯会议上就建立投资便利化工作计划的谈判未达成共识。支持WTO开展投资便利化的成员方包括墨西哥、印度尼西亚、韩国、土耳其、澳大利亚、巴西、阿根廷、中国、尼日利亚、巴基斯坦、俄罗斯、欧盟、卡塔尔、中国台北、巴拉圭、新加坡、韩国、新西兰、瑞士、挪威、加拿大、日本、巴林、沙特阿拉伯、以色列、哥伦比亚和中国香港。① 支持者称，投资便利化能够便利投资者在东道国建立并开展业务，扩大投资从而创建更高效的、可预测的投资友好型商业环境。他们认为，IFA的重点并非旨在改变成员方的投资政策，而是提高其政策的透明度和可预测性，以解决长期的、普遍的行政程序低效问题。此外，IFA的另一个目标在于鼓励更多的国际合作，促进政府和投资者之间以及投资者母国和东道国之间的互动。因此，一旦IFA成功达成多边框架协议，就可能与WTO在2017年2月达成的贸易便利化协议一起共同促进全球贸易与投资发展。

其中，中国代表表示便利化议题可以研究应采取哪些措施来促进投资，包括如何简化行政程序和提高透明度和可预测性，但其不会解决市场准入、ISDS和投资保护的问题。即便如此，中国提及对发展中国家和最不发达国家应区别对待，其提倡的对这类国家的投资担保待遇（包括对政治风险等）是对外国投资保护的一种体现。俄罗斯表示，目前WTO规则对投资便利化规则只涉及一小部分，因此会谈可以深入探究如何打破这种不平衡的状态。巴西和阿根廷认为IFA应排除敏感性问题，包括投资保护或ISDS。因此，巴西在CFIAs中规定投资争端只能诉诸SSDS仲裁。欧盟称，虽然不能就特定问

---

① Investment facilitation cannot now be discussed formally at WTO，https：//www.twn.my/title2/wto.info/2017/ti170518.htm，访问日期：2017年6月18日。

题达成一致，但会谈可以讨论一些基础性的议题，不应将大量的时间浪费在开会的程序问题上。巴基斯坦对投资便利化的议题表示支持，并指出贸易和投资是同一枚硬币的两面，投资对发展中国家和最不发达国家极为重要。日本认为不应阻止成员提出他们想在总理事会上讨论的任何问题。由于贸易和投资在当今经济全球价值链中不可分割，促进投资发展有助于贸易和经济的增长。因此，就投资问题进行讨论与WTO的初衷是具有相关性的。德国在贸易和投资工作组（TIWG）会议上提出了投资便利化一揽子计划，包括：①重申和补充G20全球投资决策指导原则；②建立公开和透明度制度，发展有利于投资的商业环境；③为包括中小企业在内的所有投资者提供公平的竞争环境。

但德国的这一提议遭到美国的强烈反对。德国认为，各国可以做出承诺，将一揽子计划作为投资决策的参考。美国则回应，不支持推动该草案或任何其他投资便利化方案，并认为G20 TIWG就投资领域制定详细的草案没有任何必要或帮助，TIWG也不应该优先考虑哪些问题应列入双边或多边谈判议程。[1] 美国反对在短期内将投资便利化议题纳入WTO，但表示会参加非正式讨论会。除了美国外，反对WTO投资便利化议题的国家还包括喀麦隆、厄瓜多尔、乌干达、印度、南非、玻利维亚、古巴、委内瑞拉。反对者认为WTO投资便利化议题不属于目前的谈判任务，应优先考虑亟待解决的多哈问题。同时，有反对者担心框架协议可能会降低成员方监管外国投资进入本国市场的能力，还有的反对者提出发展中国家和最不发达国家实际上是IFA的最大受益国。[2]

具体而言，印度最初强烈反对将投资便利化纳入WTO讨论范围，认为

---

[1] India's trade news and views, http://wtocentre.iift.ac.in/ebulletin/INDIA'S%20TRADE%20NEWS%20AND%20VIEWS%201%20May%20to%2015%20May%202017.pdf，访问日期：2017年7月5日。

[2] Investment Facilitation: Relationship between trade and investment, https://www.wto.org/english/thewto_e/minist_e/mc11_e/briefing_notes_e/bfinvestfac_e.htm，访问日期：2017年7月5日。

投资便利化和多边贸易谈判没有直接关系，该议题违反了"建立世贸组织的马拉喀什协定"的规定，不属于总理事会和其他机构的议事范围。虽然WTO并非合适的对话平台，但成员方可以在WTO以外建立非正式讨论。近期，根据一位前贸易部外交官的说辞可以看出印度也许会做出让步。他表示，虽然印度加入投资便利化协议并没有多少好处，但也没有任何坏处。他说："如果拟议中的协定涉及信息共享和促进投资，那么印度可能不会存在立场上的问题，因为印度大多数行政部门在这方面已经对外国直接投资采取开放政策。"① 南非反对任何有关投资的议题纳入世贸组织正式会议，并指出"内罗毕部长级会议声明"第 34 段（关于非多哈问题）规定了任何启动多边谈判的决定都需要得到所有成员方的同意。但其赞成该议题在非正式研讨会中进行。南非还担心投资便利化规则会侵犯国内行政部门制定政策的空间和管理投资活动的权利。最不发达国家乌干达对该议程则表示遗憾，它认为不应为了权宜之计而推动一个不按规则行事的议程。乌干达呼吁所有成员不要将WTO变成只有强者才能生存的组织。古巴认为，多哈问题仍属于优先级议程，WTO应致力解决遗留的悬而未决的问题，更何况各方这些新问题尚未达成共识。厄瓜多尔表示，如果成员方一致同意对该议题进行具体谈判，其将不反对考虑投资便利化方面的新问题。委内瑞拉也提出投资问题不属于WTO的谈判议程。

五、投资便利化议题与中国角色

（一）中国为什么应大力提倡"投资便利化"

首先，我国"一带一路"倡议的可持续发展需要投资便利化。在深化对

---

① WTO, India may drop opposition to investment facilitation treaty, https://www.livemint.com/Politics/rlXUVoVh7lRUypYqfHZlxJ/WTO-India-may-drop-opposition-to-investment-facilitation-tr.html, 访问日期：2017 年 7 月 5 日。

外开放的进程中，中国也面临着很多挑战，要应对这些挑战并保持海外投资的可持续性发展需要投资便利化。一方面，加强自身投资便利化程度能够帮助中国在全球投资环境中取得竞争力。自2008年国际金融危机后，世界经济复苏缓慢使得全球外资流动放缓，各国都努力采取措施以加强对外资的吸引来推动经济发展，中国也需要采取相应措施以适应国际形势变化。另一方面，中国已逐渐转型为资本输出大国，更加需要一个安全便利的全球投资环境，尤其基于中国对外投资环境广而杂的现状。截至2016年年末，中国对外直接投资存量分布在全球的190个国家（地区），占全球国家（地区）总数的81.2%，其中有八成分布在发展中经济体。中国大力推进的"一带一路"倡议沿线国家在投资环境的复杂性和高风险性方面尤其突出。因此，中国需要在国际层面推动投资便利化，从而综合性改善全球的投资环境与优化投资质量。

其次，投资便利化议题方兴未艾，尚缺一些动力。不同于贸易便利化已在多哈回合谈判中成功达成协定，投资便利化的发展尚处于初期阶段。过去几十年，投资便利化或是作为对国家政策制度的一类评价要素被顺带提及，或是被放在贸易便利化的框架之下连带讨论，很少被当成一个独立的议题，与之有关的专门研究也相对较少。但随着国际投资近年来显现出的强大生命力，投资便利化的重要作用开始显现并逐渐得到各方重视。APEC于2008年制定了《投资便利化行动》，OECD在2015年版PFI中强调了投资便利化的意义，UNCTAD在2016年达成了《投资便利化全球行动清单》，金砖五国在2017年厦门会晤时通过了《金砖国家投资便利化合作纲要》，WTO在2017年第十一届部长级会议中也通过了《关于投资便利化的联合部长声明》。虽然这些文件对投资便利化具体措施的制订尚还处于摸索阶段，但是不难看出国际上对投资便利化重要地位的认可。另根据UNCTAD《2017年世界投资报告》显示，2016年新采取的投资政策措施中有79%的措施旨在实现投资自由化和投资便利化，也同样说明了投资便利化正发展成为各国的投资政策目标。因此，只要再对投资便利化进行进一步的推动和提倡，它将极有可能成为重塑新时代国际投资体系的重要方向。

再次，推动投资便利化议题是中国参与国际投资治理、发挥大国作用的重要机遇。目前针对国际投资体系重构的问题已有不少设想与提议，很多讨论都是关于投资自由化、争端解决机制这些传统问题。在全球经济变革时期，中国不应该只是被动接受这些规则改革理念，而要主动提出具有中国特色的中国方案。相对中国不具有比较优势的其他议题而言，投资便利化既是一个新的切入点，又契合了中国的发展理念，可以成为中国在国际社会发声的良好契机。就目前投资便利化的发展趋势而言，如果中国能够抢占先机、率先提出系统性方案并在此基础上争取促进投资便利化多边协议的达成，不仅有利于发挥出中国特色，也能够充分彰显中国的大国地位以及世界影响力。当前的中国具有相当的综合实力与实践经验来推动投资便利化达成多边协议，目前时机已然成熟。从国际投资的发展情况来看，2016 年中国对外直接投资流量占全球总量 13.5%，蝉联全球第二；对外投资存量已达到 1.36 万亿美元，由 2002 年的全球第 25 位上升至第 6 位，可见中国的投资影响力不容小觑。从国内投资环境来看，中国近年来开展的备案制、负面清单等一系列重大改革举措，为提升本国投资便利化水平已经奠定了坚实的基础。从促进投资便利化的国际经验来看，中国参与 G20 杭州峰会促进达成以投资便利化作为投资指导原则之一的合意，在金砖国家厦门会晤中提出《投资便利化合作纲要》并获得通过，在 WTO 发起成立了致力于推动探讨这一议题的"投资便利化之友"，这些举措和成绩均表明中国已对此有一定的深入认识和推动能力。中国应当把握机遇，积极倡导、推动甚至引领投资便利化议题向实质性合作的纵深发展。

（二）对中国引领"投资便利化"的建议

在国际层面上，实施投资便利化措施是大幅削减国际投资成本的重要途径，中国应加快推动国际社会形成多边《投资便利化协定》（IFA）。众所周知，投资与贸易是全球经济发展过程中相辅相成的主力，WTO 已在 2017 年达成《贸易便利化协定》（TFA），为低迷的全球经济注入活力，要使投资也成为全球便利化经济体系发展的主力军，各国也应当共同努力迈向《投资便利化协定》。中国在引领投资便利化议题的过程中，可以召集持反对意见的成员方展开非正式会议，也可以通过访问等外交手段敦促成员方对 WTO 便利化议题做出理智回应。为深化 IFA 共识，中国向国际社会提交的议案中，除了已提及的提高透明度、行政程序效率和满足发展中国家和最不发达国家的需求外，还应增加以下提议：①明确投资便利化议题在投资发展过程中的促进作用，阐明 IFA 协定的性质和宗旨，即友好型促进投资多边协定，旨在深化各国合作，促进投资便利化；②投资的定义和范围涵盖货物与服务领域以及各成员方在 WTO 框架下做出的有关投资的承诺；③投资者商业行为应遵守东道国的法律，承担企业社会责任，禁止做出有损公共利益的行为；④各国可以根据自身需求设立对外联络点，加强与各国之间信息交流，提供投资合作项目和解决投资争端的国际磋商平台，以及负责国际层面与国内的衔接；⑤各国根据具体情况建立争端预防机制，减少投资争端上升到国际仲裁的数量，尽快使投资者的资金流回市场，保证其高效的投资决策，为其提供稳定的投资环境。同时，中国还可以在区域范围内与各国先达成多边投资便利化协定，如加快"一带一路"投资便利化措施，引领沿路国家共同参与到投资便利化的建设中，或提倡将便利化元素融入诸如区域全面经济伙伴关系协定（RCEP）的谈判过程中，形成大型区域性投资便利化协议（Mega - Investent Facilitation Agreement）。此外，中国也可以在对外签署的 BITs 和 TIPs 中纳入投资便利化条款。

在国内层面上，中国应当继续出台投资便利化的具体措施，提高国内投资便利化水平，提升有关国际投资便利化议题的话语权。2018 年，我国商务部办公厅、工商总局办公厅联合发布了《关于实行外商投资企业商务备案与工商登记"单一窗口、单一表格"受理有关工作的通知》，积极回应国际投资便利化议题。此外，投资便利化措施在中国商务部2015年提出的《外国投资法（草案征求意见稿）》中的投资透明度条款、资本转移条款、行政效率条款、投诉协调机制等方面有诸多体现，但仍缺乏具体措施。建议增加投资便利化规则章节：①就投资便利化专门促进机构列出详细的职责清单，包括提供投资者发表意见的线上或线下平台、提供投资相关的培训平台和信息共享平台、举办地方投资促进活动、实施地方投资政策等。②对投资争议协调处理机制程序要求提交的全部材料、审理期限、信息公开、申诉和复议及其裁决期限等做出详细规定。③对企业社会责任制作具体规范，包括（a）外国投资者应当遵守东道国的法律法规和政策制度的规定，依法纳税；（b）对于特定行业的投资者还应当公开环评影响报告书、涉及公众健康等涉及公共利益的相关信息；（c）建议在企业内部设立保护人权的部门，保障劳工，维护人权，并遵守工会的相关规定；（d）明确投资便利化措施不能以牺牲可持续发展为代价，简化程序和商业便利应建立在友好环境的基础上。

WTO 法律及其争端预防制度研究中的利益分析法

吴建功[*]

摘要：利益问题始终是国际贸易关系中的核心问题。利益分析法有助于揭示国际贸易的利益本质。利益分析法构成了国际贸易法律研究的基本方法。对国际贸易问题的研究只有与利益方法结合起来才可能具有解释力。WTO 法律及其争端预防制度的基本目标就是消解成员利益矛盾、促进共同利益的发展。

关键词：WTO 法；贸易利益；利益分析法；争端预防

一、对利益与贸易利益的理解

（一）何谓利益

利益问题是人类社会的根本问题。人类社会中错综复杂的社会现象究其原因是利益的驱动。[①]《史记·货殖列传》写道："天下熙熙，皆为利来；天下攘攘，皆为利往。" 18 世纪法国哲学家爱尔维修从人"自爱"的本能出发推导出"利益是我们唯一的推动力"。"河水不能倒流，人不能逆着利益的浪

---

[*] 吴建功，湖南涉外经济学院商学院教授。
[①] 高兴伟：《当代中国国家利益观研究》，辽宁大学 2012 年博士学位论文。

头走。"① 边沁认为利益是人们行为的唯一标准和目的。"每一个社会的经济关系首先是作为利益表现出来。"② 马克思认为思想必须从属于利益,正是利益推动人们的实践。在《经济学手稿(1857—1858)》中,马克思说明了利益实质上体现了社会经济交换关系。③ 利益需求对人类社会来说具有普遍性和合理性。任何个人和组织都有利益需求,其生存与发展离不开一定的资源和利益保障。

利益问题自古以来就是中外学者关注的重点问题。那么,何谓利益?这里列举三种比较有代表性的解释。第一种解释是把利益视为对某种需要或愿望的满足。④ 这是从需要的视角解释利益的含义。第二种解释是从社会关系的视角来定义利益,把利益看作是主客体之间的一种关系。⑤ 霍尔巴赫认为利益是个人与社会的一种关系。⑥。第三种解释借鉴了第一和第二种解释的合理成分,从利益的主观需求性和利益的客观实在性的结合方面对利益概念进行阐释。这种解释认为,利益是人们生存、享受和发展所需要的资源和条件。⑦ 周旺生(2004)将利益界定为能够使社会主体的需要获得某种满足的生活资源。⑧ 洪冰(1999)认为利益就是需求主体认定的各种客观对象的总和。⑨

利益的特征可表述为四个方面的统一。⑩ 一是共性与个性的统一。人们对利益的诉求具有广泛性和恒久性,这是其共性。但是,每个人的利益需求

---

① 爱尔维修:《论人》,商务印书馆1938年版,第355页。
② 马克思、恩格斯:《马克思恩格斯选集:第2卷》,中共中央马克思恩格斯列宁斯大林著作编译局编译,人民出版社1995年版,第537页。
③ 马克思、恩格斯:《马克思恩格斯全集:第46卷》,中共中央马克思恩格斯列宁斯大林著作编译局编译,人民出版社1995年版,第197页。
④ 中国大百科全书编辑部《中国大百科全书·哲学卷》,中国大百科全书出版社1982年版,第483页。
⑤ 张玉堂:"近年来利益问题研究综述",载《哲学动态》1998年第4期。
⑥ 霍尔巴赫:《自然的体系》,管士滨译,商务印书馆1964年版,第27页。
⑦ 陈庆云、郑益奋:"论公共管理研究中的利益分析",载《中国行政管理》2005年第5期。
⑧ 周旺生:"论法律利益",载《法律科学(西北政法学院学报)》2004年第2期。
⑨ 洪冰:《国家利益论》,军事科学出版社1999年版,第8页。
⑩ 徐琳:"利益分析法在政治学研究中的意义",载《求索》2006年第1期。

可能不同，同一种利益在不同阶段具有不同的特性。二是绝对性与相对性的统一。利益的实在性是不容置疑的，但人们实现利益是受一定条件制约的。三是竞争性与协调性的统一。为防止利益竞争的无序，人们需要对利益关系进行协调，在竞争中兼顾各方面的利益，把对利益的追求控制在秩序的范围内。否则，利益的冲突就会引起社会动荡。四是独立性与依赖性的统一。人们的自我利益是独立的，但一方利益的实现有赖于他方，一方只有与他方进行合作方可实现自身的利益。

（二）何谓贸易利益

一国的经济主体参与国际贸易后所得到的各种利益总和即为贸易利益[①]。贸易利益是一国参与国际贸易的根本动力。贸易利益有多种多样。可依据贸易与利益的关系将之分为直接贸易利益（如贸易机会、贸易待遇、进出口贸易额）和间接贸易利益（如促进经济发展和社会进步）；依据利益外延的宽窄程度将之分为狭义的贸易利益（类似直接的贸易利益）和广义的贸易利益（直接的贸易利益与间接的贸易利益的总和）。在国际贸易学术界，则一般按照贸易利益的状态将之分为静态贸易利益（由贸易行为所产生的直接福利）和动态贸易利益（由贸易行为所带来的间接或衍生的福利，如技术进步、产业升级等）。[②] 国际贸易实践表明国际贸易对经济发展的作用主要体现在动态利益上。[③]

[①] 国际贸易中的利益不仅涉及贸易利益还涉及非贸易利益。由于WTO体制所要协调和解决的主要是成员之间的贸易利益问题，故此，本文中的"国际贸易利益"仅指贸易利益。

[②] 传统的自由贸易理论主要强调的是静态贸易利益，认为每个国家只要发挥自己的比较优势参与国际分工和国际贸易，就会带来整个世界产量的增加、消费水平的提高以及要素使用的节约。

[③] 国际贸易的开展为一国提供了大量的就业机会，嵌入全球价值链分工的国家，在获得就业人口增加的同时，还使人力资源具有更多的择业机会，获得了就业质量的提升。通过传导效应、干中学效应、示范效应、竞争效应等途径，国际贸易可以促使技术扩散、促进一国技术进步。出口产业新技术的扩散效应，会在其他非出口产业中产生连锁反应，进而促使整个国民经济在数量和质量上的发展。国际贸易会引导世界产业结构的演进，它可为一国产业结构调整提供信号和方向，推动贸易参与国产业结构的优化升级。贸易所带来的信息交流、制度变革的示范效应和国际竞争压力会对一国制度创新产生积极影响。参见张小红："国际贸易利益分配问题研究"，载《合作经济与科技》2014年第1期。

开展国际贸易的厂商（如生产企业、贸易商、经销商等）、消费者构成贸易利益的当然主体，服务于贸易的有关行业机构，如金融、保险、咨询等部门，也成为贸易利益的分享者和主体。出口国的要素所有者和产业资本所有者可与其他主体一样成为贸易利益的主体成员。在进口国，贸易利益主体是进口商和消费者。进口商可以获得贸易利润，消费者可以获得更多的消费选择和消费者剩余。① 国家（含出口国和进口国）从贸易中获得了包括经济、政治（含国内政治和国际政治）、文化等方面的利益，其也成为贸易利益的主体。一国通过改进本国的比较优势来提高其贸易利益实现水平，为更大的市场份额和市场利益进行角逐。②

古典经济学家亚当·斯密从绝对成本说理论出发，认为绝对优势使国际分工和国际贸易成为可能。各国均可从国际贸易中受益。大卫·李嘉图认为贸易利益来源于国际交换价格和国内交换价格的差异。"在完全自由的贸易体系下，每个国家都会自然将其资本与劳动力投资于得益最大的部门……"③ 大卫·休谟提出的"价格—铸币流通机制"即是将贸易利益来源理论扩展至国际金融方面。④ 按照新古典贸易理论，贸易中的消费者剩余和生产者剩余之和就构成了贸易利益。外部规模经济和内部规模经济得益于产品市场的扩大，而产品市场的扩大又受益于贸易的发展。⑤ 厂商可因生产的扩大而受益。⑥ 就消费者的角度来讲，商品选择种类因国际贸易的进行而增加，商品的价格因之而降低，消费者有更多的消费者剩余可享用。贸易利益还表现于

---

① 但在进口商品的竞争下，进口竞争企业及其从业人员的利益会受到一定的损失。
② 林玲、段世德："西方贸易利益分配理论的流变及发展趋势"，载《国外社会科学》2008 年第 6 期。
③ Ricardo, D., *The Works and Correspondence of David Ricardo*, Cambridge University Press, 1962, p. 70.
④ Hume, D., *Writings on Economics*, Thomas Nelson and Sons, 1970, p. 62.
⑤ Marshall, A., *Principle of Economics*, Macmillan, 1920, pp. 315 – 323.
⑥ 用公式表述为：$\pi = P * MPL + P * MPK - MC * Q$，其中 π 为利润，P 为产品价格，MPL 为劳动边际生产率，MPK 为资本边际生产率，MC 为边际成本，Q 为产量。该公式表明，依靠保持较高的边际产出和较低的边际成本来维持生产者的高额利润，可促使该国的生产可能性边界外移。

经济增长和社会进步。① 新贸易理论认为，规模经济效果是超额利润的重要来源。② 根据新古典贸易理论，从长期趋势看，"在出口产品生产中密集使用的生产要素（本国的充裕要素）的报酬提高；在进口产品生产中密集使用的生产要素（本国的稀缺要素）的报酬降低……"③ 贸易利益先在与贸易有关的经济主体（如生产商、贸易商）中进行分配，此后扩及商品价格（对消费者有利）和工资（对从业人员有利）以及相关的生产要素中。自由贸易可使两国的商品、工资和资本收益趋同。④ 在约翰·穆勒看来，"一个国家能够出售到国外的各种物品成为它从其他国家购买物品的手段"⑤。各贸易参与国不一定能获得同等的利益，一国获利的程度取决于该国显示性比较优势。⑥ 实际上，国际贸易利益在发达国家和发展中国家之间的分配是不平衡的。⑦

GATT/WTO 体制下的贸易利益是指为 WTO 法律所确认的、成员有权享有的与贸易有关的权益。WTO 的宗旨集中体现了 WTO 成员所努力追求的贸易利益。各成员所享有的贸易利益构成了多边协定项下的法律利益，成为受 WTO 法制保护的利益。WTO 体制中的贸易利益是种法律权利，是一成员享有的其产品、服务和服务提供商在其他成员方境内进行平等贸易的权利和机

---

① Lewis, W. A., *The Theory of Economic Growth*, Richard D. Irwin, 1955, p. 235.

② Krugman, P. R., Increasing Returns, Monopolistic Competition and International Trade, *Journal of International Economics*, Vol. 9, pp. 469 – 479.

③ Stolper, W. & P. Samuelson, Protection and Real Wage, *Review of Economic Studies*, Vol. 9, pp. 58 – 83.

④ Samuelson, P. A., International Trade and the Equalization Once Again, *Economic Journal*, Vol. 58, pp. 163 – 184.

⑤ Ekelund Jr., R. F. Hebert, *A History of Economic Theory and Method* (4th ed.), Macmillan, 1997, pp. 178 – 182.

⑥ Balassa, B., Trade Liberalization and Revealed Comparative Advantage, *The Manchester School of Economic and Social Studies*, Vol. 33, pp. 99 – 124.

⑦ 由于发达国家在成本上的绝对优势和发展中国家在成本上的绝对劣势，发达国家只需付出较小成本的产品就可换取到发展中国家较多成本的产品，即发达国家用较少的资源就能换取发展中国家更多的资源。同时，许多发达国家通过使用反倾销和技术壁垒等手段，减少和限制发展中国家贸易利益所得，保护国内就业和相关产业，特别是针对已经进入发达国家市场后并取得较大成功的发展中国家制成品。

会。成员方享有的协定下的贸易利益构成 WTO 法律体制中的法定权利。这种贸易利益可能是现实的既存利益,也可能是未来将会实现的预期利益。这种法律化的贸易利益是互动的,一方贸易利益的实现必须求助于他方给予平等的市场竞争机会。一成员要实现这些利益,其他成员就须履行相应的义务①。一方贸易利益的实现取决于他方对贸易协定和承诺的履行。一成员只有履行协定项下的义务,其他成员才可能享受协定项下的权利(利益)。一方不履行多边协定项下义务,违反 WTO 规则,就会使他方的贸易利益受损或丧失。一成员的政策措施行为不得对其他成员所享有的贸易权益造成损害或使之丧失。

二、WTO 法制中的利益关系

对利益(benefit)的损害(damage)构成争端、冲突的起因。损害是指一行为体对另一行为体完全享有或实现权利能力的侵扰。在 WTO 体制框架下,可用"利益的丧失或减损"来判定损害是否发生。"利益的丧失和减损"不仅仅归因于对条约之违反。在 WTO 体系中,因非违反原因而致条约项下利益丧失或减损也属于"损害"之范畴。② 若一方因滥用权利而使他方在多边贸易体制下的利益遭受损失或丧失、使得以国际协定方式确定的利益关系失衡,国际贸易争端就会形成。在"日本胶卷"案中,专家组认为③,GATT1994 第 23.1(b)条(非违反申诉条款)的目的是,通过对 GATT 其他规则没有调整、但却使成员合法预期利益丧失或受损的政府措施提供救济的方式保护减让利益的平衡。为了实现这一目的,不应不当地限制 GATT1994 第 23.1(b)条包括的政府措施的范围,否则就存在 GATT1994

---

① 这些义务有些是积极的义务,如开放市场、约束关税、削减非关税壁垒等;有些是消极的义务,如不增加关税,不对出口产品实施出口补贴,不设置技术性贸易壁垒等。

② Cottier, T., K. N. Schefer, *New Directions in International Economic Law*, in Thomas Cottier (eds.), *The Challenge of WTO Law: Collected Essays*, Kluwer Law International, 2000, p. 129.

③ WT/DS44/R, 31 March 1998.

第 23.1（b）条不能救济的危险，阻止这一目的的实现。在"印度专利保护"案中，上诉机构对 GATT1994 第 23.1（b）条分析道，该条款涉及非违反性申诉，不要求指控违反了义务。相关诉因并不必然是对规则的违反，而是成员基于有关协议的预期利益遭受到了丧失或减损。非违反性申诉条款旨在保护缔约方根据 GATT 第 2 条谈判达成的互惠的关税减让利益的平衡。① 在"美国影响印度羊毛衫进口的措施"案中，上诉机构指出②，《纺织品协议》第 6 条（过渡性保障措施条款）是经过仔细谈判而使用的语言，该条款反映了成员在权利与义务平等的基础上慎重达成的利益平衡关系。各方必须尊重这一平衡。为避免国际对抗和冲突，WTO 借助一定的国际机制来保护成员利益、解决成员间的利益矛盾、维持一定的利益平衡关系。

从利益分析的视角看，国际贸易争端就是一种以法律形式体现出来的、表现在国际贸易关系方面的利益矛盾。在国际贸易关系中，一方为了最大限度地满足己方的利益需求而与他方展开竞争。这种竞争一旦失序，一旦一方不顾他方利益，实行损人利己、以邻为壑的贸易政策，贸易摩擦和争端就会大量出现。20 世纪 20 年代末至 30 年代初"大萧条"期间西方发达国家之间贸易战所带来的世界贸易体系的崩溃和"一损俱损"的国际贸易结局，给各国以深刻的教训和警示。第二次"世界大战"之后，国际社会为避免大萧条期间的"以邻为壑"的贸易战的重演，重建并维持良好的国际贸易体系和秩序，协调和解决经济利益矛盾，建立起了对国际经济主体利益关系进行协调、

---

① 由于缺乏实体规则，GATT1994 第 23.1（b）条的规定旨在阻止缔约方采取非关税壁垒或其他政策措施、拒绝为他方提供关税减让利益的政策行为。在 GATT 时期的"欧洲共同体油籽补贴"案中，工作组论述道：从关税减让中合法预期的竞争机会，不仅可能为 GATT 禁止的措施所破坏，也可能为与 GATT 一致的措施所破坏。为了鼓励缔约方做出关税减让、维护既定的利益平衡，当一方的互惠减让利益为另一方措施所损害时，无论该损害是否违背 GATT 的规定，必须给予受损方获得救济的权利。

② WT/DS33/AB/R, 25 April 1997.

专题三：WTO 的成就、困境与改革

规范的国际贸易体制——GATT①。这是 GATT/WTO 产生的历史背景和利益根源。为了平衡各方的利益关系，确定各方的权利义务，遏制和减少利益冲突，缔约方（成员方）在 GATT/WTO 框架下创建了一系列规制和协调成员方竞争行为的国际贸易法律规范，这些规范构成了 WTO 制度的法律基础。

WTO 各成员之间存在着共同利益。此共同利益主要是消除贸易壁垒、实现世界资源的优化配置和总体福利的增长。②围绕此共同利益，WTO 制度所指向的利益目标即是实现各成员之间的利益协调、利益促进和利益维护之目的。其一，利益协调。利益协调所要解决的一个问题就是如何在一个互动的利益关系格局中去解决国际经济主体间的利益冲突问题，实现彼此间利益的相容、平衡与和谐。WTO 体制下贸易政策协调的要义是如何在维护、增进与分配国际贸易利益的博弈中，达成成员之间利益关系的相对平和。其二，利益促进。在利益促进方面，WTO 制度所要解决的问题就是如何在遵循帕累托最优（pareto efficiency）③ 原则、在不损害其他成员利益的前提下，增进 WTO 成员的福利。WTO 体制下的互惠原则实质表现为各方借助市场机制进行贸易利益的交换以达至利益的共同增长。其三，利益维护。利益维护意指保障各成员在 WTO 适用协定项下的权利不致遭受丧失或减损。WTO 法制对各成员的基本要求就是各方应全面履行适用协定项下的义务，按照协定要求取消贸易壁垒，在非歧视原则基础上保护各方的市场准入利益和其他方面的

---

① 最初设想的是建立国际贸易组织（ITO），由于美国国会对《ITO 宪章》的反对，ITO 一直未成立，但《ITO 宪章》中有关贸易方面的规则及谈判达成的关税减让表通过《临时适用议定书》临时适用，一直到 1995 年 1 月 1 日 WTO 成立（GATT 的职能由 WTO 接替）。

② 李双元、李赞：《21 世纪法学大视野——国际经济一体化进程中的国内法与国际规则》，湖南人民出版社 2006 年版，第 131 - 132 页。

③ 意大利经济学家帕累托（1897）提出了一个最优状态标准，人们简称为"帕累托最优"。其意是：在某种既定的资源配置状态中，任何改变都不可能使至少一个人的状况变好而又不使任何人的状况变坏。通过帕累托改进可以达至帕累托最优。如果一种改进剥夺了一部分人的既得利益，不管是否能带来更大的整体利益或者是否有助于实现崇高的目标，都不是帕累托改进。只有对各方都有利，都同意的事情或制度安排才是帕累托改进。帕累托最优是博弈论中的重要概念。此概念在经济学、工程学等学科中有着广泛的应用。

贸易利益。

利益协调、利益促进、利益保护这三个目标是相互依赖、相互影响的。按照组合关系，利益协调、利益促进和利益保护三者之间有三对关系。

（1）利益协调与利益促进的关系。对利益关系的平衡和利益的法律化是利益协调的中心；而对法律利益的实际获取和享用则是利益促进的重点。一方面，利益协调构成利益促进的基础。通过协调可发现共同的利益目标，并通过对利益关系的协调来促进利益的实现。可以说，没有利益的协调就不可能有利益的促进。另一方面，利益促进是利益协调的主要目的之一[1]，构成利益协调的一个努力方向。

（2）利益协调与利益保护的关系。作为国际利益调节的一种手段，利益协调是利益保护的一种手段和途径，有效的利益协调可以缓和或解决利益冲突，防止利益损害，有助于利益保护。利益保护则是利益协调的另一个主要目的，对利益的切实有效保护会成为利益协调的动力。

（3）利益促进与利益保护的关系。利益促进的核心是利益的增长和新利益的获得；利益保护的核心是对既定利益的维护，防止对既有利益的减损。利益保护是利益促进的前提、保障。"法律规则的最终权威来自它们所保障的社会利益"[2]。若法律不能对利益进行有效的保护，新增利益就会受到减损或丧失，利益促进就会失去意义。利益促进是利益保护的升华，是更高层次的利益保护。法律的意义不仅在于保护各方的利益，更在于促进各方利益的实现。

笔者认为，WTO法律制度从本质上来说就是维护和平衡既定利益关系、促进共同利益发展的制度安排。此制度若能较好地协调成员间的利益关系、解决成员间的利益矛盾，就能有效地预防国际贸易摩擦和冲突。作为WTO的一项重要制度，DPS（争端预防制度）的核心使命就是确立利益协调、保

---

[1] 利益协调的主要目的有：促进各方利益、保护各方利益、平衡利益关系。
[2] 徐爱国、李桂林、郭义贵：《西方法律思想史》，北京大学出版社2002年版，第371页。

护和促进机制,建立良性互动、互惠的利益格局,妥善处理国际贸易关系中的利益矛盾,实现各方的利益诉求。①

三、法学及 WTO 法研究中的利益分析方法

(一) 作为社会科学研究基本方法的利益分析法

所谓利益分析法,就是揭示人们社会生活活动背后的利益动因,并基于这种利益动因说明人类社会的各种社会关系和各种历史现象的方法。马克思指出:"每一既定社会的经济关系首先表现为利益。"② 心理学研究成果表明,人的思想行为源于利益而又指向利益。利益引发动机,动机决定行为,行为指向利益目标。③ 利益分析法有助于人们认识社会基本矛盾的形成和发展,有助于诠释各种社会现象。该方法适合于分析和判断主体行为的动机和性质。④ 利益分析法有助于深刻理解各社会主体的本性。利益分析法为人们认识复杂的社会现象提供了一个明确的观察线索。⑤ 利益分析方法可为纷繁复杂的人类个体和组织行为提供有效的解释手段。⑥ 用利益分析方法去说明社会现象会更加深刻和彻底。近代以来,在法学、社会学、政治学等众多社会科学研究领域,人们已经广泛地采用利益分析法来分析社会问题。

---

① 在实现利益目标的同时,可达至对贸易争端的预防和对国际贸易关系的调和。
② 马克思、恩格斯:《马克思恩格斯全集:第 3 卷》,中共中央马克思恩格斯列宁斯大林著作编辑局编译,人民出版社 1979 年版,第 209 页。
③ 陈昌荣、杨莉:"浅论马克思主义的利益分析方法的当代价值",《四川文化产业职业学院学报》2009 年第 1 期。
④ 多层次的社会主体的行为都根源于利益,受利益的支配和制约。参见陈昌荣,杨莉:"浅论马克思主义的利益分析方法的当代价值",载《四川文化产业职业学院学报》2009 年第 1 期。
⑤ 吴庆:"论青年政治参与研究的利益分析法",载《中国青年政治学院学报》2013 年第 1 期。
⑥ 20 世纪早期,本特利与杜鲁门在分析美国政府过程中以利益集团为分析单位所使用的利益主体分析法,奠定了现代意义上的利益分析法。在此基础上,罗伯特·达尔、格兰特·麦康奈尔、西奥多·J·路威以及奥尔森等都用利益主体分析法发展了利益集团理论。

(二) 法学利益理论及利益分析法

一般认为，法学利益理论始于功利主义法学家边沁。边沁认为社会利益是法律的终极目标，为最大多数人谋求最大量的幸福并增进整个社会的利益构成法律的目的。德国目的法学家耶林认为利益创造法，旨在平衡个人利益和社会利益之间的关系就是法对利益保护的目标。① 他从两个方面对法学利益理论进行了拓展：一是提出了法律是由利益创造的观点；二是主张法律在保护利益时应对个人利益与社会利益进行平衡和调和。② 19 世纪末 20 世纪初美国社会法学派鼻祖庞德从本体论的视角提出，承认、确定、实现和保障利益构成法律的基本功能，他指出法律的作用在于调整社会中的相互利益冲突，在于以最小限度的阻碍和浪费来使各种相互冲突的利益得到满足。③ 利益调整的原则就是使全体的利益蒙受最轻微的损害，调整的方法就是引入价值评判。④ 利益法学家赫克认为，法的最高任务就是对各种利益进行平衡。法官要通过创造性的、合理的解释去平衡互相冲突的利益。赫克的利益理论一方面使法学利益的本体论得到拓深，另一方面引入了法学利益理论的方法论。之后的法学利益理论主要在方法论方面得到发展。日本民法学者加藤一郎与星野英一的"利益衡量论"认为，在某问题有 A、B 两种解释可供选择的情况下，法律解释者只能依据利益衡量的办法来进行选择。德国法学家卡尔·拉伦茨强调要根据所发现的利益位阶，保护具有优越性的利益；而在同样位阶的利益抉择中，应按照其轻重次序来确定应受保护的利益。⑤ 我国台湾学者杨仁寿指出司法裁量须从立法者的角度、依据立法者的利益评价来对利益

---

① 甘强：《经济法利益理论研究》，西南政法大学 2008 年博士学位论文。
② J. M. 凯利：《西方法律思想简史》，王笑红译，法律出版社 2005 年版，第 318 页。
③ 沈宗灵：《现代西方法理学》，北京大学出版社 1992 年版，第 291 页。
④ 庞德他还认为，并非生活中所有的利益都需要法律来调整，只有那些符合特定文明的法律机理条件的利益才被纳入法律的视野、受到法律的调整。参见甘强：《经济法利益理论研究》，西南政法大学 2008 年博士学位论文。
⑤ 卡尔·拉伦茨：《法学方法论》，陈爱娥译，商务印书馆 2003 年版，第 285 页。

进行取舍。① 目前，利益衡量法成为法学方法论中"黄金方法"，此方法在法律理论与实务中具有很大的普适性。②

（三）利益分析法在 WTO 法研究中的地位

国际法律体制是国际社会成员在一定的利益动机驱动下，借助国际协调制度和（或）国际组织而进行利益分配的一种国际社会关系。这种社会关系是国际法原理体系的逻辑起点。国际社会成员不同的物资生产条件、生产方式和经济地位决定了其不同的利益需求，成员相互之间亦形成了不同的利益关系和利益格局。要研究国际贸易问题，包括国际贸易争端问题，就须首先从研究成员的利益需求、成员间的利益关系和利益格局着手。认识和处理国家利益高度纠缠的国际贸易法律问题不能离开利益分析法。利益分析法可以揭示国际贸易关系的利益本质。利益分析法能够比较全面地反映社会经济、法律的本质，可以成为国际经济法学的一种综合研究方法。利益分析法所提供的逻辑主线为我们研究国际贸易法律问题提供了深刻、广阔的思路。

利益问题始终是国际贸易关系中的核心问题。而利益分析法构成了国际贸易法律研究的基本方法。借助于利益分析法，我们可以把握住蕴藏在世界贸易问题背后的利益实质和动机，认清国际贸易关系发展的脉络和走向。对国际贸易问题的研究只有与利益方法结合起来才可能具有解释力。在国际社会中，利益是国际关系的永恒主题。国家利益是一国对外政策的出发点和着眼点。任何组织，包括国际组织，都是一种利益共同体。③ 对国际经济主体来说，建立国际贸易组织和国际贸易法制是满足各方利益要求、实现各方贸易利益的一种手段。从本质上来说，世界贸易组织框架下的国际贸易法律制

---

① 杨仁寿：《法学方法论》，中国政法大学出版社 1999 年版，第 235 页。
② 梁慧星言道："凡是涉及一切法律判断，亦即法的解释，就有利益衡量问题……只要是法的解释，可以说都存在论理与利益衡量的关系问题。"梁慧星：《民法解释学》，中国政法大学出版社 1995 年版，第 322 页。
③ 陈庆云、鄞益奋："论公共管理研究中的利益分析"，载《中国行政管理》2005 年第 5 期。

度是各国际经济主体在利益分配方面所达成的一种相对均衡的状态。对国际贸易法律制度的抉择取决于何种制度能更好地协调、促进和保护国际经济主体之间相互依存的利益关系。就 GATT/WTO 而言，其创建的目的无非就是为了促进和保护基于互惠原则基础上的利益关系。这种利益关系在货物和服务贸易领域体现为相互开放各自市场，以己方市场的开放换取他方市场的开放，体现为相互给予对方以国民待遇（服务贸易领域的国民待遇采用具体承诺的方式）和最惠国待遇。在投资领域，按照《TRIMs 协定》要求相互解除对他方投资的国内成分、出口比例、创汇金额等方面的限制。在知识产权方面，各成员通过对他方知识产权的保护换取他方对己方知识产权的保护，并换取其他方面的贸易利益。众多的 GATT/WTO 谈判所要解决的实质问题就是以何种方式和条件进行哪方面的利益交换，并如何使交换后的利益关系达至新的均衡状态。GATT/WTO 框架下的国际贸易法的要旨在于规范国际经济主体之间的利益互动和利益合作关系。

四、对 WTO 争端预防制度的利益维度考量

法律在处理利益矛盾、调节社会利益关系中具有重要作用，立法、执法和司法都与利益关系的调节有着密切关系。① 由于任何一个社会都不会也不可能满足社会主体所有各种不同的要求，因此，人们之间的利益冲突自然而生。对国际贸易来说，争端源于国际贸易主体间的利益冲突。一成员的正当、合法利益受到损害（表现为利益的减损或丧失）或利益实现受到阻碍，则贸易争端就会应运而生。从争端预防的视角看，确立、维护互惠利益关系、防止法定利益遭受损害，这是从根本上消除贸易争端和冲突产生的基础。预防贸易争端的实质在于保护国际贸易主体的利益并创建条件实现其正当的利益

---

① 沈宗灵：《法理学》，高等教育出版社 1994 年版，第 62-63 页。

预期。WTO 制度若能达到协调各成员利益关系、促进成员法律利益实现、保护成员权益这三方面目标，则其就达到了预防贸易争端和贸易摩擦的目的。因为，贸易摩擦和争端本质上是利益矛盾冲突的外在表现。若通过实现上述三项利益目标而消除利益冲突，则贸易摩擦和争端自然就无从产生了。故此，评判某项制度是否有助于预防争端，就看其能否实现上述利益目标。WTO 框架下的争端预防制度（System of Dispute Prevention，DPS）预防国际贸易争端的利益原理就是通过制度安排使 WTO 法能在最大程度上协调成员利益关系、促进成员法律利益的实现以及保障成员的合法权益。

一般而言，法律或法律秩序的任务或作用就是承认、确定、实现和保障利益。[①] 从利益分析的视角看，WTO 法制发挥争端预防作用的基本路径就是建立利益协调、促进和保护机制，防止成员的正当权益受到侵害。实际上，WTO 争端预防制度正是从利益协调、利益促进和利益维护三方面来消除利益冲突根源，预防贸易摩擦和争端的。本文按照利益分析的思路，将 DPS 预防争端的基本原理[②]概述为：国际协调（谈判协商）——确立互惠利益关系和贸易法制——遵行多边协定项下义务、纠正利益侵害行为——保护和实现各协定项下成员的贸易利益——消除贸易争端产生的利益根源——预防贸易争端。此原理可换言表述为：GATT/WTO 体制按照互惠互利的原则确定各方的权利义务，构建维护这种权利义务关系的国际贸易法律秩序，而后在此秩序框架下协调各方利益关系、促进和保护各方贸易利益，进而达至对贸易争端的有效预防。就 WTO 实体规范来看，此实体规范确立了互惠利益关系，并将此利益关系转化为相应的实体性法律义务。对 WTO 程序规范来说，这

---

① 此为庞德的社会控制法学观点。社会控制法学认为法律是社会控制的一种工具。参见徐爱国、李桂林、郭义贵：《西方法律思想史》，北京大学出版社 2002 年版，第 372 页。庞德的社会控制论认为法律秩序通过三种方式实现其目的：①承认某些利益；②确定应予以承认的利益，并通过司法和行政的手段加以实现；③力求保障所承认的利益。参见王哲：《西方政治法律学说史》，北京大学出版社 2001 年版，第 490－492 页。

② 此处的"原理"指的是以 WTO 制度预防贸易争端的基本机制和基本路径。换言之，WTO 制度预防争端的作用原理指的是 WTO 如何从制度层面上有效地预防和规避国际贸易争端。

些程序规范以确立成员方程序性法律义务的方式维护成员方之间既定的权利义务关系。WTO 实体性和程序性法律规范共同保障着成员的合法利益，促进着互惠利益目标的实现，在最大程度上预防和控制贸易争端。

WTO 争端预防制度由三部分组成，即政策协调子制度、多边规制子制度和强制纠偏子制度。WTO 借助于这三项制度从不同方面来实现争端预防的功能。就政策协调制度来说，该制度通过明确各成员权利义务（以多边贸易协定方式）、构建相互认可的利益关系（该利益关系以互惠性为最大特点）以及缓解或消除利益紧张关系来预防贸易争端。就多边规制制度来说，该制度通过要求成员履行多边协定项下义务（主要是通过自律和互律方式来履行）、维护和实现各协定项下的贸易权利以及维持既定的利益关系来预防贸易争端。就强制纠偏制度来说，它是通过纠正不当或不法政策（使之与有关协定的规定相一致）、消除利益损害行为、保护成员合法权益、恢复原利益平衡关系来预防贸易争端。与争端解决机制（DSM）相比，WTO 争端预防制度（DPS）的特点非常明显。一是多方位性。DPS 涉及的 WTO 法律制度是多方面的，其既涉及实体制度层面，又涉及程序制度层面；其既与协调制度有关，又与规制和纠偏制度联系密切；其既与制度确立有关联又与制度执行关系紧密。二是前瞻性。DPS 强调的是向前看而不是向后看。DPS 注重事前防范，而非事后处理。对于 DSM 来说，如果从争端解决的角度看，其重在高质量地解决具体的贸易争端。如果将其置于政策纠偏、争端预防的制度框架下，其所强调的就是消除利益矛盾和冲突隐患，重新平衡相互间利益关系。三是宏观性。DPS 不以解决个别争端为目的，而重在强调国际贸易秩序体系的建设。DPS 指向贸易体制运行的宏观制度环境和政策环境。DPS 制度建设须从全局着手，从多个方面建立起争端预防的制度体系。四是联动性。DPS 是个系统工程，其制度的建立和功能的发挥需要多种制度的联动和各成员方之间的配合。DPS 作用的发挥建立在各成员方履行多边贸易体制下的义务、遵守贸易政策纪律和相互配合的基础之上。五是共赢性。与 DSM 相比，DPS 对世界经济贸易的贡献更大，也更可预期。DPS 可创造一种互惠共利的国际贸易秩序体系。DPS 能建立和保持多赢、共赢的利益格局，大为减少各方利益损失。DPS 有助于确保世界贸易体系的稳定性和可预见性，整体上改善世界贸易环境，增进各方利益。

从利益分析的视角看，国际贸易争端是一种以法律形式表现出来的，体现于国际贸易关系方面的利益矛盾和冲突。国家间利益冲突是贸易争端形成的根源。DPS 将政策协调与法律控制结合起来，以 WTO 适用协议（covered agreements）作为预防争端的法律依据，以消解利益矛盾和政策冲突作为争端预防的中心任务。DPS 有助于消除冲突隐患、保护各方利益、改良国际贸易环境、维护国际贸易法制秩序。缓解乃至消除利益矛盾和冲突是预防贸易争端的基础。

WTO 程序机制改革的国际法审思

李雪平[*]

摘要：随着全球贸易关系的深度调整和国际贸易规则的升级重构，WTO 改革已成定势。鉴于程序机制对实体规则适用和实施的决定性作用和影响，WTO 的改革问题突出表现为对其程序机制的更新和完善。WTO 程序机制存在的功能性缺陷，致使其在调整成员间的权利和义务、确保多边体制运行的公平和效率以及多边贸易关系的新议题和老问题等方面存在严重的失衡状态。WTO 应时变是守，从法律本源着手，修订和完善 WTO 程序规则，确保依此更新或完善的程序机制能切实有效地维护 WTO 体制的政治价值、法律价值和秩序价值。

关键词：WTO 改革；程序机制缺陷；多边贸易秩序；法律本源

WTO 自建立时起，就一直为世人所诟病，与之改革有关的建议常伴其左右，有关单边主义、区域主义和多边主义的争论也时有发生。[①] 特别是自 2017 年以来，美国采取多种背离 WTO 多边规则的贸易政策和行为，以单边

---

[*] 李雪平，武汉大学国际法研究所教授、博士研究生导师。

[①] See Renato Ruggiero, The Multilateral Trading System：American Vision and American Leadership, 14 October 1995, https：//www.wto.org/english/news_e/pres95_e/pr024_e.htm, 22 May 2018; Micheline Calmy‐Rey, Is Multilateralism in Crisis?, 24 September 2012, https：//www.wto.org/english/forums_e/public_forum12_e/creyopenforum12_e.htm, 22 May 2018.

措施挑起全球"贸易战",将国际贸易秩序置于危机之中,更使 WTO 的改革问题一时凸显。①

就当前国际范围内关于 WTO 改革的建议或方案看,多数笃定 WTO 已跟不上国际贸易局势的深刻变化,突出表现为对国际贸易秩序缺乏应有的管理权威和治理能力,故应更新有关规则,完善 WTO 的组织机构和决策方式,优化贸易监督的功能,提高争端解决的效率,强化总干事和秘书处的职权,增强 WTO 体制的透明度。② 此类改革建议充分表明,WTO 程序机制对整个多边贸易体制所具有的内在价值和外在价值不言而喻,但其运行中存在的种种弊端,不仅影响 WTO 实体规则的适用和更新,也在 WTO 成员间造成了不同程度的隔阂和误解。

在普遍意义上,"国际体制所需要的、法律所追求的都是在和平框架内促进更广泛、更深远的秩序,而国际秩序的目标是为国家之间建立可靠的预期关系提供确信支持,使它们知道该期待什么,并为此做好相应计划"③。因而,在国际法范围内,澄清 WTO 程序机制的功能性缺陷及其法律本源,论证此类缺陷带来的法律后果,探讨完善 WTO 程序机制的关键路径,借此实现 WTO 实体规则的完善、增扩或更新,提升多边贸易体制规范和治理国际贸易秩序的能力和实力。

---

① 在美国采取的双边对抗中,基本上是由美国来决定其他国家是否不公平地封闭了自己的市场。如果这些国家比较强大,很可能会产生报复和贸易冲突。参见贾格迪什·巴格沃蒂,《贸易保护主义》,王世华等译,中国人民大学出版社 2010 年版,第 10 页。

② Ernst‑Ulrich Petersmann and James Harrison (ed.), *Reforming the World Trading System: Legitimacy, Efficiency, and Democratic Governance*, Oxford University Press, 2005. Thomas Cottier, Preparing For Structural Reform in the WTO, https://www.wto.org/english/forums_e/public_forum_e/structural_reform_of_the_wto_cottier.pdf, 访问日期: 2018 年 6 月 5 日; Talal Abu‑Ghazaleh, WTO at the Crossroads: A Report on the Imperative of a WTO Reform Agenda, http://www.tagorg.com, 访问日期: 2018 年 6 月 5 日; 刘敬东: "WTO 未来之路", 载《法学杂志》2013 年第 4 期; ICTSD, The Functioning of the WTO: Options for Reform and Enhanced Performance, E15 Expert Group on the Functioning of the WTO‑Policy Options Paper, Elsig, Manfred, 2016.

③ Louis Henkin, *International Law: Politics and Values*, Martinus Nijhoff Publishers, 1995, pp. 101–102.

一、WTO 程序机制的功能性缺陷及其法律本源

必须承认，WTO 实体规则的落实需要发挥依程序规则建立的协调机制即程序机制的作用，以降低或阻止 WTO 成员间的权利义务关系在国际贸易实践中的溢出风险。尽管 WTO 体制内的实体规则中常见程序性规定，程序规则中也常见实体性的权利和义务，但均不能否认 WTO 程序机制的独立性。①在严格法律意义上，WTO 程序机制包括组织运行机制、贸易监督机制和争端解决机制。虽在过去二十多年里它们各司其职、各尽其责，但也确实存在较为严重的功能性缺陷。

（一）WTO 组织运行机制的功能性缺陷及其宪法性根源

WTO 组织运行机制建立在《马拉喀什建立 WTO 协定》（以下简称《WTO 协定》）这一宪法性文件的基础上，其功能性缺陷因之凸显于成员加入条件要求和贸易谈判决策过程等两方面。

其一，WTO 成员的加入条件具有永久恒定性。根据《WTO 协定》，任何国家或在处理其对外贸易关系及《WTO 协定》和多边贸易协定规定的事项方面拥有完全自主权的单独关税区，均可按它与 WTO 议定的条件加入 WTO。②但问题是，在"它与 WTO 议定的条件"的规定中，加入时议定的条件能否随着该加入成员的经济体制改革和法律制度完善而进行及时修订？如果答案是肯定的，那是否就意味着此类修订将再次成为"与 WTO 议定的条件"？

从 WTO 所有加入成员的经历看，"与 WTO 议定的条件"可以从加入的

---

① 例如，根据 WTO《反倾销协定》，反倾销调查的发起须始于由进口成员境内据称受损害的产业或其代表提交有关的书面申请，这实际上就是程序性规定。

② WTO Agreement, Art. 12.

程序要求来推定：一是双边谈判，即拟加入成员应逐一与 WTO 所有成员进行谈判或磋商，议定加入条件；二是多边谈判，即由 WTO 部长级会议讨论、审议此前双边议定的加入条件，并进行投票表决。这种集合先双边、后多边的两个层级的谈判为一次性加入的程序，使写在成员《加入议定书》中的"议定的条件"存在永久恒定性，一般不再考虑其与该加入成员未来发展的经济体制和法律制度之间的适配性。这实际上是"把人们在法律上应如何行为的问题和人们实际上如何行为以及他们在未来大概将如何行为的问题都混淆起来"。①

其二，WTO 贸易谈判决策过程表现为议而不决。根据《WTO 协定》，WTO "可按部长级会议可能做出的决定，为成员间就其多边贸易关系的进一步谈判提供场所，并提供实施此类谈判结果的体制"。② 但是，各成员从谈判达成的协议能获得多少利益，不仅取决于该协议的内容，也取决于该协议的最佳替代品。③ 尽管 WTO 成员都不能确定其他成员如何评估可能达成的结果，也不能确定最佳的替代方案，但均抱持为自己争取最大利益的动机，也均希望最终能达成对自己有利的协议。在"协商一致"的决策方法之下，各自咄咄逼人的利益主张会导致谈判的无限期拖延。而这种情况的存在，可能有损于各成员在 WTO 体制内的系统性利益，也可能招致来自其他国际组织（包括政府间组织和非政府组织）的压力。多哈回合谈判就充分表明，WTO 成员在农业、非农市场准入、服务贸易、非关税壁垒等方面一直议而不决，导致 WTO 体制不能维持其既有的精神、目标和宗旨。④

---

① 凯尔森：《法与国家的一般理论》，沈宗灵译，中国大百科全书出版社 1996 年版，第 III 页。
② WTO Agreement, Art. 3.2.
③ See Valentin Zahrnt, Gain Claiming and Inefficiency in WTO Negotiations, 12 International Negotiation 367.
④ Badar Alam Iqbal, WTO: A Deeply Divided Membership, The Journal of World Investment & Trade, Vol. 8 (6), p. 858.

(二) WTO 贸易监督机制的功能性缺陷及其软法性依据

由于国家主权的作用,贸易政策完全符合多边规则和纪律的国家或地区几乎是没有的。即便那些完全实行市场经济的发达国家,在某些领域、某些部门的贸易政策和执行这些政策而采取的措施,都会或多或少地与多边贸易规则和纪律不一致。① 为确保各成员对外贸易政策和做法的透明度,WTO 综合三种皆具有自愿性质的形式,建立了一套贸易监督机制,要求各成员一是履行通知义务,二是进行定期贸易政策审议,三是发布贸易监测报告。

在第一种形式下,WTO 要求成员公布、通知(包括在境内设立联络点)在特定时期内变更的或者采用的新的与贸易有关的法律、法规、政策或做法。② WTO 有关理事会收到此类通知后,就将其发布于 WTO 官方网站或者散发给 WTO 成员。但这里必须注意的是,WTO 没有详细规则或纪律要求有关理事会承担严格审核的责任,例如,审核、评估 WTO 成员通知的具体措施与 WTO 多边协定之间的关系,因之也就从根本上忽视了对国际贸易监督的"第一层过滤网"。

第二种形式是由 WTO 秘书处依《贸易政策审议机制》组织的"同行评议"。它要求对各成员一定时期内贸易政策和做法及其对多边体制运行的影响进行集体评估,因而应凸显各成员在贸易决策问题上的国内透明度及其对世界经济和多边体制具有的固有价值。③ 但二十多年来,WTO 贸易政策审议

---

① "主权"是古老的神话。当国家被控违反国际法及其国际义务,特别是在人权方面,它们有时甚至敢于援用"主权"来阻止审议和评判。Louis Henkin, *International Law: Politics and Values*, Martinus Nijhoff Publishers, 1995, pp. 8 – 10.

② 详见《与贸易有关的知识产权措施协定》第 63 条、《保障措施协定》第 12 条、《技术性贸易壁垒协定》第 10 条、《实施卫生与植物卫生措施协定》第 7 条(含附件 B)、《补贴与反补贴措施协定》第 25 条等。

③ "一定时期"是指审议的频率,这取决于成员贸易量的大小。按照新修订的《贸易政策审议机制》附件 3 的规定,从 2019 年 1 月 1 日开始,排名前四的美国、中国、欧盟和日本每 3 年审议一次,接下来的 16 个成员每 5 年审议一次,其余的成员每 7 年审议一次。

不尽如人意,主要表现在:其一,两份审议报告之间的分歧无法解决。贸易政策审议以接受审议成员提供的报告和秘书处拟订的报告为依据。前者篇幅较短,主要概述成员对外贸易政策的目标、特定时期内对外贸易政策的走向及其与WTO多边规则的一致性;后者篇幅较长,主要根据秘书处获得的有关成员的经济和贸易信息做出全面报告。对两者之间存在的分歧,虽说《贸易政策审议机制》规定"可以求同存异的方式进行处理",但实践中的做法是维持现状。① 其二,其他成员提交的"问题单"作用不足称道。根据要求,各成员可以根据WTO秘书处和被审议成员分别撰写的审议报告在审议前10天向秘书处正式提交书面问题单(list of questions)。对于此类极富挑战性的事实问题和法律问题,贸易政策审议机构(TPRB)要求被审议成员在规定的时间内给予正式答复和回应,但最终结果仅是由秘书处将其作为正式材料散发给WTO成员即可。其三,贸易政策审议结果潦草。根据《贸易政策审议机制》,接受审议的成员和秘书处提交的报告,与TPRB有关会议的记录一起,在审议后迅速公布,并将其送交部长级会议,但不论其最终结果或评价。② 更为重要的是,贸易政策审议的结果不能作为履行各协定下具体义务或争端解决的基础,也不能据此向有关成员强加新的政策承诺。

第三种形式是由WTO秘书处组织编写和发布的警示性报告。③ 在程序上,WTO秘书处首先要与所有成员代表团进行磋商,收集完整的、最新的及准确的贸易措施及与贸易有关的措施的信息,并核实从其他非官方来源收集的相关信息,然后进入综合编写和最终发布阶段。2018年《贸易监测报告》(2017年10月至2018年5月)披露了全球贸易决策的两大相悖趋势:一方

---

① See Trade Policy Review – Report by United States and Report by the Secretariat, WT/TPR/S/382, 12 November 2018.
② Trade Policy Review Mechanism, Arts. C and F.
③ WTO贸易检测报告诞生于2008年金融危机之时,在2011年WTO第八次部长级会议上得到肯定和加强后,在数量上便有了变化,从最初的一年四份减少到当前的一年两份。

面，WTO 成员继续实施贸易便利化措施；另一方面，WTO 成员的贸易限制措施不断增加，国际贸易局势越发紧张，并产生了与之有关的国际贸易话语新体系。① WTO 发布的贸易监测报告运用了可靠的数据资料，向 WTO 成员说明国际贸易领域的新情况和新问题，可能可以起到一定的警示性作用，但 WTO 也从来没有根据此类贸易监测报告在 WTO 体制内采取任何集体行动。

（三）WTO 争端解决机制的功能性缺陷及其规则困境

WTO 争端解决机制运行的法律依据既包括《1994 年关贸总协定》（GATT）第 22 条和第 23 条及 WTO《争端解决规则与程序的谅解》（DSU），也包括多边贸易协定下争端解决的特殊规则。在保证成员间的贸易争端得到积极解决并由此保护各成员在适用协定项下的权利和义务的基础上，WTO 争端解决机制应为多边贸易体制提供安全性和可预见性。② 但二十多年过去了，它做到了吗？

要想回答这一问题，首先应解决"什么是多边贸易体制的安全性和可预见性"。如果把 WTO 体制看成"公共产品"，那么"安全性"就是指它在使用或消费过程中保障 WTO 成员的经济健康和贸易安全免受伤害或损失的能力。或言之，它是指在所有成员正常使用多边贸易规则的条件下，WTO 体制能够承受可能出现的各种影响的能力，以及在偶然危机事件发生时和发生后仍然保持必要的整体稳定性的能力。"可预见性"是指 WTO 体制对成员间贸易关系和国际贸易发展趋势的预判和前瞻。无论是纵向比较还是横向对比，任何一个国际组织对未来预见性的强弱，往往决定着该组织的能力大小，也决定着该组织的发展进步甚或生死存亡。

WTO 争端解决机制为多边贸易体制提供安全性和可预见性的功能，必须

---

① Monitoring Report Shows Increase of New Trade Restrictions from WTO Members, https://www.wto.org/english/news_e/news18_e/trdev_25jul18_e.htm, visited on，访问日期：2018 年 7 月 30 日。

② DSU, Art. 3.

建立在其"调查结果和建议不能增加或减少适用协定所规定的权利和义务"的基础上,这显然需要以 WTO 规则为导向。① 也正是基于规则体系,WTO 成员才愿意并同意将其争端提交争端解决机制。② 但过去的诸多实践表明,WTO 争端解决机制首先无法确保成员境内的政治权重不影响争端的结果,尤其不能解决贸易强国对发展中国家和最不发达国家在经济和政治上的双重干扰。③ 尽管 DSU 包含旨在帮助发展中(如第 4.10 条、第 8.10 条)或最不发达成员(第 24 条)参与争端解决的专门条款或规则,但其用语不详且富有弹性,在很大程度上不具可操作性。其次,WTO 争端解决机制无法保证其裁决结果的执行效率,尤其表现在如何确定合理的执行期间及授权贸易报复方面。根据 DSU,WTO 争端解决机制的工作止于敦促败诉方的主动执行或者授权胜诉方采取贸易报复,但其执行过程大多都较为漫长且又复杂难测。④ 最后,WTO 争端解决机制缺乏发展的活力,尤其表现在与新技术和新议题有关的复杂案件上。随着科技的发展、贸易范围的扩大及贸易内容的增加,WTO 成员间贸易争端案件的数量在增加、复杂性在加大,但在 DSU 的规定下,WTO 专家组和上诉机构不得不疲于应付持续增加的判例以及越来越复杂的技术证据。WTO《2018 年世界贸易报告》就指出,如果仅停留在呼吁成员间的合作层面而非修订或完善争端解决的程序规则,恐怕会更加抑制争端解决机制的应有功能。⑤

---

① DSU, Art. 19.2.
② WTO Dispute Settlement: Resolving Trade Disputes Between WTO Members (2017 edition), https://www.wto.org/english/thewto_e/20y_e/dispute_brochure20y_e.pdf, 访问日期: 2018 年 6 月 20 日。
③ Frieder Roessler, Dispute Settlement in the WTO, *in Assessing the World Trade Organization: Fit for Purpose*?, in M. Elsig, B. Hoekman, & J. Pauwelyn (eds.), Cambridge University Press, 2017, pp. 99–119.
④ DSU, Art. 22.
⑤ WTO Secretariat, World Trade Report 2018 – The Future of World Trade: How Digital Technologies Are Transforming Global Commerce, 2018, pp. 148–149.

二、WTO 程序机制的功能性缺陷带来的法律后果及平衡困境

（一）WTO 成员间权利义务关系的变通和转移

WTO 程序机制应是管理和实施多边贸易协定的重要保障，但其功能性缺陷带来了成员间权利义务关系的变通和转移。从总体上看，WTO 的主要任务是管理和实施由所有成员参加的多边贸易协定，同时也负责由某些成员参加的诸边（plurilateral）贸易协定的适用和发展，并鼓励所有成员开展区域（regional）经济一体化措施。这三个方面之间的相互联系、相互作用，促成了成员间在诸边、区域（含双边）和多边贸易协定下极其复杂的但又极易发生变通和转移的权利义务关系。但是，WTO 监督机制从来都未对这种情况做过评估，也不可能对这种情况施加任何影响；WTO 争端解决机制对此束手无策，甚至有时不得不权衡国际政治联合势力的影响。①

就诸边贸易协定而言，它们是乌拉圭回合谈判妥协的产物，在一定程度上反映了当时国际贸易发展不平衡的状况。随着时间的推移，有些 WTO 成员期望加入诸边贸易协定，这就需要依据《WTO 协定》的规定，同诸边贸易协定的成员进行谈判，议定加入条件。② 但这里须要 WTO 予以监督的情形，一是成员间的权利义务关系从多边转移至诸边，二是在诸边贸易协定下形成的"小集团"霸权行为及其实践。在中国申请加入《政府采购协定》（GPA）的谈判中，GPA 既有成员为了获得"物有所值"（value for money），共同向中国提出了包括最惠国待遇、提高透明度、开放国内市场等较为苛刻的条件。甚至，在它们极力推进的 2014 年版 GPA 中，还扩大了政府采购的

---

① 如"中国－原材料案"和"中国－稀土案"中的申诉方和第三方。China－Raw Materials（Appellate Body），WT/DS394，395，398/R，China－Rare Earths（Panel），WT/DS431，432，433/R.

② WTO Agreement, Art. 12. 3.

内容、范围和要求,并将贸易和良治融合在一起。① 在 WTO 监督机制缺位的情况下,"这些要求决不是重新谈判后衍生的想法,而是将其渗透至修订版文本中,等待来自其他成员集其实力的谈判"②。

在区域经济一体化方面,WTO 通过 GATT 第 24 条及其附加说明和升级版(包括 1994 年的"谅解")、发展中国家能动条款、GATS 第 5 条、2006 年总理事会《关于区域贸易协定透明度机制的决定》文本、WTO 机构《关于区域贸易协定的决定》以及多哈回合谈判授权部分等的规定和决定,鼓励成员参加区域(双边)贸易协定或安排。③ "在实践中,对 GATT 第 24 条的援引情况比起初设想的更为广泛,反映了与 GATT 缔约国强大的政治目标之间的调和"④,而区域贸易协定委员会的审查职权总体来看是建议性的,绝非强制管理性的⑤。于是,几近泛滥的区域贸易协定在促进贸易转移的同时,也造成了 WTO 成员间权利义务关系的极端不平衡:⑥ 其一,某些成员通过区域贸易协定享有比 WTO 最惠国待遇更为优惠的待遇,而区域外的 WTO 成员则不在此列,从而形成歧视待遇。⑦ 其二,区域贸易协定的成员在贸易谈判中会自动形成利益集团或阵营,加重"讨价还价"的砝码,置区域协定之外的 WTO 成员于不利地位。其三,同一区域贸易协定的成员可以在 WTO 提起集体性申诉,甚或构成合围之势,不仅给对方施加压力,也增加了争端案件

---

① Robert D. Anderson, Anna Caroline Müller, Government Procurement (GPA): Key Design Features and Significance for Global Trade and Development, https://www.wto.org/english/res_e/reser_e/ersd201704_e.pdf, 访问日期:2018 年 8 月 19 日。

② Sue Arrowsmith, Robert D. Anderson (eds), The WTO Regime on Government Procurement: Challenge and Reform, https://www.wto.org/english/res_e/reser_e/ersd201115_e.pdf, 访问日期:2018 年 10 月 26 日。

③ 参见:http://rtais.wto.org/UI/PublicMaintainRTAHome.aspx。

④ 贾格迪什·巴格沃蒂:《贸易保护主义》,王世华等译,中国人民大学出版社 2010 年版,第 10 页。

⑤ See in detail Committee on Regional Trade Agreements, WT/L/127, 7 February 1996.

⑥ 截至 2018 年 6 月底,WTO 接到的区域自由贸易协定的通知中,有 287 个已经生效。参见 http://rtais.wto.org/UI/PublicMaintainRTAHome.aspx,访问日期:2018 年 7 月 10 日。

⑦ 海闻、P. 林德特、王新奎:《国家贸易》,上海人民出版社 2003 年版,第 403-407 页。

的复杂性。在这样的背景下，WTO 贸易监督机制"保障成员贸易政策透明度的目标"已不具有法律或实践意义，争端解决机制也不可能保证遭受区域贸易协定侵蚀的多边贸易体制的安全性和可预见性。

（二）WTO 决策方法的公平失真与效率假象

在任何组织内，决策权是其他一切权利的基础。为了确保每一成员的权利和利益，WTO 在具体谈判结果、成员义务豁免等重大事项上保留了 GATT 时期"协商一致"的决策方法。这种决策方法给所有成员一个暗示：无论什么情形、什么条件、什么议题，只要手持一票否决权，就能够保全自身的权利和利益。在 WTO 组织运行机制之下，成员间的谈判"博弈"就成了历届部长级会议"表演的主旋律"。

2001 年启动的多哈回合谈判，其核心议题是"发展"。但在"协商一致"的决策方法下，与"发展"有关的问题一直议而不决，尤其是关于如何执行最不发达成员享有特殊和差别待遇的多边规则。[①] 由于不同成员所追求的发展目标、发展方向和发展需求之间存在差异，显然无法通过"协商一致"达成事关发展问题的谈判结果。尤为突出的是，当发展中和最不发达成员在 WTO 内所占比例愈来愈高的情形下，当多边贸易关系始终与国际政治关系基本保持一致的背景下，"协商一致"的决策方法能否真正反映或维护多边贸易体制的公平性的确令人怀疑，这是因为："国际贸易规制几乎是排他性地以条约为基础，但 WTO 运行过程经常偏离写就的规则，主要由习惯和外交实践来塑造。"[②]

国际贸易是国家间发生的有进有出的商业行为，贸易量较大的国家之间

[①] Ministerial Conference – Preferential Rules of Origin for Least Developed Countries, WT/L/917/Add. 1 and WT/MIN（15）/47, Nairobi, 19 December 2015.

[②] Thomas Cottier, Preparing For Structural Reform in the WTO, https://www.wto.org/english/forums_e/public_forum_e/structural_reform_of_the_wto_cottier.pdf，访问日期：2018 年 6 月 10 日。

最容易发生贸易摩擦或争端。为了保证争端解决的效率，DSU 专设"反向协商一致"的决策方法，并规定了比较严格的时间表。从磋商程序到准司法程序，WTO 争端解决过程均需要经费支持，而这些经费主要来自成员依上一年度的贸易额缴纳的会费，具有一定的公平性。但是，在贸易争端解决过程中，贸易大国在权利和义务方面的"博弈"，从来都离不开其间的政治较量。甚至，在 WTO 上诉机构成员的遴选和任命上，美国就"明火执仗"地进行干预，把争端解决机构变成"博弈"的又一场所，这也充分表明了"国际法律机制对国际政治和国家利益的从属性"①。

WTO 争端解决机制自建立时起，就持有这样一个悖论：一方面通过"反向协商一致"的决策方法，拟提高争端解决机制的工作效率；另一方面却通过设立常设上诉机构，延展了争端解决的司法程序及与之有关的复杂性。更有甚者，经常被作为争端解决最后手段的贸易报复措施，其预期是要迫使另一个成员的措施符合其在 WTO 有关协定下的义务。在"欧共体香蕉案"中，发展中成员厄瓜多尔要求 DSB 授权其暂停对发达成员欧共体的减让，但厄瓜多尔实际上比欧共体更能深切地感受到暂停优惠待遇给经济带来的不利影响。因此说，当胜诉方因经济原因而认为没有必要进行报复时，败诉方则可以继续违反其在 WTO 有关协定下的义务。②

如今，网络信息技术颠覆了传统服务贸易的提供方式，国际市场的激烈竞争呼吁各国政府坚守中立，国际贸易的人本化要求有增无减，产品的跨境流动遭遇为应对气候变化而采取节能减排的限制，智力成果的高度融合带来知识产权问题的复杂化，区域贸易协定泛化造成全球贸易秩序的"碎片化"，国际贸易争端的政治化使国家之间的贸易关系变得更为复杂。在这样的背景

---

① 曾令良：《世界贸易组织法》，武汉大学出版社 1996 年版，第 16 页。
② Avinash Sharma, Improving Dispute Settlement in WTO: Flattering or Faltering?, *The Journal of World Investment & Trade*, Vol. 8 (6), pp. 764 – 765.

下，WTO不得不尽可能多地关注并涉猎有关的新议题和新问题，但其程序机制的功能性缺陷却往往导致事倍功半甚至一事无成。"WTO不需要敌人，它的工作方式往往使其自身成为自己最可怕的敌人。"①

基于多边贸易规则，WTO体制运行时的"离心力"，使其在维持自身平衡的同时，将那些贸易量大的具有"重力作用"的成员居于中心地位，而那些贸易量较小且竞争力较弱的成员则逐渐被边缘化，但WTO贸易监督机制并不涉猎这一领域。鉴于贸易量和争端案件的正比关系以及争端事项与多边谈判议题的正比关系，WTO争端解决机制实际上也已成为多边体制"陀螺效应"的最大助力，加速了成员间的贸易利益差距和贫富差距。

WTO体制运行二十多年来，国际贸易格局已经发生了重大变化，突出表现为发达成员与发展中成员之间实力对比的变化，更以发展中成员的国际服务贸易的快速发展为亮点。此外，WTO鼓励区域经济一体化发展，导致不同层级、不同规模、不同紧密程度的自由贸易协定交叉并存。从当前趋势和影响看，与其说区域贸易规则是对WTO多边规则的有益补充，毋宁说是对WTO体制的巨大挑战。② 尤其是当前随着美国、日本等贸易强国在国际贸易中地位的下降，其单边主义、区域主义措施日益增强升级，并通过削弱本就存在功能性缺陷的程序机制，为多边贸易关系制造紧张因素。因此，如果要维护并发展多边贸易体制，必须从国际法角度审思WTO程序机制的改革问题。WTO程序机制的改革问题已似箭在弦上。

三、WTO程序机制改革的国际法路径及其决定性影响

WTO当前功能性缺陷甚笃的程序机制，确与"有法可依"的理想状态

---

① 麦克·穆勒：《没有壁垒的世界——自由、发展、自由贸易和全球治理》，巫尤译，商务印书馆2007年版，第22页。
② 张亚斌、范子杰："国际贸易格局分化与国际贸易秩序演变"，载《世界经济与政治》2015年第3期，第31-34页。

存在较大距离。"国际社会的法律现象和国内法一样,虽然也具有一定的稳定性,但稳定是相对的,而其发展则是绝对的。因为稳定只是事物积累量变时的一种暂时状态,这种量变必然导致事物的质的继续发展。"① 一直以来,经济全球化都受到商品交易成本、通讯成本和面对面交流成本的限制,而任何时期的科学技术革命则往往会给国际贸易带来质的变化。②

从内在需要看,WTO 程序机制的改革应充分反映成员间贸易关系随当代科技发展而发生的质的变化。"技术并不仁慈,它从来不说'请'字,而是猛烈冲击并摧毁现行体制,然后创造全新的体制。"③ WTO《2018 年世界贸易报告》的题目就是"数字技术如何改变全球商业",认为数字技术有可能进一步降低贸易成本,为更加包容性的贸易体制创造机会,帮助提高操作效率。④ 从外在环境看,WTO 程序机制的改革应敦促并拓展与其他国际组织的合作领域和合作方式,共同解决气候变化、人权保护、反腐败等与国际贸易有关的事项,并能经受住国际政治关系变量的压力和捶打。⑤ 如果说,从法律本源着手对 WTO 程序机制所依赖的规则进行修订和完善,以确保其应有的协调和平衡功能,那么此类规则付诸实施后建立的新机制应能真切反映 WTO 体制的政治价值、法律价值和秩序价值。

(一) WTO 程序机制改革与多边贸易关系的民主化

由于国家主权的作用,"在进出口关税领域,经济民族主义表现出其最

---

① 梁西:《国际组织法》,武汉大学出版社 2011 年版,第 355 页。
② 金中夏:《全球化向何处去——重建中的世界贸易投资规则与格局》,中国金融出版社 2015 年版,第 67 页。
③ 迈克·穆尔:《没有壁垒的世界:自由、发展、自由贸易和全球治理》,巫尤译,商务印书馆 2007 年版,第 23 页。
④ World Trade Report 2018 – The Future of World Trade: How Digital Technologies Are Transforming Global Commerce, World Trade Organization, pp. 62 – 77.
⑤ WTO 宗旨和目标的最终指向就是要增进人类的福祉,WTO 也已开展有关工作,如贸易与气候变化讨论、环境产品协定谈判等。详见 https://www.wto.org/english/tratop_e/envir_e/climate_intro_e.htm, 15 October 2018。

危险的阶段,自由放任的传统规则给各国留下了决定其国内资源供应和国内市场的垄断政策"①。但也正是基于国家主权,WTO 所有成员在多边贸易关系的老问题和新议题上应持有平等的参与权、话语权和决策权,拒绝单边主义的贸易独裁和贸易垄断,审慎对待区域主义的"集团化"优惠待遇,遏止成员间权利义务关系的变通和转移。

首先,WTO 程序机制应考虑所有成员平等参与国际贸易的机会,任何成员不因贸易量的大小而遭受任何歧视。不能否认 WTO 鼓励区域经济一体化措施对国际贸易的正面效果,但也不能否认此类一体化措施在 WTO 成员间造成的贸易参与机会差异。如果 WTO 程序机制带来国际贸易参与机会的不平等,仅根据最惠国待遇原则,就有可能在扩大一部分成员享有的贸易机会资源的同时,使另一部分成员的贸易机会资源丧失或减损,这对多边贸易关系的稳定性和可预见性必将产生不利影响。如果说源于贸易参与机会平等的经济不平等给多边贸易关系带来了不利影响,那么源于贸易参与机会不平等的经济不平等则会带来更为严重的后果。②

其次,WTO 程序机制在保障成员享有贸易权利的同时,应顾及多边贸易关系中的公共道德、公共利益和公共安全。在国际范围内,WTO 成员的普遍存在及其对国际贸易的影响,使多边贸易关系中的"公共"问题很容易溢出成为世界性问题,如劳工权益、环境保护、消费者保护、反腐败等,并成为 WTO 体制不得不考虑的新议题。而 WTO 体制运行的"陀螺效应",会在成员间造成贸易利益失衡,逐步拉大成员间的贫富差距,造成多边贸易关系公平性的失真,极有可能危及公共安全。鉴于此,WTO 程序机制应能监督并及时矫正多边贸易体制运行过程中出现的偏差,确保所有成员参与国际贸易过程的利益能大致平衡,保障 WTO 体制的安全性和稳定性。

---

① Charles G. Fenwick, International Law and the International Economic Conference, *The American Journal of International Law*, Vol. 27(1), p. 124.
② 李雪平:"贸易自由化与国家对外贸易管制",载《武汉大学学报》2006 年第 6 期。

最后，WTO 程序机制应定期评估所有成员参与多边贸易关系的结果。参与国际贸易机会平等，并不意味着在过程中或者在结果上的种种平衡。尽管各成员的贸易行为都依循 WTO 多边贸易规则，但随着时间的推移，自由贸易会给一些成员带来很多收益，包括人均收入和出口所得，但另外一些成员境内则出现了贫困和失业与强劲的贸易活动共存的情形。① 在这种情况下，WTO 仅发布世界贸易年度主题报告显然是不够的，还需要发挥 WTO 程序机制的协调和平衡作用，对多边贸易关系发展的结果进行定期评估，及时发现并协助解决有关成员面临的挑战、困难和问题。

（二）WTO 程序机制改革与多边贸易关系的便利化

WTO 将贸易便利化定义为加速要素跨境流通而对国际贸易程序的简单化、现代化与协调化。② 它关涉国际贸易流动所需要的收集、提供、沟通以及处理数据的活动、做法和手续等，包括海关与跨境制度、运输服务、行政许可、卫生检验检疫、电子数据传输、转移支付、保险及其他金融要求、企业信息等程序法上的措施。③ 因此说，WTO 程序机制的改革实际上就是要降低贸易成本、推进贸易便利化。重点表现在以下几个方面。

其一，促进多边贸易关系的升级与发展。任何成员对 WTO 体制的参与，都表现为该成员与其他成员间的共存关系。这种共存关系以下列三个条件的同时存在为基础：一是成员间的善意合作，二是调整成员间权利义务关系的法律制度，三是防止或解决成员间贸易争端的机制。基于此，WTO 程序机制改革应首先确认、尊重和维护成员间因科学技术发展而发展的贸易内容和贸易关系，并为成员间未来的贸易关系提供稳定性和可预见性。

---

① 素帕猜：“全球贸易自由化：协调与一致”，载《战略与管理》2000 年第 5 期。
② 参见 https：//www. wto. org/english/tratop_ e/tradfa_ e/tradfa_ e. htm。
③ The World Bank, Doing Business 2015: Going Beyond Efficiency, pp. 3 - 4, http://www.worldbank. org/content/dam/Worldbank/document/WEurope/events/2014/Doing – Business – 2015 – WTO – Geneva – November – 5 – presentation. pdf, 9 August 2018.

需要指出的是，在最严峻的经济困难时期，如全球发生经济危机、国际收支失衡、通货膨胀加剧、生产大幅下降、国内政治体制发生根本变革等，有些 WTO 成员可能会出台贸易紧缩的法律和政策，背离贸易便利化的程序要求，其他成员的贸易利益会因之而遭受损害，使成员间的贸易关系出现倒退或紧张。对于这种情况，更需要在 WTO 程序机制中予以特别关注，及时发现和协调解决妨碍成员间贸易便利化的根本性问题。

其二，推动新议题的谈判。如今，科学技术不断向前发展的活力，已经超越以单纯的贸易规则为主的经济制度方面，扩展、渗透至国际社会问题。包括环境保护、可持续发展、社会福利标准、劳工权利、电子商务、数字贸易、反腐败等在内的新问题，正越来越引起国际社会的重视，有些甚至已成为《全面进步的跨太平洋伙伴关系协定》（CPTPP）、《美国—墨西哥—加拿大协定》（USMCA）等区域贸易协定的重要内容。① 在这种情况下，WTO 成员间的贸易关系应随着全球科技进步和国际经济社会的发展而调整，WTO 程序机制也必须面对并能协调解决此类新挑战和新议题。② 不可否认的是，通过多边谈判达成相应的实体规则或协议，往往是解决新议题的最佳方式。但同样不可否认的是，如果程序机制运转不力，达成实体规则的过程肯定也会存在阻力，更遑论其在 WTO 成员间的有效适用的问题。

（三）WTO 程序机制改革与多边实体规则最大程度的合法化

在客观上，WTO 多边实体规则包含国际贸易的诸多客观要素，符合成员

---

① United States – Mexico Canada Agreement, Chapters 19, 21, 22, 23, 24, 25 and 27, Trans – Pacific Partnership, Chapters 14, 16, 17, 19, 20 and 24.

② WTO 早就注意到此类问题，并在一些部长级会议上讨论过此类议题，具体可参见 1998 年《电子商务工作方案草案》（WT/L/274）、1996 年《新加坡部长宣言》（WT/MIN（96）/DEC）。当前，WTO 成员正在就电子商务、气候变化和《环境产品协定》进行谈判，可分别详见 https://www.wto.org/english/tratop_e/envir_e/climate_intro_e.htm, https://www.wto.org/english/tratop_e/ecom_e/ecom_e.htm, https://www.wto.org/english/tratop_e/envir_e/ega_e.htm, 访问日期：2018 年 11 月 6 日。

间贸易关系的规范要求和客观标准,也包含对未来贸易关系的可预见性,因此在一定程度上被赋予了"真理性"的地位。在主观上,WTO 多边实体规则反映了所有成员对贸易关系的共同诉求,成员通过"一致同意",表达了其间的合意选择,并形成一种"贸易契约"关系,由此能够得到 WTO 所有成员的普遍认同和尊重。但在实践中,WTO 多边实体规则的效力或者是其最大程度的合法化,单靠自身显然是无法付诸实施的,它须要程序机制"保驾护航"。

首先,良性运行的程序机制可以确保 WTO 成员在多边实体规则下权利和义务的平衡。在多边实体规则下,WTO 成员间的权利和义务关系彼此独立,但因此类规则在结构上相关性和在功能上的互补性而又相互依存。这种内在的有机联系,充分表明维持 WTO 成员间权利和义务关系平衡的重要性,且不因 WTO 多边实体规则所允许的例外而丧失平衡。这须要补充完善 WTO 程序机制的功能,将"权利和义务平衡"推进并渗透至维持成员间良好贸易关系的各个环节当中。

其次,公正完善的程序机制可以促进多边实体规则的有效执行。在多边贸易实践中,WTO 成员应依法办事,这包括两个方面:一是实体规则在成员境内的适用和实施;二是实体规则在成员对外贸易关系中的适用和实施。这显然需要更新和完善 WTO 程序机制,实现对多边实体规则适用的方法指导、过程监督、效力评估、纠错路径、结果评议、争端解决等,以确保其最大程度的合法化。

最后,透明可靠的程序机制可以保障多边实体规则的充分独立性。保障多边实体规则的独立性,意味着在适用和实施过程中应尽可能排斥国际政治因素的干扰,尤其要排斥国际政治投机者的干扰,充分保证以实体规则为依据,并参考 WTO 成员在适用多边实体规则过程中的具体情况,确保其间权利和义务的平衡。特别是对于争端解决机制,不仅应改进和调整争端解决的时间表,而且也应改革现有的准司法程序,并应充分考虑到争端解决中的特殊情形,酌情设立应急条款、应急措施或者"绿色通道",确保裁决程序的效率和裁决结果的效力。

结 论

如今,互联网信息技术已全面融入全球经济的各个领域,市场化的价格机制使全球资源配置效率持续提升,投资贸易自由化程度不断提高。这一方面迫使国家采取积极措施,加大国内改革力度;另一方面,也敦促国家之间进行合作,推进建立更加开放、更加自由的国际市场。[1] 许多国际体制本身就是国家之间的联系机制,集中的、半自治的国际组织可以成为促进理性的、利己的国家产生有效合作的动力。[2] WTO 体制是由成员驱动的(member - driven)、以规则为导向的(rule - oriented)、秉持门户开放的(door - opened)多边贸易体制,[3] 但 WTO 程序机制的功能性缺陷却带来了成员间的权利和义务、组织机构运行的公平和效率以及多边贸易关系的新议题和老问题等之间关系的不平衡状态。这需要更加公平、效率更高的多边贸易体制来监督和管理国际贸易秩序,而 WTO 程序机制改革则是 WTO 体制全面升级完善的首要保障。

WTO 程序机制不是一套纯粹的管理机制,也不是一套"福利体制",而是集行政—计划式的运行机制、指导—服务式的运行机制以及监督—服务式的运行机制于一体的综合性协调与合作机制。在整体意义上,它指引并决定着 WTO 体制的内外关系,发现并及时解决 WTO 体制发展进程中出现的问题和挑战。因此,改革 WTO 程序机制必须认真考量其与有关贸易议题或主题

---

[1] 世界银行《2019 年经营商业报告》就采集到来自 128 个经济体的 314 项改革措施。The World Bank, Doing Business 2019: Training for Reform, p. 10, http://www.worldbank.org/content/dam/doingBusiness/media/Annual - Reports/English/DB2019 - report_ web - version. pdf, 5 November 2018.

[2] Jose E. Alvarez, The WTO as Linkage Machine, *American Journal of International Law*, Vol. 96 (1), pp. 146 - 158.

[3] LeRoy Trotman, The WTO: The institutional contradictions, in M. Moore (ed.), *Doha and Beyond: The Future of the Multilateral Trading System*, Cambridge University Press, 2004, pp. 19 - 25.

之间的匹配关系，必须审慎斟酌成员间贸易关系中的敏感问题。

任何制度或机制的设计与人类对自由认识的深化都是一个互动的过程，也是其间彼此尊重、相互促进的过程。从当前及今后发展看，无论是主张 WTO 的宪政化还是国际贸易的人本化，① 无论是倡议促进 WTO 成员的经济发展还是抨击有关成员的经济发展模式，都必须确保改革的程序机制能真切反映当今市场化的力量和网络化的力量，都能给予 WTO 成员更多的自由和更公平的待遇，由此增强 WTO 体制的安全性和可预见性，确保国际贸易秩序的稳定性及全球经济决策的连续性，进而为人类社会共谋福祉。

---

① Douglas R. Nelson, Prospects for Constitutionalization of the WTO, *World Trade Review*, Vol. 14 (1), pp. 135 – 153.

世贸组织安全例外条款的适用困境评析[*]

都 亳[**]

摘要：自 1947 年《关税与贸易总协定》（以下简称 GATT）生效以来，GATT 第 21 条安全例外条款并未随着政治经济的发展而有所修改。虽然近期一些自由贸易协定也引入了安全例外的规定，但它们与世界贸易组织（以下简称 WTO）的相关规定相比存在明显的区别。2018 年 3 月美国依其 1962 年《贸易扩展法》第 232 节以国家安全为由对进口钢铝产品采取关税措施并招致中美在 WTO 争端解决机制下的争讼表明，如何使晦涩难解的安全条款规定有效可行是 WTO 多边贸易体制亟待解决的问题。本文考察了安全例外条款在 WTO 和自由贸易协定中的法律发展，探讨了有效运用安全例外条款的系统性挑战，认为为恢复安全例外条款的可操作性，避免对争端解决机制产生不必要的负担，WTO 有必要同时进行体制上和法律上的重构。

关键词：GATT；WTO；自由贸易协定；安全例外；"232 措施"；重构

一、引言

2018 年 3 月 8 日，美国总统特朗普签署命令，对进口钢铁和铝产品分别

---

[*] 本文系 2018 年教育部人文社会科学研究规划基金项目（18YJA820002）《经济全球化升级与 WTO 法改革的中国方案研究》的阶段性成果。

[**] 都亳，吉林大学法学院副教授。

征收附加关税。4月5日,中国依据WTO《保障措施协定》对美国此项措施在WTO提出磋商请求,并要求美国给予贸易补偿。美国认为,其采取的措施不是保障措施,而是依其国内法基于国家安全原因采取的232措施。此项措施对于美国而言,一方面不影响其对进口钢铝产品继续采取贸易救济措施;另一方面以国家安全为由采取贸易限制措施更加灵活,政府有很大的自由裁量权,较易把控。美国采取的此等单边贸易措施是否合法,需要接受WTO等的国际规则的检验。目前在GATT/WTO多边贸易体制下,安全例外是一个欠透明的、不确定的重要领域,WTO协议中的安全例外条款是允许成员基于维护国家基本安全的理由免除WTO协议义务的免责条款。除了货物贸易领域的GATT第21条外,WTO的《GATS协定》和《TRIPS协议》也分别在服务贸易和保护知识产权领域纳入了国家安全例外制度。本文拟考察WTO与自由贸易协定中这些法律条款的发展及其在GATT/WTO争端解决实践中的运用,指出如何使晦涩难解的安全条款规定有效可行是WTO多边贸易体制亟待解决的问题。

二、GATT安全例外条款的法律解释

依据GATT第21条的规定,本协议的任何规定不得解释为:(a)要求任何成员提供其认为如披露则会违背其基本安全利益的任何信息;或(b)阻止任何成员采取它认为对保护其基本安全利益所必需的任何行动:(i)与裂变和聚变物质或衍生这些物质的物质有关的行动;(ii)与武器、弹药和作战物资的贸易有关的行动以及与此类贸易所运输的直接或间接供应军事机构的其他货物或物资有关的行动;(iii)战时或国际关系中的其他紧急情况下采取的行动;或(c)阻止任何成员为履行其在《联合国宪章》项下的维护国际和平与安全的义务而采取的任何行动。

第21条看似包罗万象和万能的安全例外,实际上由于它的模糊性和缺乏

客观标准而无法确定一项已采取的措施是否为了保护"基本安全利益",因此,已经在 GATT/WTO 中很大程度上被认为是不适用的。对 GATT 第 21 条,大多数争议聚焦在第 21(b)(i)条项下"……'它'认为对保护其基本安全利益所必需的"和第 21(b)(iii)项"在战时"……"国际关系中的其他紧急情况"。虽然在理论上缔约方可以援引第 21 条的每一分段,但实践中缔约方从未援引第 21 条(a),第 21 条(c)也无人质疑。只有第 21 条(b)经常被援引,其中,第 21 条(b)(i)项从未被援引,而第 21 条(b)(ii)项仅在美国颁发出口许可证案件中被援引过一次,该案件是第一个有关安全例外的 GATT 案件。换言之,GATT 缔约方和 WTO 成员完全依靠第 21 条(b)(iii)项,其目的是试图利用该项中富含争议和含糊的措辞。因此,GATT 时期专家组的争论主要集中在第 21 条自行判断(自决)的性质,以及缺乏对"国际关系中的紧急情况"的逐案适用的适当定义。"自决"的争议性在国际法院①和 GATT 裁定的典型案例中②可得到说明。针对美国对尼加拉瓜的制裁措施,国际法院的裁决明确指出,国际法院对审查涉及基本安全利益的案件拥有完全的管辖权,而 GATT 不具有有效维护该条款的权威,因为其安全例外中"它认为"意味着保留了国家的自由裁量权。

事实上,学者们也证实,第 21 条的措辞是以规定该条款自我判断的性质为特征的。③ 第 21 条(b)中"它认为"的用语提供了关于该条款如何允许成员援引"免于任何司法审查"的理由。但是,另一个问题是这种性质是否直接赋予了缔约方基于政治动机采取制裁行动的完全的自由裁量权。

在瑞典——某些鞋类的进口限制案中,④ GATT 理事会关于国家措施的

---

① Military and Paramilitary Activities in and Against Nicaragua (Nicaragua v US), Judgment, 27 June 1986, ICJ Rep. 14.

② GATT, United States – Trade Measures Affecting Nicaragua, Report by the Panel, L/6053, 13 October 1986.

③ Roger P. Alford, The Self-judging WTO Security Exception, *The Utah Law Review*, Vol. 2011 (3), p. 697.

④ GATT, Sweden – Import Restrictions on Certain Footwear, L/4250, 17 November 1975.

决定指出，第 21 条不接受国家对保护安全利益必要性的任意声明。理事会认为，瑞典对据称是军事战略物品的鞋类进口禁令是滥用 GATT 安全例外的一个例子。为了平衡世界贸易体制的权利和义务，安理会明确指出，有些案例不符合安全例外的适用范围……安全例外条款只适用于罕见和即将发生的情况，这是缔约方在国际紧急情况下确保其政策领域的最后手段。

然而，"自决"条款在其他案例中却遭到了挑战，在世界贸易组织有关美国—古巴自由和民主团结法争端，及尼加拉瓜—洪都拉斯和哥伦比亚的进口影响措施案中，当事方只提到了第 21 条的"精神"，即国家自由裁量权，是其辩护的依据。有观点认为，与 GATT 不同，如果争端需要继续通过专家组程序，WTO 对安全例外的管辖权应该自动有效。① 有人认为，在世贸组织体系下，安全例外案件程序上从属于司法审查，专家组和上诉机构应审查一个成员的解释是否合理，或争议措施是否构成明显的滥用。② 学者们在国家和专家组之间区分了"定义的权力"和"解释的权力"，声称国家可能有权自我界定他们的基本安全利益，并声明保护的必要性，但是专家组也保留审查这些定义是否符合本条款的解释的权利。③

同时，在专家组审查方面，善意原则的适用在现有文献中已经充分地被作为解释这种广泛和模糊的安全例外条款的适当和相关的标准。④ 然而，在是否应该修改第 21 条以便加强善意原则，或留下原有的原则以增强其构造等模棱两可的问题上，仍存在不同的学术争论。一些人认为有必要设立类似第

---

① Dapo Akande, Sope Williams, International Adjudication on National Security Issues: What Role for the WTO?, *Virginia Journal of International Law*, Vol. 43, p. 365.

② P. vanden Bossche, W. Zdouc, *The Law and Policy of the World Trade Organization: Text, Cases, and Materials*, 3rd ed., Cambridge University Press, 2013, at 596.

③ Hannes L. Scholemann, Stefan Ohlhoff, Constitutionalization and Dispute Settlement in the WTO: National Security as an Issue of Competence, *American Journal of International Law*, Vol. 93, pp. 426 - 427.

④ Regis Bonnan, The GATT Security Exception in a Dispute Resolution Context: Necessity or Incompatibility?, *Currents International Trade Law Journal*, Vol. XIX (1), p. 3.

21条的引言部分的必要性和贸易限制性测试的客观标准;[1] 也有观点认为，GATT安全例外条款语言模糊性引起的问题不是一个真正的问题，援引安全例外条款在提供政治借口方面的作用有限，因为各国常试图利用非正式的方法来解决政治问题。[2]

总之，最初设想的多边贸易体系中的安全例外尽管与"一般例外"具有相同的根源，但是引言语言的区别将安全例外确定为一个包罗万象和无条件的条款；同时，在GATT/WTO历史中，对安全例外条款的语言模糊性和不明确性的分歧正在扩大。可以理解，在早期的多边贸易协定中允许安全例外的最初目的是为每个国家提供政策空间，以脱离在联合国下因特殊政治紧急情况达成的政治共识所确定的义务。这部分的设计与缔约方之间强有力的经济联系意在战后在联合国下实现维持和平和控制政治稳定。

三、自由贸易协定中安全例外条款的发展

根据包含安全例外条款类型的不同，自由贸易协定可以分为四种类型：①不包含安全例外条款的自由贸易协定；②与WTO安全例外条款类似的自由贸易协定；③提高安全例外条款语言客观性的自由贸易协定；④扩大安全例外条款范围的自由贸易协定。

并非所有自由贸易协定都包含安全例外条款。诸如韩国—欧洲自由贸易协定，韩国—印度自由贸易协定以及韩国—东南亚国家联盟自由贸易协定等就不包含安全例外条款。事实上，这些自由贸易协定的内容简短且简单，不一定需要全面的例外规定。同时，签署这些自由贸易协定的缔约方在彼此的安全问题方面也没有多少关联性。

---

[1] Susan Rose‑Ackerman, Benjamin Billa, Treatiesand National Security, *N. Y. U. Journal of International Law and Politics*, Vol. 30 (437), p. 437.

[2] Roger P. Alford, The Self‑judging WTO Security Exception, *The Utah Law Review*, 2011 (3), p. 697.

另一方面，许多自由贸易协定仅仅以 WTO 安全例外作为模板。尽管对 WTO 安全例外的解释存在较多的担忧和争论，但即使在自由贸易协定中，世贸组织格式也是安全例外条款最普遍使用的形式。同时，不同的自贸协定在援引 WTO 的语言时也会产生理解上的分歧，最终导致对起草者的意图产生怀疑。例如，中—韩自贸协定第 21.2 条（基本安全），就是将 1994 年 GATT 第 21 条和 GATS 第 14 条项下的条款合并为自贸协定的一部分以表述协定的目的。而该自由贸易协定包含相对全面的由 31 条组成的第 15 章（知识产权）文本，已隐晦地排除了《TRIPS 协议》第 73 条。尽管韩国和中国之间存在复杂的技术竞争，但是第 15 章并没有在一个单独的条款中提及安全。如果该协定遵循 WTO 的结构，其明确援引 GATT 第 21 条和 GATS 第 14 条项下的条款的同时，对《TRIPS 协议》第 73 条的舍弃是很难令人理解的。

某些自由贸易协定则包含与 WTO 形式不同的安全例外条款，究其原因：首先，在一些弱小的发展中国家之间签署的自由贸易协定中一般使用比较客观的语言。Alford 在 2012 年发现，加拿大—以色列自由贸易协定[1]和加勒比共同体与哥斯达黎加签署的自由贸易协定[2]在援引 GATT 项下的第 21.2 条中"它认为有必要"时删除了"它"一词，由此消除了对这一条款适用时是否应当自我判断的顾虑。同样，加勒比共同体和多米尼加共和国之间的自由贸易协定[3]采用了总协定第 20 条和第 21 条合并的形式，其设计的前提是任何有关措施应首先通过"必要性测试"的门槛。此外，欧盟—南非自由贸易协定中的"安全例外"条款包括与第 20 条引言部分非常相似的语言，因为它提到安全措施"不构成任意或不合理歧视的手段"，或"对双方贸易的变相限制"。

有些自由贸易协定主要是由一些发达经济体主导，缔约方有意且逐步扩

---

[1] Canada – Israel FTA, Art. 10.2（1 January 1997）.
[2] CARICOM – Cost Rica FTA, Art. XVI.02（15 November 2005）.
[3] CARICOM – Dominican FTA, Art. VII（22 August 1998）.

大了安全例外条款的范围。目前，此类自贸协定存在北美和欧盟两个不同的版本。欧盟主导的自由贸易协定纳入了服务贸易协定下的安全例外，即第21.2.2 条中的"可裂变和可熔合材料"。澳大利亚和新加坡也倾向于遵循欧盟主导的自由贸易协定范式。① 此外，欧盟—韩国自由贸易协定中明确地删除了《联合国宪章》第15.9.3 条要求必须提及的内容外，还将该条款概括为允许更广泛的国家酌情决定引用安全例外并扩大政策空间。② 值得注意的是，欧盟—加拿大综合经济贸易协定还阐明了包括保护人权在内的维持国际和平与安全有关的措施。③

至于北美版本，北美自由贸易协定中的安全例外条款的语言不同于乌拉圭回合中的文本。北美自由贸易协定第2102.2.1 条的语言④与 GATT 第21.2.2 条将条件限于"军事设立"相比，存在一个附加短语"或其他安全机构"。考虑到"军事机构"一词和确定"国际关系中的其他紧急情况"的标准在 GATT 讨论期间已经进行了激烈的争论，所以，附加"或其他安全机构"一词表明起草者打算允许更广泛规模的政治局势，以符合援引国家安全条款的条件。2015 年 1 月 1 日生效的加拿大—韩国自由贸易协定包含了一个轻微的改变，即在第22.2.3 条中删除了 GATT 第21.3 条的《联合国宪章》规定的义务的具体概念，而一般只指"国际协定"下的义务。⑤

在韩美自由贸易协定中，第23.2.2 条是 GATT 第21.2 条和第21.3 条的组合形式，其特征是完全删除了第21.2 条的三个分段，并用"关于维持或恢复国际和平或安全的义务"取代"联合国宪章的义务"一词。这些含糊的措辞似乎加剧了歧义问题。此外，韩美自贸协定最引人注目的部分是第23.2.2

---

① Korea – Australia FTA，Art. 22.2（12 December 2014）；Korea – Singapore FTA，Art. 21.3（2 March 2006）.
② EU – Korea FTA（13 December 2015）.
③ EU – Canada CETA（15 December 2015）.
④ North American Free Trade Agreement（NAFTA），Art. 2102（1 January 1994）.
⑤ Canada – Korea FTA，Art. 22.2（1 January 2015）.

条的脚注:"如果一个缔约方在根据第 11 章(投资)或第 22 章(机构规定和争端解决)发起的仲裁程序中援引第 23.2 条,审理该案件的法庭或专家组应裁决该例外情况的适用。"这一脚注也包括在最近美国与秘鲁,巴拿马和哥伦比亚签署的自由贸易协议中。① 虽然一些文献强调,自决条款"不一定"剥夺国际法院或法庭的管辖权,② 而脚注则规定法庭或专家组可以自动适用例外而无须进行审查。即便有观点认为,各国已非正式地检查了对第 21 条的滥用,第 21 条的模糊性不一定会妨碍 GATT 的实施。③ 然而,随着自由贸易协定中安全例外条款的发展,人们开始质疑成员方是否仍需检查和平衡彼此滥用安全例外的情况,以及自由贸易协定在解决贸易制裁措施的冲突方面是否更好地遵守了善意的原则。

《跨太平洋伙伴关系协定》的安全例外条款与美国 2012 年双边投资协定模板相同,但没有关于第 23.2.2 条的脚注。其他诸如《区域全面经济伙伴关系协定》的谈判也正在展开,但没有任何迹象表明该语言的多样化如何在世界贸易制度中可能危害到世界贸易体制规制政治动机的贸易制裁的前景,笔者期望这些大型自由贸易协定中制定的规则将比双边自由贸易协定具有更大的影响。

四、GATT 和 WTO 时期安全例外条款的运用

GATT 时期共有七起争端的当事方援引第 21 条抗辩。④ 三个案件的专家

---

① US – Peru Trade Promotion Agreement (TPA), Art. 21.2 (1 February 2009); US – Colombia TPA, Art. 22.2 (15 May 2012); US – Panama TPA, Art. 21.2 (31 October 2012).
② Stephan Schill, Robyn Briese, "If the State Considers": Self – Judging Clauses in International Dispute Settlement, Max Planck Yearbook of United Nations Law, Vol. 13, pp. 61, 62.
③ Peter Lindsay, The Ambiguity of GATT Article XXI: Subtle Success or Rampant Failure, *Duke Law Journal*, Vol. 52, p. 1277.
④ Raj Bhala, Modern GATT Law: A Treatise on the General Agreement on Tariffs and Trade, Vol. II, Sweet & Maxwell, 2013, pp. 187 – 202.

组报告被散发给缔约方，但只有一个案件的专家组报告被缔约方通过①，其他案件并没有经过专家组程序，这反映了 GATT 第 21 条含糊不清和极具争议性的特点。

尽管"冷战"期间经常有国家对敌国集团施加经济制裁，但涉及制裁措施的 GATT 争端的实际数量远远低于预期，究其原因：首先，GATT 缔约方大多是美国的盟国，没有对彼此施加经济制裁的动机。GATT 本质上是"冷战"时期西方国家之间有约束力的合同，它们在内部保持该集团的经济和政治稳定，在外部控制东部共产主义集团。虽然 GATT 坚持多边非歧视原则，并且旨在限制安全例外下的具体情形，但实际上，GATT 缔约方（享有共同的安全利益）常无视条款的规定。捷克斯洛伐克和美国之间的两个争端就说明了这一点，这两起案件是在 1948 年 2 月共产主义政变之后，因"欧洲复苏计划"（即"马歇尔计划"）取消了美国对捷克斯洛伐克的拨款而引发的。虽然正在恢复民主的捷克斯洛伐克赞成接受马歇尔计划，②但最终共产主义政变导致捷克斯洛伐克被排除在美国 1948 年 4 月的"外国援助法"之外，并导致美国对捷克斯洛伐克实行单独的出口管制。然而，关贸总协定的最惠国原则成为美国对共产主义集团实行外交政策的障碍。由于美国没有取消其出口管制措施，捷克斯洛伐克在 1951 年再次提起诉讼，声称它希望根据 GATT 平等原则确立与美国和其他西欧国家的对外经济关系正常化。这一争端以各方采纳美国单方面声明而结束，声明阐明："美国政府和捷克斯洛伐克政府可以自由地暂停彼此在 GATT 项下的义务。"③

其次，由于 GATT 在法律和体制上仍然十分脆弱并富有争议，因此无法

---

① 1985 年 5 月 7 日，美国禁止进口原产地是尼加拉瓜的所有货物和服务，禁止所有美国的货物出口到或运往尼加拉瓜与之相关的交易，引发美国与尼加拉瓜贸易争端。

② Ivo Duchacek, The February Coup in Czechoslovakia, *World Politics*, Vol. 2（4），pp. 511 – 514.

③ See Department of State, The United States of America, Proposals for Expansion of World Trade and Employment, November 1945.

处理出于政治动机的措施和经济制裁。在法律上，GATT 规定设立专家组和通过 GATT 专家组的报告需要一致同意。由于缺乏独立的争端解决机构和关贸总协定程序性上的共识，GATT 专家组很容易受到像美国这样强大国家的影响。例如，在"美国影响尼加拉瓜贸易措施案"中，尼加拉瓜指出，第 21 条不能以任意的方式适用；所采取的措施和导致采取该措施的情况之间必须存在某种对应关系。尼加拉瓜认为，第 21 条文本明确提出，缔约国大会有能力判断是否存在"战争或国际关系中的其他紧急情况"，并要求成立一个专家组来研究此问题。美国表示，其已经采取的行动是出于国家安全的考虑，且符合 GATT 第 21 条（b）（iii）项下的规定；并认为该条款将何种措施为其保护基本安全利益所必需的决定权留给了成员。GATT 理事会就涉及此案的关于缔约国大会是否能够审查第 21 条项下因国家安全原因所采取的措施及审查的程度，进行了讨论。尽管成立了专家组审查美国的措施，但"授权调查范围"明确指出"专家组不得审查和裁决美国援引第 21 条（b）（iii）项的有效性和动机。"专家组得出结论，称因为他们未被授权审查美国援引 GATT 义务一般例外的合法性，专家组既没有认定美国遵守 GATT 项下的义务，也没有认定美国未能履行其协定项下的义务。①

此外，GATT 作为一项国际协议在制度上十分薄弱，只有通过"临时适用议定书"才能执行，这使得其缔约国十分担心，对政治争议案件的错误处理可能导致美、欧等缔约国对此制度的背弃。因此，GATT 缔约方似乎尽可能避免直接参与与安全相关的争端。

即使争议不多，第 21 条仍然存在适用上的争议，而且政治环境的有关各方与贸易争端中的利益方并不相当。例如，在"欧盟、澳大利亚、加拿大影响阿根廷的贸易限制案"中，相关的政治冲突发生在英国和阿根廷之间就马尔维纳斯群岛的直接主权的争夺中，但促使阿根廷在关贸总协定下启动这个

---

① GATT, United States – Trade Measures Affecting Nicaragua, Report by the Panel, L/6053, 13 October 1986.

案件的原因是欧盟、澳大利亚和加拿大对其施加的多边制裁。1982年4月，欧共体及其成员方、加拿大、澳大利亚无期限地暂停从阿根廷进口产品进入其领土。其理由是："根据安理会决议第502条（福克兰/马尔维纳斯群岛事宜）所处理的情况，他们已经采取了若干措施；他们基于其固有权利的基础上，已经采取了这些措施，其中GATT第21条就是这些权利的一个映射。"阿根廷的立场是，这些措施除了侵犯了GATT项下的原则和目标外，还违反了第1、2、11、13条和第4部分的规定，同时，阿根廷寻求对第21条进行解释，这些努力使得1982年11月的部长级宣言的第7条（iii）项得以确立："力戒因非经济原因而采取违背总协定的贸易限制措施。"[①]

总之，即使在如此脆弱的GATT体系下，仍然维持着并不完善的安全例外条款，该条款的漏洞似乎为大多数共享共同安全目标的缔约方所容忍。然而，实际上在关贸总协定争端解决机制中提出的争端也证明了将政治事件视为简单的贸易争端与忽视关注因贸易纠纷引发的纯粹政治事件两者之间在体系上是不相容的（如表1所示）。

表1 世贸组织援引安全例外的争端

提出磋商	案件名称	争端号	起诉方	援引条款
1996.5.13	美国与古巴自由与民主团结法案争端	DS38	欧盟	第21条
2000.1.14	尼加拉瓜影响洪都拉斯和哥伦比亚进口措施案	DS188	哥伦比亚	第21条
2000.6.6	尼加拉瓜影响洪都拉斯和哥伦比亚进口措施案	DS201	洪都拉斯	第21条

在WTO争端解决案件中，成员援引第21条抗辩的只有三起争端，并且所有这些争端均在磋商期间得以解决。目前，在GATS或《TRIPS协议》的

[①] GATT, Trade Measures Affecting Argentina Applied for Non-Economic Reasons, Draft Decision, C/W/402, 2 November 1982.

背景下，尚未出现援引任何安全例外的案例。

可以说，整个 GATT/WTO 历史上有关安全例外的最重要的案例就是美国—古巴自由与团结法争端，① 其中欧共体根据 GATT 第 23 条提出了一项关于美国制裁古巴域外适用的申诉。这是在 WTO 时期涉及安全例外的第一起案件。除了世贸组织外，美国对古巴的封锁也受到包括联合国大会等非世贸组织论坛的关注，尽管这些论坛没有有效地促使美国结束这种禁运。这一案件最终因美国和欧洲委员会之间达成非正式协议而得以解决。1998 年 4 月 21 日，由于欧共体要求专家组暂停工作，导致专家组权力失效。② 遗憾的是，此案中专家组未能澄清第 21 条存在的许多歧义和问题。

在这种情况下，避免 WTO 诉讼似乎对世贸组织成员产生了一种学习效应，这意味着，WTO 争端解决机构处理国家安全事务方面的能力与 GATT 仍然没有太大不同。事实上，贸易领域的单方面或多边经济制裁及随后的冲突的数量在后冷战时期似乎并没有减少，联合国强制性制裁也在增加。③ 即使在美国—古巴自由和团结法一案中，美国和欧盟委员会达成了共同协议，但研究表明，为保护和确保其主权权力，欧盟、加拿大、英国、墨西哥和挪威已经制定和修订了其国内法规。这意味着在后"冷战"时代政治关注不会自动激励国家放弃他们的贸易利益。

自中国和俄罗斯成为 WTO 成员以来，安全例外问题恢复了势头。美国对中国政府某些部门国内采购的限制、澳大利亚对中国国家基础设施的限制以及美国、欧盟和乌克兰因克里米亚冲突对俄罗斯的制裁已经使安全例外的争

---

① WTO, United States-The Cuban Liberty and Democratic Solidarity Act, Request for Consultations by the European Communities, WT/DS38/1, 13 May 1996.

② See WTO summary for United States – The Cuban Liberty and Democratic Solidarity Act case, https：//www.wto.org/english/tratop_ e/dispu_ e/cases_ e/ds38_ e.htm.

③ Gary Clyde Hufbauer, Jeffrey J. Schott, Kimberly Hnn Elliott, ect, *Economic Sanctions Reconsidered*, 3rd ed., Peter G. Peterson Institute for International Economics, 2007, p. 115.

论复活。① 尤其是今年 3 月，美国依其 1962 年《贸易扩展法》第 232 节以国家安全为由对进口钢铝产品采取的附加关税措施，更是引起了众多国家和地区的质疑和不满。

可以说，在国家安全问题上，WTO 规则赋予了成员较大的自决空间，但同时也希望成员克制动用国家安全例外，减少对贸易设置障碍。下文仅对美国"232 措施"中国家安全的概念和判断因素，以及该措施在 WTO 框架下的合规性进行简要分析。

五、美国对进口钢铝产品采取的"232 措施"在 WTO 框架下的合规性分析

美国认为，国家安全可以被广义理解为，在满足国防需求之外，还包括对于政府和经济的最低限度运作非常重要的特定行业的一般安全和福祉。依美国《贸易扩展法》232 节第（b）(3)（A）条，进口产品在"一定数量或一定情况下"对"国家安全有损害的威胁"是 232 调查的主要判断标准。然而，对于如何界定足以威胁国家安全的"一定数量"却没有进一步的量化标准，也没有清楚地定义何为"一定情况"。同样，法规也并不要求必须发现一定的数量或情况正在损害国家安全。相反，该条规定仅是一定数量或情况是否可能存在对国家安全损害的威胁。因此，只要能证明存在此可能性，就可以支持肯定性裁决的得出。此外，美国 15C. F. R. 第 705 节第 4 条规定了在评估产品进口对国家安全影响时，需考虑的因素：①明确"国防"是广义的"国家安全"的一部分；②强调国家经济福祉与国家安全的密切关系，并考虑以下因素：进口产品的数量、可获得性、特点、用途；外国竞争对美国

---

① Rostam J. Neuwirth, Alexandr Svetlicinii, The Economic Sanctions over the Ukraine Conflict and the WTO: "Catch – XXI" and the Revival of the Debate on Security Exceptions, *Journal of World Trade*, Vol. 49 (5), p. 891.

专题三：WTO 的成就、困境与改革

国内产业及国内产业福祉的影响；该进口商品导致的美国国内相关产业在技术能力或投资方面的损失，以及由此导致的失业及政府收入的减少等其他可能削弱国家经济的因素。美国商务部从国家安全含义、判断标准及国家经济福祉和国家安全的关系三方面，得出结论认为，进口钢铁和铝产品正在削弱美国国内经济，并威胁损害国家安全。

诚然，美国对进口钢铁和铝产品采取的附加关税措施已违反了其在 GATT1994 关税减让表中对相关产品业已做出的约束性承诺，但相关争议的焦点是美国采取的 232 措施是否可以援引 GATT1994 第 21 条安全例外进行抗辩。首先，专家组是否有权对援引第 21 条安全例外的情形进行审查。如上所述，GATT 时期尼加拉瓜—美国贸易措施案中，专家组拒绝对美国援引第 21 条审查，不是因为第 21 条条文排除了专家组的审查或第 21 条不受争端解决的管辖，而是在设立专家组的职权范围描述中提前排除了专家组对安全例外进行审查的权利。如果本次钢铝产品"232 措施案"美国援引第 21 条安全例外，只要设立专家组时写明职权范围包括第 21 条，则专家组就有权对援引第 21 条安全例外的情形进行审查。其次，美国措施是否符合 GATT1994 第 21 条（b）（ii）项，则需考虑以下三要素：①涉案产品直接或间接供应军事机构；②为了保护基本国家安全利益；③其认为……所必需的行动。美国要证明满足第一要素较容易，因为钢铁和铝产品构成间接供应军事机构的货物。对于第二要素，由于 GATT1994 并没有对"基本国家安全利益"的标准做出明确界定，美国的扩大解释是否符合条约目的宗旨和上下文，则需要从 232 措施本身的设计结构来分析该措施的贸易目标是否真的是为了保护基本国家安全利益，还是变相地追求贸易保护的措施。至于第三要素，首先应审查美国的相关措施是否满足必需性的测试，即考虑是否存在与 GATT 相符且对国际贸易限制较小的替代措施；美国采取的措施对其所追求目标的贡献；该措施是否是不可或缺的，等等。此外，对该条"其认为……"的理解也是至关重要的。美国可能会主张，它所采取的措施是否是"必需的措施"是由

183

WTO成员自行决定的，在国家安全问题上WTO义务应让位于国家主权。当然，以国家安全为由行使主权权利是否可以完全脱离WTO协定的约束而被不适当地滥用，最终还要回到条约的宗旨和目的。

近期，WTO就允许各国以国家安全的名义采取贸易限制行动的第21条的适用性做出了被媒体称为"历史性"的裁决。裁决涉及乌克兰反对俄罗斯阻止乌克兰和哈萨克斯坦或吉尔吉斯斯坦共和国之间的货物运输，而俄罗斯则以国家安全为由为这些行为辩护。俄罗斯辩称，第21条是自我定义的；也就是说，每个国家都有权以自己想要的任何方式定义自己的国家安全，而WTO无权对此类决定进行预测。专家组裁决，国家安全例外是可诉的；它是世贸组织有权审查和确定一个国家的行为是否符合该标准的标准。做出这一裁定后，专家组审查了俄罗斯政府采取的行动，并确定这些行动符合专家组在第21条中对国家安全的解释，认为俄罗斯和乌克兰之间正在发生的事情，实际上是第21条所设想的"紧急情况"。该报告的措辞对美国十分不利。例如，它根据第21条（b）（iii）款将国际关系中的紧急情况定义为"武装冲突的局势，或潜在的武装冲突的局势，或加剧的紧张局势或危机的局势，或席卷或包围一个国家的普遍不稳定的局势"。报告还认为，"各成员之间的政治或经济分歧本身不足以构成国际关系中的紧急情况，以达到第（iii）款的目的"。这意味着，美国将不得不辩称，它的行动符合"紧急状态"的定义，这是美国要克服的重大困难。然而，必须指出的是，这一裁决将被上诉，如果美国继续阻止新的上诉机构的任命，上诉不太可能在上诉机构12月份失去运作能力之前得到解决。在这种情况下，这一决定将不会生效，今后类似的决定如果遭遇上诉，将遭受同样的命运。

六、WTO安全例外条款的重构设想

由于对WTO争端解决机构在安全问题上解决能力的怀疑，成员方大都克制利用 WTO 平台来处理因国家安全利益而采取措施的争端。然而，对于运用安全例外的关注最近正在复苏。贸易和安全之间的联系是一个根本性问题，需要重新考虑对该条款进行改革的系统性挑战。专家组和上诉机构的裁决对向成员方表明其已做好准备处理将来援引安全例外条款的案件至关重要。为恢复安全例外的可操作性，WTO 有必要同时进行体制上和法律上的重构。

（一）WTO 和联合国机构再平衡的需要

WTO 的成立创建了一个完全负责处理贸易事务的独立组织。虽然国际贸易组织（ITO）旨在通过将解决政治问题的权力完全转移给联合国来维持其作为一个纯经济组织的身份，但作为联合国组织之外的一个单独组织，WTO 基本上对于所有贸易事务享有管辖权。1995 年 11 月 WTO 产生了一项关于世贸组织和联合国之间有效合作的安排，并给予这两个组织相互观察员地位。① 然而，该安排还指出，世贸组织和联合国之间将扩大之前 GATT 和联合国之间的事实关系，从而在技术上对当前两个永久组织之间的关系和身份产生了混淆。

目前两个组织共存的体制安排无限期地模糊了 WTO 和联合国之间的权力范围，特别是在安全例外事项方面。由于出于政治动机的经济制裁的性质与贸易和政治有关，WTO 和联合国可以就所讨论的问题共享专家和机构，以提供咨询意见和彼此协商。然而，当冲突被定为贸易争端并引发开启 WTO 争端解决机制机构专家组程序时，争端的特点自然会引发贸易利益冲突，并因此应在 WTO 内裁决得到充分解决。

特别是在后"冷战"时期的 WTO 时代，由于在国家之间没有概念上的绝对盟友或敌人，安全目标不再绝对统治贸易政策，所以贸易领域一直在扩大。与之前安全关注超越贸易利益相比，如今贸易和安全关系需要更多的理

---

① WTO, Arrangements for Effective Cooperation with Other Intergovernmental Organizations. WT/GC/W/10, 8 November 1995.

性和平衡贸易利益的考虑。

此外,联合国对 WTO 安全例外礼让程度的合法化挑战性问题还需要严谨考虑,特别是在联合国安理会决议之外的次级制裁(通常涉及域外适用)方面。显然,安全例外条款(c)小段提及了联合国安理会制裁的"安全例外",这表明其接受它作为贸易制度中的一个例外情况将不会再存在问题。但是,如果 WTO 成员方由于实施的制裁措施超出了安理会决议中对某一政治环境所批准的措施,产生了国家安全争端,那么对于应予以审查的申诉方所遭受的贸易利益的丧失或减损却没有任何标准。换言之,由于每个组织在整个冲突部分中都有管辖权,所以 WTO 和联合国之间应该有明确的权力划分。

由于联合国安理会对和平与安全的威胁的定义包括"经济,社会,人道主义和生态领域等不稳定的非军事来源",[①] 在贸易领域处理安理会决议日益复杂。安理会对于 2011 年艾滋病毒流行与 2014 年埃博拉病毒肆虐所造成卫生危机的处理,使安全领域不断扩大。这些决议提出了如何根据安全例外条款处理这些问题,以及与决议有关的任何贸易措施是否会提起 WTO 争端等问题。

目前,应采取的策略是首先应澄清 WTO 与联合国之间的正式合作关系。其次应明确界定联合国对 WTO 安全例外礼让的适用范围,以确保在 WTO 管辖范围内,在尊重联合国关于政治问题的协商和意见的同时,有效地处理冲突的特定贸易法律相关问题。

(二)对安全例外进行法律重构的必要

1. 过时文本的改革

相比 GATT 第 21.2.1 条和第 21.2.2 条,被申诉方经常援引第 21.2.3 条

---

① UN Security Council, Note by the President of the Security Council, S/235000, 31 January 1992.

提出抗辩。GATT/WTO 的判例在没有遵循任何具体指南的情况下审查了第 21.2.3 条，并忽略了第 21.2.1 条和第 21.2.2 条，所有这些都扩大了安全例外的最初范围，在一定程度上与起草者在 1947 年确立安全例外的意图背道而驰。

当前，自由贸易协定中放宽援引第 21.2.3 条的范围日益流行，主要是因为第 21.2.1 条和第 21.2.2 条的过时文本不能包括诸如恐怖主义、大规模毁灭性武器或网络安全等新出现的安全问题。由于当初起草安全例外条款的情况与现在相比存在巨大差异，因此，只能通过修改条款的用语及结构来解决。扩大自由贸易协定中安全例外条款适用性的最简单方法是对 WTO 安全例外的现有语言加以修改。WTO 终究需要考虑如何以合理的规范包含当今迥异的安全问题并使其规定更加切实可行。如果可能，上诉机构渐进的司法解释将对缓解晦涩难解的语言起到一定作用。

2. 客观标准的确定

首先，如上所述，对于那些声称出于国家安全目的而实施的具体国内措施，并非全部都有资格援引安全例外条款。《维也纳条约法公约》第 31 条善意原则是 WTO 协定中经常出现的习惯国际法，同时也是适用于安全例外条款的适当标准。

已知第 20 条的引言部分是对善意原则详细的描述，① 似乎第 21 条也应有一个第 20 条风格的以善意为条件的引言部分。尽管措施本身应该受客观标准管辖，但是与保护基本安全利益有关的制裁措施的目的可由国家酌情判断。WTO 关于第 20 条的判例法，重点专注于对最小贸易限制性的检验而不是每种不同措施的目标，这似乎也是对第 21 条适用的恰当指南。目前，由于在某些自由贸易协定中没有明确提及善意原则，为了阻止国家酌处权的蓄意扩大，有必要提出一个详尽的引言部分，而不是在多边贸易制度中默示地参考善意

---

① P. vanden Bossche, W. Zdouc, *The Law and Policy of the World Trade Organization: Text, Cases, and Materials*, 3rd ed., Cambridge University Press, 2013, p.596.

原则。对此，一些自由贸易协定在安全例外条款的引言部分对新标准的尝试可能将对 WTO 安全例外条款的重构提供有益的借鉴。

其次，为了使安全例外条款得以适用，就标准而言仍存在许多其他问题需要澄清。例如，在美国—古巴自由和民主团结法案中，专家组不仅需要判断什么样的威胁足够引起政治上的制裁，还需要判断一项制裁措施何种程度上在域外适用是合法的。因此，为了这种例外条款切实可行，通过法律重构和案件裁决来建立客观标准是至关重要的。

3. 不同贸易模式和部门问题的考虑

WTO 成员在重构安全例外条款时，需要重新审视 WTO 协定安全例外条款的语言和结构，包括但不限于参考 GATT、GATS 和《TRIPS 协议》。为此，应对不同协定中安全例外条款的目的和语言之间的兼容性进行彻底审查，以便对该条款在特定行业或贸易模式方面的适用性进行改进。

综上，通过多边努力重构 WTO 安全例外条款，以使其更具可行性和可操作性是非常重要的。虽然目前 WTO 成员对多哈回合僵局十分失望，甚至对如何进一步进行多边讨论充满困惑，但对 WTO 安全例外语言和结构现代化的关注应是今后任何谈判中的一个重要议程。这将是使世贸体系中几乎过时的条款复活且与时俱进，并在体制上维持适当的世界贸易秩序的唯一路径。

七、结论

虽然 WTO 从根本上改变了 GATT 体系下发展的诸多贸易规则的领域和结构，但仍然存在许多模糊部分亟需更新。安全例外是 GATT 起源以来国际贸易法的核心要素之一，但是其并未因政治经济形势的变化而做出相应的必要修改。GATT 第 21 条的起草历史表明，该条款缺乏适当的管理结构，特别是缺乏指导实施的前言部分。虽然在近期的自由贸易协定中通过的安全例外

专题三：WTO 的成就、困境与改革

新规定显示出轻微的修改，但意义尚不显著。2018 年 3 月美国对进口钢铝产品依国家安全为由采取的贸易限制措施表明，安全问题仍将成为与贸易制裁或政策措施有关的极富争议的问题。WTO 成员需要尽早解决这个问题，以避免对 WTO 争端解决体系施加不必要和不适当的负担。希望本文中的分析将为这些工作提供有益的指导。

WTO 补贴纪律中公共机构认定问题的新探讨
——"要素分析法"的提出与适用

徐忆斌　杨　鑫[*]

摘要：由于 WTO 补贴纪律中的公共机构定义本身的模糊性，再加上其认定标准的不明确性，成为 WTO 补贴相关争端案件的主要争议点，并导致其成为学界热议的话题。本文通过对公共机构认定问题成因分析，在"政府权力说"的基础上归纳总结出要素分析法，作为一种新的解决思路供给学界，并为中国应对公共机构认定的法律难题提供参考。

关键词：公共机构；政府控制；政府权力；要素分析法；国有企业

一、WTO 补贴纪律中公共机构认定的现状及其存在的问题

虽然《SCM 协定》第 1.1（a）（1）条提到"公共机构"是补贴主体之一，但并未对"公共机构"的具体含义做出解释，更没有对公共机构认定标准予以明确界定。面对这样的困境，有些学者主张采取以所有权控制标准直接

---

[*] 徐忆斌，西南政法大学国际法学院副教授。杨鑫，西南政法大学国际法学院，2016 级国际法学硕士。

认定某实体是否属于公共机构的方法,但也有人认为,不能简单以所有权控制,就认定存在公共机构,需要结合其他要素,综合考量。还有部分人提到,应以行使、拥有或被赋予行政权力作为认定实体是否属于公共机构的方法。这些观点各有所长,但每种观点并不能彻底解决公共机构认定的法律难题。

从"韩国商船案"到"中美双反措施案"再到如今的"中国诉美国反补贴措施案",WTO争端解决机构一直都试图澄清这一问题,虽取得进展,但是在这一过程中又出现新的法律问题。例如,什么是"中美双反措施案"DS379案中的上诉机构提到的"有意义的控制"?"有意义的控制"是否与"政府控制说"存在联系?上诉机构为什么要提出"有意义的控制"的证据标准呢?是否具有合理性?然而,遗憾的是,上诉机构对此并没有明确回应。从某种程度上讲,这些问题无疑会加大解决公共机构认定问题解决的难度,同时也模糊了公共机构认定标准。可以说,长期以来,国际社会一直存在着在反补贴领域中认定公共机构的法律标准究竟是什么以及哪些要素可以成为考量认定公共机构法律标准的因素的讨论和研究。

尽管现存的公共机构认定标准存在难以统一的问题,但是国际社会就公共机构认定问题也形成了以政府控制为核心要素的"政府控制说"和以政府职能为核心要素的"政府权力说"的两大主流观点。其中,这两种主流观点分别得到了WTO主要成员方以及争端解决机构的支持,但两种观点在公共机构具体的认定实践中存在着本质上的差异。这种差异性源于两种观点在核心要素的选取上。"政府控制说"采用以所有权要素为核心的认定方法,而"政府权力说"则以职能要素作为其认定公共机构的核心要素。具体而言,"政府控制说"以政府拥有多数股权作为认定构成政府控制实体的依据,而"政府权力说"是以一个实体是否拥有、行使或被赋予政府权力作为认定公共机构的考察标准。因此,这两种公共机构认定方法在公共机构认定的实践中存在较大的差异,也进一步引发"政府控制说"和"政府权力说"在解决公共机构认定问题上孰优孰劣的讨论热潮。

二、WTO 主要成员方反补贴中公共机构认定的实践与分歧

面对反补贴中公共机构认定的难题，各国反补贴调查机构在实践中的做法也存在差异。一般而言，发达国家和发展中国家会采取不同的公共机构认定方法，但是从整体上看，各成员方的公共机构的认定方法大致可以分为"政府控制说"和"政府权力说"两大类。因此，有必要对主要成员方采取的公共机构认定方法予以探讨和研究，从中提炼出认定公共机构的要素，为解决反补贴中公共机构认定的法律问题提供路径。

以欧美等发达国家为首的成员方在公共机构认定问题上主要以"政府控制说"作为理论依据，重点考察实体的"所有权要素"，确认实体是否被政府"控制"。但在具体的适用中，这些成员方的做法也存在着细微的差别。美国在认定公共机构方面主要采取的措施有两种：其一，如果某一实体股权或所有权被政府所享有，则足以确认该实体被政府控制的事实，进而可以将其认定为补贴主体；其二，以"五要素分析法"作为认定公共机构的主要方法。而欧盟在肯定政府控制是认定公共机构最重要的要素的同时，还主张考虑其他要素。欧盟认为，当政府是最大股东或控股股东时，还应进一步考察以下两个指标：一是对公共政策目标的追求，如是否要求相关实体考虑国家或地区经济利益、促进社会目标等；二是与股权相关的其他控制权，如官员的任命权、投资和经营决策权、经营目标和结果的评估权等。[①] 日本的认定方法与欧盟类似，但是其更强调一个实体是否为公共机构的相关方面是"国有或国有投资企业的结构是否允许它不仅仅是根据商业考虑行事"[②]。而且，日本认为，上诉机构提到"一个实体的行为"是指"该实体的一般或全面行

[①] 张斌、孙超："补贴行为主体的认定：基于反补贴案例的国际比较"，载《世界贸易组织动态与研究》2011 年第 1 期，第 38 页。

[②] United States – Countervailing Measures on Certain Products from China, Report of the Panel, WT/DS437/R, 14 July 2014, Japan's third – party submission, para. 16.

为,即该实体通常进行的活动",而不是"指称是财政资助的具体行为"。①

以中国和巴西为首的主要发展中国家则以"政府权力说"作为认定公共机构的依据,侧重考察实体的行为,通过确认实体是否存在拥有、行使或被赋予政府权力的行为做出判断。在"中美双反措施案"中,中国认为"公共机构"的含义应包含该实体以保障公共利益,在政府的授权下行使或履行政府职能。在判断一国国有企业是否属于提供《SCM 协定》中"财政资助"的"公共机构"时,不仅要看其所有权是否属于国家,更需要审查其是否具有政府职能,当二者都不存在时,则需审查政府是否给予其"委托"或"指示",除此之外不应将其视为"公共机构"。在韩国动态随机存储器案中,作为第三方的巴西认为,上诉机构的做法强调了实体履行或执行政府职能的这一特性,并指出当某一实体行使了政府职权并将其行为结果归属该国政府时,该实体就应被视为政府的一部分②。

通过以上分析可以发现,理论界和实务界对于如何认定《SCM 协定》中的"公共机构"存在着不同的看法,并多次围绕着这些观点展开激烈的讨论。可以说,公共机构认定看似仅仅涉及"公共机构"的概念及其认定标准的问题,实际上其背后也代表着国际社会当中的不同利益群体的诉求。这些因素的存在决定着公共机构认定的法律问题并非是一个简单的标准认定问题,而是一个复杂且又极具挑战性的法律难题。

三、WTO 补贴纪律中公共机构认定的新思路——"要素分析法"

现有的主流观点主要分为政府控制说和政府权力说两大类。但是,有学

---

① United States – Countervailing Measures on Certain Products from China, Report of the Panel, WT/DS437/R, 14 July 2014, Japan's third–party submission, para. 7.
② 潘若微:《论〈SCM 协定〉下"公共机构"的认定:以"中美双反措施案"为视角》,上海社会科学院 2004 年硕士学位论文。

者认为，可以将其归纳为政府控制说、政府职能说以及政府权力说三大类，而且上诉机构已经认可了政府权力说。① 也有学者将公共机构的认定标准总结为三种：政府行为说、政府控制说和政府职能说，并认为上诉机构主要采纳了政府职能说。② 但本文认为，事实上，政府权力说和政府职能说的内容几乎没有差别，没有必要人为地将"政府权力"和"政府职能"区分开来。因而，"政府控制说"和"政府权力说"仍然是两种主流观点。

"政府控制说"将考察实体所有权作为认定公共机构的核心和基础，而"政府权力说"则以考察实体是否行使、履行或被赋予政府职权作为认定公共机构的依据。由此可见，"所有权要素"和"政府职能要素"分别是"政府控制说"和"政府权力说"认定公共机构的核心要素。除此之外，"政府权力说"也强调关注实体的其他要素，例如，实体的公共性、个案的差异性等。据此，本文在借鉴前人研究的基础上，欲从要素分析法的角度出发，通过考察该实体的行为与政府的职权行为之间的关系，为解决公共机构认定方法问题提供一种新思路。

本质上，要素分析法与政府控制说以及政府权力说既存在联系也存在差别。具体而言，一方面，从定义上看，要素分析法是指在综合考量各种认定公共机构要素的前提下，以政府权力说作为理论基础，以所有权和政府职能要素作为核心要素，再加上一些普通认定公共机构的要素而形成的综合认定公共机构的方法。该认定方法不仅考察政府权力说和政府控制说中的核心要素，也重视普通要素在认定公共机构中的作用。另一方面，本质上，要素分析法仍属于政府权力说的范畴，但其丰富了政府权力说的认定要素。本文欲从核心要素和普通要素两个层面分析要素分析法展开论述，为公共机构认定难题提供解决的路径。

---

① Ru Ding, "Public Body" or Not: Chinese State – Owned Enterprises, *Journal of World Trade*, Vol. 68, pp. 167 – 189.
② 张目强："中美双反措施案中'公共机构'的认定及评析"，载《山东社会科学》2013 年第 7 期。

(一) 核心要素分析法

实践中,国际社会在解决公共机构认定的问题上主要形成了政府控制说和政府权力说两大主流观点,那么作为这两种观点的核心要素的"所有权要素"和"政府职能要素"是否可以作为认定公共机构的核心要素呢?本文认为,答案是肯定的。因为"所有权要素"和"政府职能要素"可以充分反映出实体与政府之间的关系,能为反补贴调查机构在确认政府与实体之间是否存在"控制"或"授权"等关系上提供考量依据。

1. 所有权要素

事实上,"所有权要素"是从实体的股权结构角度出发,确定该实体是否受政府控制以及受控制的程度。不仅如此,实体所有权也是反映实体受控制程度以及实体与其他实体、政府之间联系的重要指标。既然如此,那么将"所有权要素"作为要素分析法中的考量要素是否也具有可行性呢?

一方面,依据存在即合理的法哲学原理,政府控制说既然能够成为认定公共机构的主流观点,则就说明其必然存在着一定的合理性。政府控制说的核心内容是以所有权控制认定政府控制,因此,所有权要素必然是所有权控制当中必不可少的内容。另一方面,所有权要素对于处理公共机构认定的法律问题可以起到一定的积极作用。公共机构认定本身就是一个难题,目前仍然无法依据一个明确且公认的判断标准直接予以认定。

在政府控制说支持者看来,所有权要素和经营权要素都是政府控制说中的重要内容。但值得关注的是,"中美双反措施案"中专家组却通过一系列的论证,完成了从"所有权要素+经营权要素"到"所有权要素推定+反证"再到"纯粹所有权要素"的转变。① 显然,专家组将注意力放在所有权要素上,强调所有权要素的重要性,但忽略了经营权要素的作用。本文并不

---

① 周燕红:《论 WTO 反补贴争端解决中公共机构的认定——以 DS379 案为视角》,南京大学 2013 年硕士论文。

认同专家组的做法，所有权要素和经营权要素都是认定公共机构需要考虑的要素，假设只考虑其中的某一个要素，很难做到全面考察实体的要求，也难免会在认定实践上出现偏差甚至错误。而且，"中美双反措施案"的上诉机构还特别提到，被赋予政府职权才是"公共机构"的关键特征，而政府所有权尽管不是决定性因素，但在与其他因素一起考察时，也可以成为判断某一企业被赋予政府职权的证据。①

总之，所有权要素在公共机构认定问题上的确具有可行性和必要性。因此，反补贴调查机构在公共机构认定的问题上就应给予充分的考虑，同时，调查机构也应认识到，即便强调所有权要素在认定公共机构方面具有重要性的情况下，也并不代表其他考察要素无须考虑，否则很有可能出现类似"中美双反措施案"专家组在公共机构认定上犯下的错误。

2. 政府职能要素

事实上，在"政府权力说"支持者看来，政府职能是"政府权力说"的核心基础，这一点完全可以从政府权力说的理论和相关案例中得到印证。那政府职能要素是否也可以作为公共机构认定方法的考量要素呢？对此，本文主要从以下三个方面探讨"政府职能要素"作为公共机构认定要素的必要性和合理性。

首先，"政府权力说"将公共机构界定为一个拥有、履行或被赋予政府权力的实体。在"美印碳钢案"（DS436）中，当面对美国的质疑时，上诉机构曾表示，调查机构应充分考虑到该实体的核心特征和功能、实体与政府的关系、该实体所处的法律和经济环境、该实体的功能或行为在相关成员的法律秩序中是否通常被归类为政府的功能或行为，以及 WTO 各成员关于实体的归类和功能。②

---

① United States – Definitive Anti – Dumping and Countervailing Duties on Certain Products from China, WT/DS379/AB, para. 309.

② United States – Countervailing Measures on Certain Hot – Rolled Carbon Steel Flat Products from India, Report of the Panel, WT/DS436, 8 December 2014, para. 4. 29.

其次，政府权力说可以弥补政府控制说在没有对国有企业进行细致调查的前提下就"盲目"给其贴上"公共机构"标签的缺陷。长期以来，赞同"政府控制说"的贸易救济机构单凭"所有权控制"理论，就确认存在政府"控制"企业的情形，以此将实体认定为公共机构。显然，这种做法缺乏说服力。但是，不可否认的是，政府权力说的确存在着核心概念不清、实践中操作性不强的问题。对此，本文认为，"政府职能"或"政府权力"的概念本身就复杂难辨，可以尝试通过一些相关核心要素来做出界定，就如同目前还无法给出一个明确、合理且公认的公共机构概念一样。虽然在国际社会上还没有关于政府职能明确的定义，但通过对"中国诉美国反补贴措施案"（DS437）的梳理，可以发现，实践中的涉案实体很可能拥有双重身份（即商事主体和政府机构权力的代理人）。当实体以享有、行使或被赋予政府权力的特定权力身份实施补贴行为时，反补贴调查机构才能将其行为归属于政府。

最后，通过对相关案例的研究，可以发现，WTO 争端解决机构似乎没有对"政府权力说"给予太多的论证，只是对"政府控制说"的相关要素予以驳斥，但这并不意味着"政府职能要素"不可以作为解决公共机构认定问题的一种思路。在"政府权力说"中，当一个实体被法律授予了政府职能，那么其被调查机构认定为公共机构也无可厚非，因为无论是在实务界还是理论界，一国法律的规定都可以被视为认定公共机构成立的有力证据。韩国商船案中的韩国进出口银行以及中美双反案中的中国国有商业银行被 WTO 争端解决机构认定为公共机构便是出于这样的考量。

因而，调查机构在对某实体（尤其是国有企业）是否属于公共机构进行调查时，应始终注意到补贴从本质上讲是政府行为，如何将政府的职权行为与企业的经营行为联系起来才是解决补贴主体认定的前提。而政府职能要素恰恰能明确政府职权行为，这也就意味着政府职能要素在公共机构认定标准上可以提供一定的借鉴。由此可见，实践中以政府职能要素认定公共机构的做法是可行且合理的。

相比之下，政府职能作为公共机构认定的核心要素更具有合理性。原因主要有三个方面。首先，"政府职能"充分阐释了实体存在着享有和行使政府权力的事实。对于此种情形，国际社会又是如何在法律层面上对该实体进行合理归类呢？政府还是私人机构？政府本身就是《SCM协定》项下的补贴主体，这一点在国际社会上不存在异议，也就没有必要再对其进行分析。如果将这种实体归于私人机构之中，显然不具有合理性，因为事实上几乎不存在一个私人机构享有并行使政府权力的情形。因此，国际社会不得不将其归为公共机构的范畴。而"政府职能要素"在解决实体行使或享有政府权力的事实与政府之间的关系上具有先天性优势。其次，考察一个实体是否具有政府职能特征，需要从该实体的各个方面分析，力求全面、客观地考察实体。需要注意的是，不能仅以该实体有行使政府权力的行为就盲目地将其认定为公共机构，而是需要从法律层面和事实层面综合分析其是否真正具有行使政府权力的行为。最后，公共机构强调的是该实体行为的公共性，但"政府控制"却侧重从所有权的角度考察实体，这一点有悖公共机构的特殊属性。而"政府职能"则是从政府权力的角度考察实体的行为性质，以实体是否存在公共特性为依据，判断实体的某些行为是否属于政府权力的范围，进而确定该实体是否属于公共机构的范畴。

总之，反补贴调查机构在考察一个实体是否属于公共机构时，不仅需要重点关注该实体是否存在行使政府职能的行为，也要考察是否存在政府控制的事实，综合、全面地考察实体各种情况，这样才有可能做出准确且合理的裁决。

（二）普通要素分析法

在公共机构认定的实践中，反补贴调查机构与WTO争端解决机构在处理某实体是否属于公共机构的争议时，除了考虑"所有权要素"和"政府职能要素"等核心要素以外，往往还需要根据案件的具体情况，考虑一些与实体存在关联性的要素，例如股权结构、公共性、当地法律和政策等。可以说，这些普通要素虽然在解决公共机构认定的法律难题上不如核心要素重要，但可以在核心要素无法发挥作用时起到关键性的作用。因此，有必要对这些普通要素的来源和适用的必要性予以研究。

1. 股权结构要素

以实体享有所有权认定公共机构的方法早在"韩国商船案"和"韩国动态随机存储器案"中就已经为一些成员方和争端解决机构所采纳。比如，"韩国动态随机存储器案"中的美国商务部也是依据该方法将韩国现代公司认定为公共机构，从而裁定征收反补贴税。之所以会将这些公司认定为公共机构，主要在于韩国政府拥有涉案公司的绝大部分股权或所有权。实践中，股权结构要素分析在识别公司的股权分布、确认股东资格、公司运营决策等方面一直扮演着重要的角色，尤其在考察公司的股权分布、决策权分配等方面十分便捷。因而，通过对实体股权结构要素的分析，反补贴调查机构可以清晰地识别出实体的股权分布，由此确定实体的实际控制人，为反补贴调查机构适用"所有权要素"进一步确定实体与政府之间的关系提供便利。

因此，既然股权结构在了解公司的股权分布等方面发挥着十分重要的作用，那么它是否可以运用于反补贴中的公共机构认定呢？本文认为，其在解决公共机构认定问题上具有合理性。

一方面，"政府控制说"的核心要素就是以所有权认定公共机构，而调查机构对于所有权要素的适用，又主要集中在对股权结构的分析上，那么在"政府控制说"的支持者看来，以股权结构界定所有权，再以实体所有权认定公共机构的推理具有逻辑性和合理性。

另一方面，股权结构分析法在处理主权国家或政府与民事主体之间关系上并无不当。对于有学者提出的将"股权决定控制权"的公司法原理应用于处理主权国家或政府与民事主体之间关系不合理的观点[①]，本文认为，"股权

---

① 陈卫东："中美围绕国有企业的补贴提供者身份之争：以 WTO 相关案例为重点"，载《当代法学》2017 年第 3 期。

决定控制权"既然可以清晰地展现该实体的控制情况,那么就应该将其作为认定公共机构的一个考虑因素,而不能仅仅因为它不属于同一领域的法律原理,便拒绝予以考虑。而且"股权结构分析"作为一种发展成熟的理论,发源于经济学,后发展至经济法领域。这侧面反映出,该理论具有很强的包容性和适用性。而且,公共机构认定是用来解决某实体的属性归属问题(即实体身份定性问题),这也属于私法调整的领域,况且,WTO 规则并未对该问题有着明确的规定。因此,学者的担忧和顾虑是没有必要的。

通过以上的分析,可以看出股权结构要素分析法作为一种认定公共机构的方法是不存在疑问的。但是反补贴调查机构在对股权结构要素分析法的运用上应注重对股权结构的把握,妥善处理股权结构分析法与股权控制之间的关系,避免出现如同"政府控制说"的支持者采取的仅以股权决定控制权便认定某实体属于公共机构的做法的后果。

2. 个案情况要素

个案情况分析法在许多案件中都有所涉及,许多成员方在公共机构认定的法律问题上也持有类似的观点。例如,"美印碳钢案"(DS436)中上诉机构在对美国和专家组的观点进行评析时也提到,应着重强调每个案件都有自己的特殊性……就像没有两个完全相同的政府一样,公共机构的认定也应该是逐个实体、逐个国家、逐个案件进行,因而会存在差异。[①] 而且在"中国诉美国反补贴措施案"(DS437)案中,专家组在评价公共机构认定方法时提到,由于政府……通过不同的方式赋予一个实体'政府权力',恰当的公共机构认定可能取决于各种考量要素,并适当留意每个案件的特殊情况。同时,专家组特别提到,什么构成了"政府权力"可能因成员不同而有所不同。[②]

个案情况分析法的存在价值在于提醒各成员方的反补贴调查机构须时刻

---

① United States – Countervailing Measures on Certain Hot – Rolled Carbon Steel Flat Products from India, Report of the Panel, WT/DS436, 8 December 2014, para. 4. 29.

② United States – Countervailing Measures on Certain Products from China, Report of the Panel, WT/DS437/R, 14 July 2014, para. 7. 28.

注意到案件与案件之间的差异,关注到实体自身特殊性的要素(如是利益主导型还是公益主导性企业抑或是垄断性企业还是一般竞争性企业),而并非在不做任何区分的情况下盲目地将先前的案件中的争端解决机构关于公共机构认定的裁决结论适用到当前的案件中。其中,实践中的反面案例便是"中美双反措施案"中中国国有商业银行被上诉机构认定为公共机构的裁决报告。"中美双反措施案"上诉机构发布的裁决报告表明,之所以将中国商业银行认定为公共机构主要基于两方面的考虑,一方面,美国商务部提供了证明中国国有商业银行被政府所有且控制的有力证据。例如,中国《商业银行法》第 34 条中要求商业银行要遵循国家的产业政策发放贷款、《中国银行全球招股说明书》(以下简称《招股书》)中要求商业银行在做出贷款决策时应考虑相应的政府宏观经济政策以及国际货币基金组织(IMF)的文件以及商业银行被鼓励根据相关的政府政策,限制其对某些行业借款人的贷款,2005年经合组织对中国经济的调查等,这些证据都表明中国国有商业银行缺乏足够的风险管理和分析技能。① 另一方面,美国商务部认为,介于"无纤维纸案"和"非公路用轮胎案"在时间上以及涉及的实体问题上存在交集,而且两个案件的调查期仅隔一年,那么"非公路用轮胎案"完全可以采用"无纤维纸案"的调查结论。对此,专家组和上诉机构均认可美国的主张。因此,在"中美双反措施案"中出现了中国国有企业没有被认定为公共机构,反而中国国有商业银行被争端解决机构认定为公共机构的裁决结果。

3. 公共性要素

本质上,公共性作为公共机构特有属性,既不同于政府,也不同于私营机构所具有的特性。但是需要说明的是,公共性作为一种公共机构的特性,同时也是其区别于其他补贴主体的重要要素。而且在"中美双反措施案"中,中方也曾提到,"公共机构"的根本特征是为一个国家和社会的整体利

---

① United States – Definitive Anti – Dumping and Countervailing Duties on Certain Products from China,WT/DS379/AB/R,22 October 2010,paras. 348 – 351.

益服务，并为此代表国家和社会整体行使职权。① 因此，之所以将其作为认定补贴主体的考量要素，不仅在于它与一国政府的特征有着明显的区别，而且与私人机构的特征也存在着差别。

在探讨公共性作为公共机构认定要素的必要性之前，需要首先明确公共机构为何会存在以及其存在具有哪些合理性。对于这些问题，本文认为，其中的原因可能主要有以下两方面。

一方面，一国政府不可能管理和运营着所有关系国家经济命脉的行业和产业，而且依据"市场在资源配置中起决定性作用"② 的经济运行法则，政府这只"有形的手"也不可能触碰到社会的方方面面，否则，政府的角色便会发生错位。既然政府不能直接管控着这些重要行业，那是否有什么比较妥当的解决方案呢？随后，关于建立公共机构的提议开始出现在国际舞台上，并得到了成员方决策者的肯定。至此，公共机构便承担着运营和管控关系到社会公共利益的行业或产业的使命。换言之，公共机构最重要的特性在于其"公共性"。另一方面，在政府不能直接管控这些关系到社会公共利益的行业或产业的同时，私营机构也不便运营这些行业。其中的原因在于，首先，私营机构是以营利为目的，而且在运营这些行业或产业的早期需要投入大量的生产成本，一般的企业很难具备这样的实力，况且这些行业大多处于亏本或收支平衡的状态，在极少的情况下处于盈利状态，致使私营机构不愿意或没有能力运营；其次，由于这些行业关系到公共利益，且与公众日常生活需求联系紧密，使得这些行业具有高度的垄断性。一旦私营企业可以运营着这些行业，很容易会在市场中形成垄断地位，这势必会对市场经济产生不利影响。最后，政府既不放心也不愿意将这些行业交给私营机构运营。因此，较为妥当的做法便是在政府和私人机构之间寻找"第三者"，由此，公共机构的出

---

① United States – Definitive Anti – Dumping and Countervailing Duties on Certain Products from China, WT/DS379/R, 22 October 2010, para. 8.58.

② 人民网："中共中央关于全面深化改革若干重大问题的决定"，2013年11月16日，http://politics.people.com.cn/n/2013/1116/c1001 – 23560979.html，访问日期：2018年6月1日。

现便具有合理性和正当性。

因此,"公共性"理应受到理论界和实务界的重视,只有从公共机构本质属性出发,才能保证在判断某实体是否属于补贴中的公共机构时具有合理性和正当性,否则很难解释反补贴调查机构在中国国有企业根本就不具有"公共性"的情形下却将其认定为公共机构的现象。

4. 法律及政策要素

在公共机构认定的调查实践中,调查机构一般会首先考虑被调查实体所属国的法律和政策规定。在调查机构看来,法律和政策的规定最具有说服力。那么当地的法律和政策规定是否也可以作为公共机构认定的考虑要素呢?是否具有合理性呢?

对于上述问题,本文认为,可以从国内和国际两个层面予以考量。从国内层面上讲,国家法律和政策规定是一国境内的任何个人和实体必须要遵循的行为规范,公共机构亦不例外。那么当被调查实体所属国的法律和政策的规定明确表示该实体是一个拥有、行使或被赋予政府权力的实体或者存在着被政府控制的情形,那么该实体被调查机构认定为公共机构的概率便大大增加。不仅如此,"中美双反措施案"中的上诉机构曾明确表示,一国国内法对于本国政府职能和权力的规定会影响一国国有企业在该法律框架下是否属于"公共机构"的法律定性。① 从国际层面上看,在 WTO 规则群中对反补贴规定最为详细的就是《SCM 协定》。然而,《SCM 协定》只是提到公共机构可以作为补贴的主体,却没有给出任何有关公共机构的定义的规定。那是否可以将其他国际法规则中对公共机构或公共实体的定义用于解释《SCM 协定》中的公共机构呢?这个问题曾在韩国商船案和中美双反措施案中被提到。在韩国商船案中,专家组就曾质疑韩国提出的《服务贸易协定》中附件《金融服务协定》对解释《SCM 协定》第 1.1 (a)(1)条的相关性问题。

---

① United States – Definitive Anti – Dumping and Countervailing Duties on Certain Products from China, WT/DS379/R, 22 October 2010, para. 297.

在"中美双反措施案"中,专家组反驳了中国提出的在解释公共机构时应考虑《国家责任条款草案》的相关规定(主要是该草案第 5 条)的主张。但是,上诉机构并没有支持专家组的结论。上诉机构认为,一方面,这两个条约中的相关条款均涉及归属国家行为的相关规则,这说明两者在本案所涉内容上具有相关性。[①] 上诉机构也注意到了两种认定方法的核心内容是相吻合的,因为它们关注的都是被授权行使的政府职权。[②] 另一方面,上诉机构指出该草案只是对《SCM 协定》第 1.1(a)(1)条的分析提供支持,而并非起到决定性作用。由此可见,当相关国际法规则与被解释的问题存在关联性时,便可对其予以考虑。

因此,法律和政策规定可以作为认定公共机构考察的要素。但需要注意的是,法律和政策规定只是值得调查机构考虑的认定公共机构的方法,并不能将直接将其视为认定该实体属于公共机构的直接证据,因为这些认定方法在实践中都不能单独作为认定公共机构的证据,而是需要结合其他认定方法综合考察,这样才能确保裁定结论的合理性和正当性。

四、WTO 补贴纪律中公共机构认定"要素分析法"的具体适用

要素分析法是在"政府权力说"的理论基础上,通过适用核心要素和普通要素,考察实体与政府之间的关系,进而确定实体是否属于公共机构的范畴。既然已经讨论过这些要素在认定公共机构的过程中的必要性问题,那么就有必要进一步探讨如何将要素分析法运用到具体的实践中。本文仍从核心要素和普通要素两个角度出发,探讨要素分析法在实践中如何具体适用。

[①] United States – Definitive Anti – Dumping and Countervailing Duties on Certain Products from China, WT/DS 379, Appellate Body Report, 22 October 2010, para 310.

[②] Id., WT/DS 379, Appellate Body Report, para 310.

（一）核心要素分析法的适用

实践中，反补贴调查机构在对涉案实体进行调查之前，通常会首先确定哪些方面是在调查的过程中应予以特别关注的，以便将主要的精力放在这些方面上。既然已经讨论所有权要素和"政府职能要素"作为公共机构核心要素的合理性和可行性的问题，那么就有必要探讨一下如何将这两种核心要素运用到解决公共机构认定的实践中。对此，本文认为，可从以下两个方面予以考虑。

一方面，在考察某实体时，调查机构应重点围绕着实体与政府之间的关系展开调查。然而，在调查之前，调查机构首先会面临着一个亟待解决的问题，即调查机构如何协调所有权要素和政府职能要素在适用上的关系。本文认为，首先，调查机构在考察实体的过程中应先从实体的所有权等方面，包括实体所有权的分布、对管理层的任免权以及实体运营决策权的分布等入手。在掌握这些情况的基础上，再确定实体是否真正地被政府"控制"。其次，在得到肯定答案后，再适用政府职能要素，着重考察实体是否存在享有、行使或被政府赋予政府权力的情形。最后，在再次得到肯定的答案后，调查机构可以基本确定该实体与政府之间存在着某种不正常的关系。此时，调查机构便可以重点围绕着这些方面进一步展开调查，以确定实体与政府间的关系是否属于《SCM 协定》调整的范围。

从这个角度看，所有权要素的适用虽处于第一顺位，但其重要性依旧无法与"政府职能要素"相比。因为"所有权要素"只是初步肯定了实体与政府之间的关系，然而无法进一步确认两者究竟存在着怎样的关系。相反，政府职能要素可以能清晰地展现实体和政府之间的关系。例如，调查机构在调查的过程中，如果发现实体的确存在政府授权行为，那么就需要明确政府授权行为的依据，是依法律规定抑或是擅自行使政府的权力呢？如果是依法律的规定，那么需要考察这项法律规定是否具有正当性，如果不具有，显然这是不合理的规定,则需要该国政府给出合理的解释。假设其具有正当性,那么调查机构需要考察实体的行为是否在法律授权的范围内,若超出授权范围,则可以确认该实体的行为不具有合法性和正当性。当然,也有可能存在实体擅自行使政府职能的情形,这种情况则应另当别论。

另一方面,在考察实体时,调查机构应首先考虑该实体的核心要素,将核心要素的考察作为调查主线,再综合考量实体的各种要素。"中国诉美国反补贴措施案"(DS437)专家组报告提到,上诉机构认为,必须通过评估实体的核心特征及其与政府之间的关系,确定具体行为是否属于公共机构,必须把重点放在与问题相关的证据上即该实体是否被赋予或是在行使政府权力。[①] 此外,上诉机构曾明确表示,关于特定实体是否属于"公共机构",调查的核心是该实体是否有权行使政府权力。[②] 由此,本文认为,能够有效反映公共机构核心特性的要素包括政府职能要素和所有权要素,这也是公共机构与私营主体最本质的区别。

总之,与公共机构认定相关的法律问题一直以来都是 WTO 反补贴领域的难题。在这种大背景下,反补贴调查机构应首先把主要的精力放在能充分表现公共机构核心特征的要素上。可以说,相比所有权要素而言,政府职能要素最能体现该实体与政府之间"不寻常的关系"。

(二)普通要素分析法的适用

普通要素分析法中的诸多要素基本上都是从 WTO 反补贴相关案例中总结而来,它们或是被 WTO 主要成员方在公共机构认定的实践中采纳,或是被 WTO 争端解决机构所采纳或认可,这也足以说明这些要素在公共机构认定实践中所起到的作用。因此,反补贴调查机构以及争端解决机构理应予以

[①] GOC comment citing DS379, para. 345, and US – Carbon Steel (India) (WT/DS436) (DS 436), para. 4. 52.

[②] United States – Definitive Anti – Dumping and Countervailing Duties on Certain Products from China, WT/DS379/AB/R, 1 March 201, para. 318.

足够的重视和考虑，从实体的不同方面出发，分别适用不同的要素分析法。

首先，从考察股权结构的角度出发，股权结构要素分析法在公共机构认定上可以发挥着很大的作用。如今的企业股权分布十分分散，很难依据传统商业方法，准确确定企业的股权分布、股东构成等企业信息。股权结构分析法要求反补贴调查机构从企业注册登记信息出发，通过查询企业的工商登记信息、企业年度报告等信息，及时、准确地掌握有关实体的股权变动、股权分布和股东构成等信息，为后续适用核心要素分析法铺平道路。

其次，从案件之间的差异性来看，个案分析法无疑可以起到关键性的作用。一方面，它提醒调查机构应注意到案件本身的特殊性，即便在有统一且公认的公共机构认定标准的情况下，也应注意到每个案件自身的特殊性，毕竟不可能存在着两个案情完全相同的案件。另一方面，个案分析法重点考察某实体是属于利益主导型还是公益主导性的企业以及其是垄断竞争性还是一般竞争性的企业。可以说，反补贴调查机构通过这种方式方法基本上可以确定实体运营的基本模式和属性，也为适用所有权要素分析法提供了考察实体的新视角。

再次，在考察实体的公共性方面，公共性要素要求调查机构从考察实体的运营和收益角度出发，调查该实体在运营的过程中是遵循市场经济运行法则，自负盈亏抑或是为服务公共利益而享受政府的财政补贴，换言之，实体是基于公共利益还是商业利益运作，这些情况都是反补贴调查机构在调查过程中应当首先明确的。可以说，这些情况都与实体的本质属性有关，对调查机构在进一步确定该实体是否属于《SCM协定》中公共机构扮演着重要的角色。

最后，从法律和政策的角度看，正如前文所讲，一国的法律和政策是确定一个实体是否属于公共机构的有力证据，这也是大多数反补贴调查机构重点考察的方向。因此，调查机构在适用核心要素分析法得到肯定答案以后，为保证调查结论的准确性，不妨再调查该实体所属国的法律和政策是否与

《SCM 协定》中的内容相一致，为裁决论证结果的准确性和完整性增添可靠保障。

不仅如此，反补贴调查机构在适用要素分析法时还应注意以下四点：首先，在处理核心要素分析法和普通要素分析法之间的适用顺序时，应将核心要素分析法作为认定公共机构的第一顺位适用法，而普通要素分析法则处于第二顺位。其次，在适用核心要素分析法时，应首先考察实体的所有权情况，再以政府职能要素进行验证。这样处理的原因在于实体的所有权相较于实体具有的政府职能要素更容易认定，而且实体与政府之间的关系往往比较隐秘，通过考察实体政府职能要素难度较大，由此，不妨先从所有权要素出发，在得到肯定结论后，再以政府职能要素作为验证结论的手段。再次，在核心要素分析法能够解决实体是否属于公共机构认定的问题的前提下，便无须再考虑普通要素分析法，反之，在核心要素分析法无法解决问题时，再通过普通要素分析法，综合考量，最终得出调查结论。最后，在适用普通要素分析法时，反补贴调查机构还应根据实体的具体情形有针对性地适用股权结构要素分析法、个案分析法、公共性要素分析法抑或是法律政策要素分析法，力求全面、客观及合理地解决反补贴中公共机构认定的法律难题。

结语——中国的建议与对策

事实上，反补贴领域中公共机构认定标准的冲突实质上是各成员方对国际规则制定权或规则权的争夺。因此，中国政府应把握时机，以要素分析法为理论基础，争夺反补贴领域中的公共机构认定标准的规则制定权。作为政府权力说的支持者，中国政府应坚持在政府权力说的基础上，逐步细化理论，向要素分析法过渡，形成"中国式"的公共机构认定方法，在解决公共机构认定问题贡献中国力量，并不断将"中国式"的公共机构认定方法整合到中国与其他国家签订的 FTA 中，并向国际社会推广。

需要注意的是，在形成"中国式"的公共机构认定方法的过程中，首先，中国政府应规范政策文件、规划中的用语，以达到与WTO规则相一致的目标。其次，在立法层面，中国政府应依据要素分析法，完善国内立法，将政府权力说作为国内认定有关公共机构的立法原则，争取在立法方面做好表率，不断将这些规定融入中国签订的FTA当中。再次，在执法方面，中国贸易救济机构应严格依照要素分析法的要求，先审查实体的核心要素是否符合"所有权"和"政府职能"两大核心要素分析法，在无法得出肯定结论的前提下，再采用普通要素分析法，力求做出合理、公正的关于公共机构认定的裁决。最后，在应用推广方面，中国贸易谈判代表应充分发挥宣传者的角色，争取赢得更多成员方乃至争端解决机构的认可，力图在国际规则制定方面拥有话语权，为发展中国家发声。需要注意的是，在向国际社会推广以政府权力说为基础的要素分析法时，中国政府尤其应注意各成员方千差万别的国情，不能盲目地适用政府权力说，以免出现不合理的裁决结果。

发展权在推动 WTO 改革进程中的功能定位

李春林[*]

摘要: 基于"美国优先"战略,美国特朗普政府大肆地发动贸易战和实施贸易保护主义,致使 WTO 正面临史无前例的危机。为了恢复自身的生机与活力,WTO 有必要进行改革,为此必须选定科学的基点并寻求其助推。发展权在晚近发生了深刻的性质变动,不仅从国家主权权利演变为基本人权,而且人类也成为发展权的权利主体,同时其演变为一般国际法原则和全球治理原则。具有多重性质的发展权与 WTO 改革有着深刻的联系,不仅发展权主流化需要 WTO 改革,而且 WTO 改革也需要发展权支撑。为此,就需要准确定位发展权在推进 WTO 改革中的基本功能:一方面,作为"权利",发展权具有改革方向指引、伦理品性塑造和评估标准设定功能;另一方面,作为"原则",发展权具有理性基础重建、基本缺陷补救和改革思路革新功能,从而能够大力推动 WTO 改革。

关键词: 发展权;多边贸易体制;WTO 改革;人类命运共同体

为了追求"美国优先",特朗普政府崇尚单边主义和贸易保护主义,致

---

[*] 李春林,福州大学法学院教授。

使基于多边主义和规则定向推进贸易自由化的 WTO 处于"最艰难的时期"（总干事阿泽维多）并深陷"危险之中"（前总干事拉米）。对此，国际社会普遍认为，WTO 必须进行改革以恢复自身的生机与活力。一些成员方包括欧美和中国甚至已经联合或单独提出改革方案。对于中国等发展中国家来说，不要因美国特朗普政府到处挥舞贸易保护主义大棒而在 WTO 改革中变得眼花缭乱与迷失方向，否则，WTO 改革就有可能被以美国等西方国家用作遏制中国发展的试验场。为此，应当在理清发展权性质变动基础上探明它与 WTO 本身的内在联系，并准确定位发展权在 WTO 改革中的功能，以实现发展权主流化、WTO 改革与人类命运共同体构建三者的统一，最终确保 WTO 在失去霸权支撑并且遭受霸权冲击的情形下依托发展权来夯实其地基，并由此实现再生。

一、发展权的基本内涵与性质变动

（一）发展权的基本内涵

发展权原本是一项国家与生俱来的权利，早在近代国际法诞生之时就得到承认。然而，由于广大亚非拉国家在当时不被视为"文明国家"，只是西方列强进行军事征服和殖民统治的对象，国际法在很长一段时间内不但没有保护它们的主权与发展权不受侵犯和践踏，反而成为西方列强借以对它们进行文化征服的工具。只是在经历两次"世界大战"洗礼而走向现代化之后，国际法才开始承认和保护各国的发展权。

随着西方殖民统治在战后的土崩瓦解，许多亚非拉国家陆续赢得民族独立和国家解放，从而成为与西方国家在法律地位上完全平等的主权国家，并在此基础上才"撕毁"强加在它们身上的"非文明国家"标签。与此同时，它们也意识到在经济发展水平方面自身与西方国家存在不小差距，于是转而基于主权主张拥有发展权，目的是实现经济的快速发展以保障自身政治独立。

此后，随着国际人权运动的兴起，发展权还被塑造为一项人权。"发展权的兴起至少跨越了40年，即从1945年联合国的创建直到1986年《发展权宣言》为联大所通过。"①《联合国宪章》在确立各国主权平等国际法基本原则的同时给联合国设定促进各国共同发展和人权普遍实现的双重使命，从而为发展权迈入现代国际法之门奠定了基础。

作为一项主权权利，发展权是指各国有权采取为国际法容许的一切措施，包括选择社会基本制度、制定相关立法与政策以及缔结各类国际条约来促进本国的经济发展和社会进步。而作为一项基本人权，《发展权利宣言》第1条将其界定为："一项不可剥夺的人权，凭此项权利，每个人和各国人民均有权参与、促进并享受经济、社会、文化和政治发展，在这种发展中，所有人权和基本自由都能够获得充分地实现。"这一定义在揭示人权保护与经济增长之间的内在联系的同时也显示发展权的主权权利维度与基本人权维度之间的关联性。"发展权乃是一种发展过程性权利，该过程由所有获得承认的人权如公民权利和政治权利以及经济社会和文化权利（包括在国际法上获得承认的其他权利）的渐进性和分阶段实现所构成，同时也是一个与人权标准相一致的经济增长过程。"② 由此看来，发展权有三方面的内涵："一是存在一项可称之为发展权的不可剥夺的人权；二是存在一种经济、社会、文化和政治发展的特定过程，所有人权和基本自由在此过程中得以充分实现；三是发展权是一项每个人和各国人民据此均有权参与、促进并享受该特定发展过程的人权。"③

---

① Isabella D. Bunn, The Right to Development: Implications for International Economic Law, *American University International Law Review*, Vol. 15, p. 1428.

② Arjun Sengupta, The Human Right to Development, *Oxford Development Studies*, Vol. 32, p. 182.

③ Arjun Sengupta, On the Theory and Practice of the Right to Development, *Human Rights Quarterly*, Vol. 24, p. 847.

（二）发展权的性质变动

国际法自其诞生以来就一直在演变，正如詹克斯指出："国际社会是动的社会，国际法是动的法律，它在不断地变动中。"① 作为一项为国际法所确立并保护的权利，发展权借助自身性质的持续变动来生动地诠释国际法的动态性。一开始，发展权无疑属于容纳无限权利的主权项下的一项权利，担负促进经济发展从而巩固国家政治独立的使命。而在随后爆发的国际人权运动和争取建立国际经济新秩序运动的推动下，发展权还进入国际人权体系之中，并成为第三代人权的代表。大约在发展权被确立为一项基本人权之后 30 年，同时也是经济全球化推进 30 年之际，发展权还因为国家之间形成了"你中有我、我中有你"人类命运共同体而演变为一项人类人权。发展权在经历从主权权利到基本人权，再到人类人权的内向性变动的同时，也经历从基本人权到一般国际法原则，再到全球治理原则的外向性变动。

1. 发展权作为主权权利

应当说，发展权的原始权利主体是主权国家，它们凭借主权天生就拥有发展权。因此，发展权最初并不是一项个人可以向它们自己的国家所主张的人权，而是国家或民族针对整个国际社会所主张的主权权利。在 20 世纪 60 年代发生一波又一波的去殖民化之后，发展权利呈现出来的形式是发展中国家要求发达国家终结它们先前长期奉行的经济支配和剥削性的殖民主义政策。② 结果，在 20 世纪 60 年代，发展权被理解为一项各个民族享有的集体权利而非主要为个人享有的人权。③ 事实上，在国际经济新秩序运动期间制定的《各国经济权利义务宪章》等文件为发展中国家创设大量发展性权利，其中一些权利被重新载入了《发展权宣言》之中。究其原因，那时才刚刚赢得

---

① C. Wilfred Jenks, Law in the World Community, *Longmans*, 1967, p. 57.
② Noel G. Villaroman, The Right to Development: Exploring the Legal Basis of a Supernorm, *Florida Journal of International Law*, Vol. 22, p. 300.
③ Ibid., p. 305.

独立的发展中国家借助新生的主权来主张发展权利，同时又希望通过落实发展权利来巩固主权。因此，在20世纪60至70年代，国际社会中流行的是作为主权之自然延伸的国家的发展权利（developmental rights）而不是作为人权之组成部分的发展权（right to development）。

国家的发展权不仅为《联合国宪章》①而且为《关税与贸易总协定》（1947年）所变相地承认和保护。后者在其序言中规定："缔约各国政府认为在处理它们的贸易和经济事业的关系方面，应以提高生活水平，保证充分就业、保证实际收入和有效需求的巨大持续增长、扩大世界资源的充分利用以及发展商品的生产与交换为目的，切望达成互惠互利协议，导致大幅度地削减关税和其他贸易障碍，取消国际贸易中的歧视待遇，以对上述目的做出贡献……"这在事实上承认：各缔约国，不论其处于何种经济发展阶段，都拥有通过参与多边贸易自由化寻求发展本国经济的主权权利。同样，各国的发展权也为WTO协定特别是其序言所承认。正如诺贝尔经济学奖得主斯蒂格利茨（Joseph Stiglitz）指出："不同国家处在不同的发展阶段，这是当初建立WTO的基础。如果不承认各国发展本国经济的权利，将永远不会有发展中国家加入WTO。"②不过，随着国际人权运动的兴起，再加上争取建立国际经济新秩序运动的助推，发展权还被塑造为了一项基本人权，从而担负不仅促进国家和个人发展，而且实现社会正义和国际正义的重要使命。

2. 发展作为一项基本人权

作为一项人权的发展权的思想起源与法律诉求来自《联合国宪章》和《世界人权宣言》等国际法律文件，《联合国宪章》把联合国的宗旨之一设为

---

① 《联合国宪章》不仅承认各国拥有发展权，而且强调各会员国有义务与联合国合作以促进和实现发展。其第55条规定："联合国应促进较高之生活程度，全民就业，及经济与社会进展"和"国际经济、社会、卫生及有关问题之解决"；其第56条规定："各会员国允诺采取共同及个别行动与本组织合作，以达成第55条所载之宗旨。"

② 观察网："美诺贝尔经济学奖得主：美国应重中国发展的权利"，载https://www.guancha.cn/economy/2018_04_21_454458.shtml，访问日期：2018年4月26日。

"促成国际合作,以解决国际属于经济、社会、文化及人类福利性质之国际问题……增进并激励对于全体人类之人权及基本自由之尊重",而《世界人权宣言》第 28 条规定:"人人有权要求一种社会的和国际的秩序,在这种秩序中,本宣言所载的权利和自由能够获得充分实现。"而发展权正好赋予了该项生活在公正的社会与国际秩序中的人权以实质性内容。① 因此,宪章和宣言已经为发展权从主权权利演变为基本人权奠定了基础。而且,为了延续建立国际经济新秩序运动的生命力,发展权给各国施加为改造现有国际秩序而进行国际合作的义务和责任,以便促进各国共同发展和所有人的人权的普遍实现。正如学者指出,若要实现发展权等集体人权,就应"改变现有世界秩序的基本构造"②。

据《发展权利宣言》的定性,发展权乃是一项人权。发展权所产生的依据是:所有人权和基本自由的充分实现说到底取决于一国社会经济的充分发展。"从根本上讲,发展权建立的前提是:经济发展不论是就其目标还是过程而言,都构成一项人权"③。而且,自 1993 年世界人权会议通过《维也纳宣言和行动纲领》以来,国际社会已经就发展权的人权属性达成普遍共识,并把发展权视为一项普遍的和不可剥夺的基本人权。"发展权是指全部个体及其集合体向国内和国际社会主张的参与、促进和享受经济、社会、文化和政治各方面发展及其利益的一项基本人权"④。

随着国家间相互依存的空前加深,各国人民还日益结成一个整体,该过程即"人类的兴起"。人类共同继承财产、人类关切事项(如应对气候变化)

---

① Stephen P. Marks, Foreword, in Margot E. Salomon, *Global Responsibility for Human Rights - World Poverty and the Development of International Law*, Oxford University Press, 2007, p. 10.
② Richard Falk, Foreword, in William F. Felice, *Taking Suffering Seriously: The Importance of Collective Human Rights*, State University of New York Press, 1996, pp. 11 – 13.
③ Stephen Kim Park, Talking the Talk and Walking the Walk: Reviving Global Trade and Development after Doha, *Virginia Journal of International Law*, Vol. 53, p. 370.
④ 邱庭彪:"'二战'胜利后发展权的实现与保障",载《人权》2015 年第 6 期。

和反人类罪等的产生,使得人类的国际法主体地位逐渐获得承认。① 因此,在推动构建人类命运共同体时代,人权的集合主体不仅指人民,而且也应当包括人类。作为一项基本人权,发展权在国际人权权利体系中的地位尤为特殊,享有所有人权既是落实发展权的必要条件,也是其目标。"发展权是一项基本人权,是实现自由、进步、正义和创新的前提。发展权是最重要的一项人权,是第一项也是最后一项人权。发展既是人权的开端,也是人权的归宿,既是实现人权的手段,也是人权本身的目的。"②

3. 发展权作为一般国际法原则

由于担负承载所有人权实现的基本使命,发展权不满足于只是作为一项基本人权,还会朝国际法原则的方向演进。从20世纪60年代开始,发展中国家就提出发展原则,主张把它作为指导国际经济关系的准则。③ 这就为发展权演进为一般国际法原则奠定了坚实基础。在"冷战"期间,发展权的权利义务内容不明确,同时其性质遭质疑。为了使自身得到充分实现,发展权也必须演进为一般国际法原则以制约国家的行为。"一般国际法原则是指经常贯穿于国家实践和国际政治决策的'演进性'原则。它们已经历反复适用的阶段;它们不同于条约和习惯国际法,因为后两者通常以相当清晰的权利和义务表达出来……"④ 发展权早先并未明确规定特定主体的具体权利和义务,也没有获得相关条约和习惯的支撑。但这并不意味着它目前还不是一项具有相应法律义务和责任的新兴国际法原则。"建立在《联合国宪章》和国际人权文件的基础上的是大量一般法律原则,它们在公约、宣言和建议中得到确立,这些证明了发展权在国际法中的存在。"⑤

---

① Antônio A. Cançado Trindade, International Law for Humankind: Towards a New Jus Gentium, *Recueil des Cours*, Vol. 33, pp. 281 – 285.
② Mohammed Bedjaoui, *The Right to Development*, in Mohammed Bedjaoui (ed.), *International Law: Achievements and Prospects*, Martinus Nijhoff Publishers, 1991, p. 1182.
③ 郝明金:"论发展权",载《山东大学学报(哲学社会科学版)》1995年第1期。
④ William F. Felice, suprat note 10, p. 74.
⑤ Ibid.

事实上，过去30年来，民族国家的实践已经推动发展权演进为一般国际法原则。① 正是由于发展权自身具有尊重人权与促进发展相统一的特点，该项权利从产生之日起就受到包括中国在内的广大发展中国家的看重。② 各国国内法律体系一再确认促进平等和机会公平原则，规定共同福祉与促进民众幸福。因此，发展权的核心内容，即有关发展的基本权利的确认和保障在很多国家甚至发达国家的宪法中都能找到。③ 结果，尽管习惯法和条约可能不会明确地确认这些规范，但它们仍可以被视为一般国际法原则。④ 归根结底，发展权是在发展原则基础上产生的，发展原则乃是当时的国际经济治理原则；发展权随后能够演变为一般国际法原则，是与它经历"建立国际经济新秩序运动"的洗礼分不开的。发展权实为一项以人权话语来表达的国际经济新秩序原则。这正是1986年《发展权利宣言》呼吁联合国会员国尽早建立国际经济新秩序以矫正不平等和补救现有不公正的原因所在。

　　作为一项新兴的国际法原则，发展权是具有强有力的"软法"理由支撑的。⑤ 事实上，国内学者也强调发展权的国际法律原则属性。"随着发展权概念的发展，发展权已经超越了国际人权法的特定范畴，成为指导国际关系各领域的一般国际法原则"⑥。发展权同时还是一项国际人权法原则。"作为一项人权法原则，发展权呼吁所有人的人权都应当反映在国内和国际层面的行政、政策、立法和其他措施中，并明确要求义务承担者通过认真对待普遍承

---

① William F. Felice, suprat note 10, p. 74.
② 卡琳·阿斯特、瓦塔邦加贡·托莫："国际法中的发展权：三十年后的新动力？"，徐云霞译，载《国际法研究》2017年第1期。
③ 邱庭彪："'二战'胜利后发展权的实现与保障"，载《人权》2015年第6期。
④ William F. Felice, suprat note 10, p. 73.
⑤ Ibid., 76.
⑥ 朱炎生："发展权的演变与实现途径——略论发展中国家争取发展的人权"，载《厦门大学学报（哲学社会科学版）》2001年第3期。

认的个人人权的发展维度尊重世界各地所有人的固有尊严。"①

4. 发展权作为一项全球治理原则

作为一项国际经济新秩序原则，发展权原本担负的是使国际经济制度安排公正化以促进发展中国家普遍发展的使命。在经济全球化时代，若要延续国际经济新秩序运动的生命力，发展权就必须演进为一项全球治理原则。由于当今世界国家之间的相互依存空前加深，国内层面的发展需要一种具有适当支持性的国际条件与环境。② 此种国际条件与环境需要发展权演进为一项全球治理原则来创造。因此，发展权如若只是被界定为一项基本人权，它就难以肩负推进国际经济新秩序的使命；为了应对新自由主义全球化的挑战并且促进全球治理体系改革以创建国际经济新秩序，发展权还必须具有全球治理原则的属性。

全球治理是在没有世界政府和国际宪法主导下展开的，它主要依靠原则和在原则统领下的规则来治理。因此，国际原则在推进和完善全球治理过程中往往需要发挥多方面的功能，但前提是它们不仅具有法律维度，而且也具有伦理和政治维度。发展权跨越国际法领域而迈入国际关系领域，演变成具有多维度的全球治理原则，这不仅是全球治理的需要，而且来自多方面的推动，其中包括"千年发展目标"的确立；多哈"发展回合"谈判的发起；《变革我们的世界：2030 年可持续发展议程》的通过。所有这一切都推动发展权迈入了国际人权体系和全球经济治理的中心地带。换言之，在没有一个世界政府来消除各地贫穷和促进各国发展的背景下，发展权的诞生提出有关发展的全球治理问题，并设计解决路径，因而是一项全球治理基本原则。

---

① Subrata Roy Chowdhury, Paul J. I. M de Waart, *Significance of the Right to Development：An Introductory View*, in Subrata Roy Chowdhury et al（eds.）, *The Right to Development in International Law*, Martinus Nijhoff Publishers, 1992, p. 12.

② Ranganath Misra, *Forewords：Advancing the Interests of Mankind by the Rule of Law*, in Subrata Roy Chowdhury et al（eds.）, *The Right to Development in International Law*, Martinus Nijhoff Publishers, 1992, p. 5.

"作为一种全球治理框架,发展权具有重要的价值。"①

简言之,在经济全球化时代,有必要把发展权定性为一项全球治理原则,才能复活国际经济新秩序运动的生命力。毕竟,萌芽于后殖民主义的20世纪60年代的发展权,表达的是发展中国家改革国际经济规则与政策的要求。②而且,作为全球治理原则,发展权具有法律、政治和伦理多个维度。"发展权业已从有争议的发端演变为国际共同体发展政策的一个突出的法律方面。该项权利已成为国际人权法法律框架的一个牢固组成部分。这朝着确立发展权在国际共同体内的合法性方面迈出了一大步。"③而发展权的政治维度,是指它构成发达国家与发展中国家就解决发展问题达成的基本政治共识。至于其伦理维度,则表现为它"成为与发展,因而与全球化有关的法律的正当性来源"④。结果,发展权在国际关系中具有非常强大的力量,国际社会还正在推动其"主流化",即进入联合国和WTO等国际组织的重要活动和主要议程之中,以促使国际法发生结构性转型。

二、发展权与WTO改革之间的内在联系

发展权是用权利的语言来表达发展,因而与发展概念紧密相关。它所揭示的人权保护与经济发展之间的内在关联正是《发展权利宣言》的基本要义所在。"……《发展权利宣言》最为持久的遗产不是人权的概念已扩展至包括发展,而是发展的概念已经扩展至纳入人权。在今天,权利不能与经济发展相分立。"⑤ 由于WTO致力于通过推进多边贸易自由化来促进各成员方的

---

① Daniel Aguirre, *The Human Right to Development in a Globalized World*, Ashgate, 2008, p. 16.
② Khurshid Iqbal, *The Right to Development in International Law: The Case of Pakistan*, Routledge, 2010, p. 1.
③ Daniel Aguirre, supra note 26, p. 72.
④ Ibid., 68.
⑤ Isabella D. Bunn, *The Right to Development and International Economic Law: Legal and Moral Dimensions*, Hart Publishing, 2012, p. 285.

经济发展，因而与发展权内在的关联。《WTO 协定》的序言规定，各成员致力于创建一种"开放的贸易体制"，它将会促成"提高生活水平、保证充分就业、保证实际收入和有效需求的大幅稳定增长"目标的实现。这表明，贸易自由化的最终目标是促进成员方的经济发展甚至是民众的发展权。此外，"协定"序言还特别提到发展中国家的"发展需要"。由于 WTO 把"经济发展"作为各项规则与机制围绕其运行的中心目标，它与发展权之间自然存在物质和制度关联性。毕竟，经济发展也是发展权的中心要义。正是因为两者存在紧密的关联性，这使得发展权与 WTO 改革之间有着深刻的内在联系。

一方面，为了实现主流化，发展权需要 WTO 进行改革。在 2004 年，联合国人权委员会通过决议呼吁发展权在 WTO 法律、政策与活动中实现主流化，以使发展权在其中得到保护。联合国秘书长和人权事务高级专员努力使发展权成为联合国工作中的优先议题。近些年来，他们通过强化成员方、发展机构和国际开发、金融和贸易机构之间的全球发展伙伴关系以便使该项权利主流化。在 2016 年，金砖国家在联合国人权理事会第 31 次会议上做共同发言，强调应当将发展权置于"2030 年可持续发展议程"的核心。为了促进发展权的主流化，有学者建议：提升发展权在联合国系统中的制度性地位；缔结融入最佳实践的发展权公约；使《发展权利宣言》在区域和跨区域协定中主流化。①

由于 WTO 承载多边贸易自由化，并在此基础上来促进各成员方的经济发展，因而自然是发展权主流化依托的主要平台。不过，为美国主导创建的多边贸易体制原本是维护和强化其世界经济优势与支配地位的工具，它致力于促进国际贸易而不是发展中国家的发展。"国际贸易因而与战后经济复兴、国内经济的现代化和经济增长相连，但却不与发展相连，而发展意味着进行

---

① Isabella D. Bunn, *The Right to Development and International Economic Law: Legal and Moral Dimensions*, Hart Publishing, 2012, p. 150.

专题三：WTO 的成就、困境与改革

经济转型以消除贫穷和停滞。"① 在《哈瓦那宪章》起草期间，美国的原始提案并未考虑赋予欠发达国家以任何优待。因为，它认为，建立在非歧视和互惠性原则基础上的贸易自由化，将会自然而然地给各国包括发展中国家带来增长与发展。这实际上是多边贸易体制"发展赤字"的产生之源。尽管在发展中国家的强烈要求下，多边贸易体制进行过多次以发展促进为出发点的改革，包括 1965 年增加以"贸易与发展"为标题的第四部分和 2001 年发起"多哈发展回合"，但其"发展赤字"却日益累积。

而在"乌拉圭回合"谈判期间，多边贸易体制发生新自由主义转向，促成了 WTO 的诞生。但此种转向是在发达国家的物质霸权和观念霸权支配下发生的，它使多边贸易体制演变为一种承载成员相互交换市场准入的市场，严重缺失实质公正性，从而引发与发展权关系的制度性紧张。② 此种紧张显然构成发展权在多边贸易体制中实现主流化的障碍。为了消除此种障碍，WTO 应基于发展权保护来改革自身。彼德斯曼指出，在国际货币基金组织、世界银行、GATT 和 WTO 协定中根本没有提到人权包括发展权，阻碍了人权在国际经济法中获得保护，把人权融入它们之中仍然是 21 世纪面临的中心挑战。③

另一方面，WTO 改革也需要发展权的支撑。我们认为，WTO 改革的首要原因是它正陷入史无前例的生存性危机之中。多边贸易体制是在美国主导下创建起来的，它原本是维护和强化其世界经济霸权的工具。不过，随着中国等金砖国家在入世后取得比美国更快的经济贸易增长和一定贸易顺差（美国的贸易逆差逐年攀升），奉行"美国优先"的特朗普政府把美国不再能够

---

① Francine Mckenzie, *Free Trade and Freedom to Trade: The Development Challenge to GATT*, 1947 – 1968, in Marc Frey et al. (eds.), *International Organizations and Development*, 1945 – 1990, Macmillan, 2014, p. 151.

② 李春林：《贸易自由化与人权保护关系研究》，法律出版社 2016 年版，第 163 – 168 页。

③ Ernst – Ulrich Petersmann, *The Promise of Linking Trade and Human Rights*, in Daniel Drache and Lesley A. Jacobs (eds.), *Linking Global Trade and Human Rights: New Policy Space in Hard Economic Times*, Cambridge University Press, 2014, p. 50.

加以支配的 WTO 视为变相助力中国挑战美国霸权的帮凶，因而试图削弱、动摇乃至摧毁它。结果，WTO 不但失去霸权国家的霸权支撑，反而还遭受其霸权冲击，并由此陷入深刻的危机之中。① 为了夯实其地基并摆脱生存性危机，WTO 应转而依托各个主权国家的发展权利，从而为自身提供合法性支撑。应当说，WTO 目前面临的最主要矛盾不再是自身与非政府组织的矛盾，而是以美国为首的部分发达国家与以中国为代表的"金砖国家"之间的矛盾，该矛盾的解决必须坚守一个底线原则，即承认和尊重各国的发展权利。

如果说特朗普推行的单边主义和贸易保护主义制造的是自上而下的逆全球化，从而使 WTO 法陷入生存性危机的话，那么，非政府组织主导的自下而上的逆全球化，以 1999 年底西雅图抗议为代表，则使其面临正当性危机。人权法学者认为：一方面，WTO 因其"亲贸易"偏见而排他性地追求贸易价值与经济目标，从而构成对为人权法保护的非贸易价值与目标的冲击；另一方面，WTO 过度侵蚀成员方的自主权，致使它们履行其人权义务的政策空间遭到压缩，最终不仅引发制度冲突，而且使自身陷入正当性危机之中。由于没有做出调整以适应迅速变化的全球局势，多边贸易体制正面临严重的正当性危机。② "多边贸易体制在 20 世纪晚期的转型几乎在它定型之际就遭到持续的批判，并且到了新千年结束之际被普遍认为陷入正当性危机的漩涡之中。"③ 我们认为，多边贸易体制的正当性危机集中体现为贸易自由化的成本与收益在不同国家以及一国不同社会阶层之间的不公平分担（分配），从而在国家之间和国家内部制造日益严重的发展差距。为了缓解其正当性危机，WTO 必须基于发展权保护来改革自身，从而与发展权的主流化相对接。

---

① Kristen Hopewell, *Breaking the WTO: How Emerging Powers Disrupted the Neoliberal Project*, Stanford University Press, 2016, p. 3.

② Daniel C. Esty, The World Trade Organization's Legitimacy Crisis, *World Trade Review*, Vol. 1, p. 7.

③ Andrew Lang, *World Trade Law after Neoliberalism: Re-imagining the Global Economic Order*, Oxford University Press, 2011, p. 313.

此外，对于发展中国家来说，发展权的主流化与 WTO 改革走向融合尤其具有意义。尽管建立国际经济新秩序运动因为新自由主义兴起等原因自 20 世纪 80 年代中期开始陷入低潮，但新生的发展权一开始就在为它续命。"尽管国际经济新秩序运动没有能产生对于国际经济权力所希望的重新分配，但是第三世界一直没有放弃努力，见之于国际经济新秩序中的许多原则不仅被重新表述，并被作为发展权而重新提出。"[①] 从某种意义上讲，作为人权的发展权的诞生标志着国际经济新秩序运动进入一个新的阶段。当然，构建人类命运共同体理念的产生再一次与时俱进地诠释了国际经济新秩序的基本要求。因此，如果不以在推动建立国际经济新秩序方面"承前启后"的发展权为基础，WTO 改革不但无法进一步革新自我，反而连已经取得的成就即多边主义和规则定向都无法守住，世界贸易秩序完全有可能重新回到实力导向的旧时代。这显然是与构建人类命运共同体的时代要求相悖的。正因如此，我国外交部部长王毅谈及多边贸易体制改革时强调应坚持三个"不能丢"，其中包括"发展中国家的正当合法权益不能丢"。我国商务部发言人随后强调：WTO 改革"应该以发展为核心"。

特别是对于我国来说，更是应基于发展权保护来提出自己有关 WTO 的改革方案与主张：一方面，在《发展权利宣言》通过 30 周年之际国务院新闻办公室发布的《发展权：中国的理念、实践与贡献》白皮书把我国定位为发展权的"倡导者、践行者和推动者"（在构建人类命运共同体方面，我国应当说也扮演相同的角色），因此，我国应当在一切场合特别是 WTO 改革之际来努力倡导发展权；另一方面，若不以兼具防御性和进攻性的发展权为武器，以美国为首的部分发达国家就有可能在非市场经济地位、国有企业、产业补贴以及知识产权保护等方面进一步制定对我国和其他发展中国家不利的规则，从而借 WTO 改革来否定我国的发展权以便遏制我国发展。《中国关于

[①] Ruth E. Gordon, Jon H. Sylvester, Deconstructing Development, *Wisconsin International Law Journal*, Vol. 22, p. 60.

世贸组织改革的建议文件》列明四大"行动领域",其中包括"增强多边贸易体制的包容性",强调"尊重发展中成员享受特殊与差别待遇的权利"。①

三、发展权作为"权利"在推动 WTO 改革中的主要功能

发展权不仅凸显人权的发展维度,而且揭示了国际法的发展维度。在此意义上讲,发展权表征的是人权的发展维度与发展的人权维度的统一。2015年 12 月,联合国大会通过的题为《发展权》的决议指出:"在落实《2030 年可持续发展议程》过程中,发展权应当处于中心位置。"② 正如前文指出,发展权不只是具有国家主权权利和基本人权的属性,还具有一般国际法原则和全球治理原则的属性,从而在推动国际法结构性转型和 WTO 改革方面有独特的优势,并由此能够发挥多重功能。

一是改革方向的指引功能。由于新自由主义把自由市场和自由贸易描绘为通向经济发展的最佳之路,多边贸易体制本身在乌拉圭回合期间被塑造为一种市场,仅仅是一种交换贸易优惠的场合,每个国家用其来促进出口利益。③ 不过,多边贸易体制并没有像新自由主义所假定的那样会促进其成员的普遍发展,各国从而不得不在 2001 年发起多哈"发展回合",企图消除多边贸易体制中长期存在的"发展赤字"。"只要贸易各国认为 WTO 是一项建立在互惠性交易基础上的契约,世界贸易体制就会仍然受到它在 60 年前被创建时努力驱除的重商主义邪恶的摆布。贸易各国,不论是富国还是穷国,都急切地打开其他国家的市场,而仍不情愿打开它们自己的市场。"④ 因此,在

---

① 中华人民共和国商务部官网:《中国关于世贸组织改革的建议文件》,http://sms.mofcom.gov.cn/article/cbw/201812/20181202817611.shtml,访问日期:2018 年 12 月 5 日。
② 赵建文:"遵循《联合国宪章》:实现发展权的基本保障——以《改变我们的世界:2030 年可持续发展议程》为视角",载《人权》2016 年第 4 期。
③ Andrew Lang, supra note 37, p. 6.
④ Sungjoon Cho, *The Social Foundation of World Trade*: *Norms*, *Community*, *and Constitution*, Cambridge University Press, 2015, p. 20.

经济学家罗迪克看来，贸易应找回其失去的灵魂，特别是在多边贸易体制内，需要一种"从'市场准入'思维定式到'发展'思维定式的转向"①。而以发展为中心追求的发展权自然有助于促成此种转变的发生。

"我们不应当指望仅仅通过改变议题或是谈判形式来挽救世界贸易体制……我们借以理解 WTO 及其规范性质的方式必须发生结构性的变化。"② 也就是说，我们有必要用建立在建构主义基础上的共同体框架——把 WTO 视为世界贸易共同体来弥补建立在理性主义基础上的契约模式的不足。因为，自由贸易在本质上实为一种由各国共同创建的工程。此种相互性自然导致贸易参与者之间存在共同的基础，由共同语言、共同规范和最终到形成一个共同体。③ 结果，国际贸易谈判并不只是意味着传统的互惠性交易，而且也带有磋商、劝说和学习的话语性特质。通过引入作为一种沟通理性并且具有构成性和建构性的发展权，就有可能引发我们所想要的变化。

"作为制度性沟通的基础的发展权有潜能作为一种促成界定、表达和扩展在多边贸易体制中的参与者的利益的手段。它建立在如下理念的基础上：国际行为体的利益并不是客观的和固定的，而是建立在主观性的观念、价值和信念的基础上。这些观念、价值和信念关涉国家和非国家行为体的利益，是通过产生共有的和主体间的理解的社会过程建构的，此类理解划定了恰当行为的界限。换句话说，观念通过提供我们借以看待物质世界的棱镜而有助于塑造偏好。通过界定我们是谁，观念确定了行为体所认为是可能的和可以接受的利益的范围④。"通过影响贸易的言语表达，随着时间的推移，发展权可以塑造国家借以权衡个体福利的价值并决定如何使之最大化的规范性话

---

① Dani Rodrik, *One "Economics, Many Recipes: Globalization, Institutions, and Economic Growth"*, Princeton University Press, 2007, p. 234.
② Sungjoon Cho, supra note 42, p. 10.
③ Ibid., p. 9
④ Stephen Kim Park, supra note 11, p. 400.

语。① 总的说来，兼具国际社会的共有观念和共同规范性质的发展权完全有潜力促成多边贸易体制从世界贸易契约向世界贸易共同体转型，从而为国际共同体提供质量更优的国际公共产品。

二是伦理品性的塑造功能。发展权最早是由塞内加尔法官穆巴耶作为人权加以提出。他的解释是，需要发展人权来矫正国际经济体制的不公正。而在该体制中，北方的受益建立在牺牲南方利益的基础上。② 应当说，作为人权的发展权在国际法中的诞生标志着国际经济新秩序运动进入了一个崭新阶段。因为，在此之前发展中国家一直基于主权来追求国际经济关系中的公正以及在此基础上的经济发展。不过，主权虽说是一个主张国家间平等的有用工具，但却并不是一个在事后针对某种制度安排主张公正的有效工具。而作为人权的发展权恰恰可以弥补主权在争取国际公正与经济发展方面的天生缺陷，因为，它蕴含人权所表征的自由、平等与公正价值，并由此构成使多边贸易体制之类的国际制度安排公正化的伦理基准。

首先，发展权崇尚自由价值，因而支持自由贸易，反对贸易保护主义。如此说来，发达国家凭借其霸权来主导国际贸易规则的制定以推行有选择性的自由贸易战略是与发展权的追求相违背的，因为，该战略使得发达国家能够在自身拥有竞争优势的领域实行自由贸易，反之则实行贸易保护主义，从而使发展中国家很难从国际贸易中充分受益并由此实现发展。"贸易保护主义阻止发展中国家从它们拥有天然比较优势的领域中受益。"③ 因此，发展权首先要求发达国家抛弃自由贸易的双重标准。同时，一国对于生活在其他国家的人民负有人权义务。④

---

① Stephen Kim Park, supra note 11, p. 402.
② Keba M'Baye, Le Droit au développement comme un droit de l'Homme, in Revue Des Droits De l'Homme, pp. 505 – 522.
③ Uché U. Ewelukwa, Centuries of Exclusion: African Women, Human Rights, and the "New" International Trade Regime, *Berkeley Journal of Gender, Law & Justice*, Vol. 20, p. 115.
④ Sarah Joseph, *Trade Law and Investment Law*, in Dinah Shelton ed., *The Oxford Handbook of International Human Rights Law*, Oxford University Press, 2013, pp. 845 – 846.

其次,发展权也追求平等价值,并构成 WTO 成员从形式平等走向实质平等的推动力量。目前在多边贸易体制之中,发展中国家甚至在法律上和形式上都未取得与发达国家平等的地位,更谈不上赢得实质性的平等,其中包括享有应有的优惠待遇。因此,既然主权只能促成形式上的平等,就需要引入强调实质平等的发展权,以使发展中国家在多边贸易体制中赢得真正平等的地位,它们的利益要求进而得到平等地考虑,并最终能够从贸易自由化中同等地受益,此乃是多边贸易体制公正化的应有之义。

最后,发展权天生就追求公正价值,由此为它给多边贸易体制输入公正价值奠定了坚实的基础。由于 WTO 借助成员方之间的市场交易来实现互利互惠,这就使得它难以在成员方之间和成员方内注入正义。原因在于,一方面,国家之间的市场交易在实力不对等的基础上展开,而实力不对等者之间对等的市场交易自然是不公正的;另一方面,国家之间的市场交易基于比较优势理论展开,因而很难确保给各国的社会弱势群体带来公正。由此看来,假定自由贸易自然会促进各国经济增长,并依靠国家之间的市场交易来追求互利互惠,但其并不能够确保国际贸易的公正性。此时,唯有引入发展权,才可以增进多边贸易体制的公正性。其中,发展权奉行的以个人权利为本位的公正原则能够弥补 WTO 奉行的以国家间互利互惠为基础的公正原则的缺陷。"以个人权利为中心的社会正义原则似乎与多边贸易体制的集体主义性的、以互惠性为基础的运行机理不一致"。①

三是评估标准的设定功能。从发展权保护角度来看,WTO 法改革涉及的评估标准有正当性、公平性和有效性等标准。具有多重属性的发展权不仅给 WTO 法提供合法性基础,而且还是其正当性来源。具体说来,作为主权权利,发展权促进国家之间的公平正义;作为基本人权,它促进国际共同体中的公平正义;作为人类权利,它构成实现人类命运共同体所需要的公平正义

---

① Stephen Kim Park, supra note 11, p. 414.

的支柱。"WTO 主张以理性为基础的正当性也取决于它致力于实现公平和正义。而公平具有程序和实体两个方面的内容"①。公平性可以区分为成员之间的公平以及政策关切之间的公平。成员之间的公平有实体和程序两方面,其中实体公平指的是一个人或一个组织的成员资格和对组织的参与的成果与投入之间的比例;而程序公平指的是平等参与决策程序。政策之间的公平意味着经济、社会和环境关切之间的平等对待。②

而有效性被理解为目标实现的程度,集中关注在谈判、遵守贸易协定、贸易政策审查和争端解决领域的组织结果的产生。在此方面,发展权不仅能够揭示出多边贸易体制的功能性目标与抱负性目标之间的紧张,而且为缓解有关紧张指明出路。《世贸组织协定》列明多项崇高的目标,其中包括提高生活水准和为实现可持续发展而最佳地利用世界资源等。不过,由于 WTO 建立在通过向更大的贸易流动开放市场来增进繁荣的假定之上,③ 此类目标并非是 WTO 担负的优先性的直接目标,而是抱负性的间接目标。相反,唯有推进自由贸易才是优先性的直接目标,同时也是 WTO 致力于实现的功能性目标。而发展权的引入不仅会让人质疑 WTO 把推进自由贸易置于最优先地位的合理性,而且也会使人质疑作为直接目标的自由贸易是否一定会促进间接目标包括各国普遍发展的实现。事实上,从发展权角度看,WTO 的功能性目标与抱负性目标之间的紧张甚至见之于《世贸组织协定》的序言中:一方面,它强调要采取积极行动确保发展中国家贸易份额的增长,意味着仅仅凭借市场力量并不足以确保最为贫穷国家从贸易自由化中受益;另一方面,它又转而信奉市场逻辑和交易逻辑。④ 基于发展权的指引,各国必须使多边

---

① Daniel C. Esty, supra note 36, p. 18.
② Eberhard Bohne, *The World Trade Organization: Institutional Development and Reform*, Palgrave Macmillan, 2010, p. 118.
③ Meredith Kolsky Lewis, WTO Winners and Losers: The Trade and Development Disconnect, *Georgetown Journal of International Law*, Vol. 39, p. 165.
④ Ibid., p. 170.

贸易自由化进一步公平公正化，才有可能缓解前述紧张。

四、发展权作为"原则"在推动 WTO 改革中的主要功能

正如前文指出，发展权既是一般国际法原则，又是全球治理原则，从而在一个原则导向的全球治理时代能够发挥重要的功能。

一是理性基础重建功能。当代国际贸易治理和 WTO 法建立在三大理性基础上：一是经济理性（形式理性和实质理性），特别是信奉新自由主义说教，即自由市场与自由贸易是通向世界普遍繁荣和全球持久和平的最佳之路。二是技术理性：国际经济和贸易决策是高度技术性的领域，最好是交给训练有素的专家型精英官员来把持。三是国家理性：国家是一个永无止境地追求权力和利益的理性行为体。而在理性选择理论看来，国际法正好为此提供了重要工具。在很多时候，经济理性、技术理性和国家理性都是受约束（bounded）的理性。因此，依托前述三大理性的国际贸易治理本身是值得质疑的。

而发展权代表的是新的理性形式。一是反思理性，它所质疑的是：经济全球化只有一种版本即新自由主义全球化吗？建立在新自由主义基础上的多边贸易自由化是通向持久和平与共同繁荣的唯一路径吗？二是（全球）公共理性：发展中国家穷人获得救命药的权利应当超越发达国家跨国医药公司对于药品专利享有的垄断权；不仅在环境保护，而且在经济发展和社会进步合作方面，各国都要遵循共同但有区别责任原则，正如习近平主席在"谋共同永续发展做合作共赢伙伴"的发言中强调，就落实 2030 年可持续发展议程来说，"各国能力和水平有差异，在同一目标下，应该承担共同但有区别的责任"。三是正当理性，格劳秀斯称自然法是"正当理性的命令"，而发展权和人类命运共同体理念接近正当理性，它们指明 WTO 的改革方向。因此，借助其所表达的新的理性形式，发展权能够重构多边贸易体制的理性基础。

二是基本缺陷补救功能。基于其传统的理性基础,多边贸易体制的运行逻辑有三:一是贸易本位逻辑(比较优势理论和新自由主义说教对于自由贸易功能的神化);二是市场交易逻辑(多边贸易体制本身成为一种交换市场的市场);三是实力定向逻辑(国际规则包括 WTO 规则的创制却是政治过程与政治程序的产物)。这使得多边贸易体制有三大缺陷:一是发展本位性缺失;二是规则公正性不足;三是制度排斥性明显。而集中体现有关运行逻辑和基本缺陷的就是,在"乌拉圭回合"谈判期间,以美国为首的有些发达国家基于其物质实力和观念霸权,强行把知识产权问题纳入进来,订立使贸易世界三分的《TRIPS 协议》,即第一世界是知识产品生产大国;第二世界是物质产品生产大国;第三世界是既非物质产品也非知识产品生产大国。①"贸易世界三分"旨在使以美国为首的发达国家长期垄断知识产品和高端制造业生产,并创设制度性的障碍阻止发展中国家跃升为知识产品生产大国(科技强国)。如果某发展中国家试图走向贸易第一世界,美国等发达国家就会通过设定"TRIPS 加"甚至是"超 TRIPS"的知识产权保护标准,外加发动贸易战来加以遏制。其中中美贸易战就是例证。

而发展权一方面通过承认和保护各国发展经济的主权权利来实现其共同发展;另一方面又努力创建一种公正的社会和国际秩序来确保个人的权利和自由得以充分实现。此外,作为人类人权,发展权试图把人类的发展进步置于压倒国家利益和大国霸权的地位。如此说来,发展权能够推动 WTO 改革以补救其基本缺陷。

三是改革思路革新功能。多边贸易体制信奉比较优势理论,认为更大的贸易自由化将会促进各国的经济增长。因此,其传统的改革思路是以贸易自由化为基础的发展促进改革,并至少进行了三次重大的发展促进改革:一是在 20 世纪 60 年代增加"贸易与发展"为 GATT 第四部分;二是在 20 世纪

---

① 李春林:《贸易自由化与人权保护关系研究》,法律出版社 2016 年版,第 319 页。

80 至 90 年代"乌拉圭回合"谈判与新自由主义转向；三是 21 世纪初开启的"多哈发展回合"谈判（从总体上濒临失败）。不过，每一次发展促进改革带来的是南北发展差距日益拉大，发展中国家"发展赤字"不断累积，而真正能够借助改革而发展起来的发展中国家少之又少。究其原因，尽管多边贸易体制为了促进发展中国家的发展而做出三次自我重大修正，但由于它不可能改变国际发展合作体系的本质——延续西方强国对于欠发达国家的优势与支配地位的工具，因而不可能促进各国的共同发展。因此，WTO 改革应当改变思路，即从"发展促进"转变为"发展权保护"。唯有如此，WTO 才能找到新的依托和真正出路。

五、结语

在革新现有秩序和推动国际法转型方面，国际经济新秩序运动、发展权主流化以及构建人类命运共同体在精神上一脉相承。因此，在 WTO 法方面，各国特别是发展中国家不应忘记它们所担负的创建国际经济新秩序和推动构建人类命运共同体的历史使命。这就要求 WTO 改革应以"承前（国际经济新秩序运动）启后（构建人类命运共同体）"的发展权为基点，以便继续推进"多哈发展议程"，从而消除多边贸易体制 70 年来不断累积的"发展赤字"。总而言之，在推动构建人类命运共同体的新时代，发展权不仅是推动构建人类命运共同体的重要依托，而且也是人类命运共同体中的一项基本权利。与此同时，WTO 改革还应具有新的内涵并担负新的使命，这就需要通过与发展权主流化相对接来确定，以便不断增强多边贸易体制的包容性。

专题四：区域贸易协定的新发展及TPP/CPTPP规则研究

论对等原则及其在国际经贸领域的发展　徐　昕 / 235
数字经济中的互联网治理困境　叶　波　黄羽琦 / 255

论对等原则及其在国际经贸领域的发展

徐 昕[*]

摘要： 长久以来，对等原则是各国在参与国际法规则制定、形成时普遍奉行的一项战略。历史地来看，对等原则在推动习惯法形成方面发挥着重要作用。而在条约领域，特别是多边条约项下，由于受到最惠国待遇和国民待遇的侵蚀，对等原则在适用领域和效力层级上整体呈缩小和减弱的趋势。到了晚近的国际经贸领域，传统的对等原则发生了新的拓展和演变。具体而言，在 GATT/WTO 项下的关税谈判领域，对等原则的内涵从一个法学概念转变为一个经济学概念，在适用方式上从双边范式转变为体制内嵌入式的多边范式。美国的"301 条款"则以单边方式寻求贸易条件的对等，并在适用路径上突破了传统国际法上相对固定的模式。在国际投资领域，对等原则的适用范围则从投资保护领域扩大到投资自由化领域，包括强调在双边谈判路径下引入对等投资开放以及在国内立法中确立投资对等制度。针对以上新发展，中国应从合法与合理两个维度客观地开展评判，秉持维护本国重大利益的基本立场，为尚处于变动中的对等原则贡献中国的学术智慧。

关键词： 对等原则；对等关税；"301 条款"；对等投资开放

---

[*] 徐昕，上海对外经贸大学副教授。

当前，美国总统特朗普依据国内"301条款"向中国产品加征关税，并表示将考虑设立对等投资制度。欧盟也在这些年开始主张中国应实行对等投资开放。美欧提出如上主张的核心理论依据是对等原则。然而，一直以来，中国对于对等这一概念，研究是不充分的，并且由于语言上的差异，英文中的对等（reciprocity）一词在国际经贸领域又常常被翻译成互惠，这更增加了这一概念的模糊和混乱。梳理国际法的历史可以发现，对等一词并非发生发展于晚近的国际经贸领域，相反，这一概念在国际法范围内有着悠久的历史。本文拟从历史的角度梳理对等理念的发生和发展，在此基础上重点辨析当下美欧在关税和投资领域内对对等原则的拓展性解释和适用，并探寻中国对此应持有的立场。

一、一般国际法上的对等

（一）对等与习惯法

长久以来，对等原则是各国在参与国际法规则制定、形成时普遍奉行的一项战略。外交与领事关系领域是基于对等理念而发展起来的最早领域之一，绝大多数豁免规则都基于双方对等承认而得以确立。与此同时基于对等理念形成的还包括国家的司法管辖豁免规则。正如在西班牙政府诉卡索（casaux）案中，法国最高法院法官陈述道："国家之间的对等依赖性是国际法最被普遍认可的原则之一；基于该项原则，任一政府均不受外国的管辖。"[①] 在武装冲突法中，对等同样在规则的形成方面发挥了重要作用。早在法国大革命之前，各国在调整彼此战时冲突的规则中就明示或暗示了对等理念。例如，1778年，俄国的凯瑟琳二世在颁布的指令中明确规定：在对等的前提下，应向每条船上捕获的土耳其俘虏给予人道主义待遇，向其提供各种供应品，并

[①] Report of the International Law Commission on the Work of Its Thirty - Second Session, 5 May - 25 July 1980, 2 Y. B. Int'l L. Comm'n, pt. 2, p.146.

使其免于遭受任何其他要求以及缺乏任何所需。① 因此，假若敌对方未对俄国战俘提供如上待遇，则俄国将撤回或中止实施该指令。

历史地来看，对等在推动习惯法形成方面，特别是在外交与领事关系法、国家责任法、外国人待遇、条约法、武装冲突法等领域发挥着重要作用。②

早期习惯国际法的形成之所以如此倚重对等，其源于国家间的主权平等和国际法本身的横向性、任意性特征。国际法本身是在复杂的双边关系基础上演化而来的，对等则是双边主义的核心要素，因为双边关系不可避免地涉及补偿和交换。换言之，在习惯国际法的范畴下，任何国家若要主张一项权利，那它也不得不向所有其他成员提供相同的权利。另一方面，倘若对方对本国施加了某项限制，则本国也将向对方施加相同的限制。在这个逻辑下，对等事实上包括积极对等和消极对等。可以说，对等是各国在形成国际法的同时又维持主权这类抽象性原则的必要因素，是整个国际法体系形成的基石性工具。

在晚近的习惯法形成过程中，对等的功效和作用有所淡化，这与国际法本身的发展有关。作为一种后生秩序，国际法经历了从最初的共存式规范逐渐发展到合作式规范的代际演进。在以共存为本质的原生代国际法中，各国奉行绝对主权论，国际法的重心在于处理国家间关系的形式性结构和管辖权划分，包括解决领土主权、外交关系、战争法与和平条约之类的问题。因此，在这一阶段，对等理念在国际习惯法的形成过程中起到关键作用。然而，伴随着国家间的相互依存关系逐步加深，"二战"之后，国际社会开始创设一种国际合作安排来追求渐增的共同利益。③ 在这一时期，相对主权论取代了绝对主权论，国际法的重心日益转向对于国际社会的生长和其成员方公民的个人

---

① Allan Rosas, *The Legal Status of Prisoners of War*, Academic Bookstore, 1976, p. 56.

② 在国际私法领域，对等原则也发挥着重要作用，主要是外国民商事判决的承认和执行以及域外法的适用等，为严谨起见，本文将讨论限于一般意义上的国际公法领域。

③ Joost Pauwelyn, *Conflict of Norms in Public International Law: How WTO Law Relates to other Rules of International Law*, Cambridge University Press, 2003, p. 17.

福利具有重要意义的共同关切事项上的实体规则的发展。①

"冷战"结束后,经济全球化的迅猛推进以及全球环境等问题的不断涌现,导致世界各国不仅在经济而且在生态上相互依存,国际社会的利益形态经历再一次扩展,出现了人类共同利益。② 为了追求此种利益,各国再次提升了合作的层次,国际法也由此在共益性合作法之外发展了公益性合作法。共益性合作与公益性合作的区别在于:前者依托的是两个以上国家为追求共同利益而进行的合作,不论该合作的参加国有多少,它在性质上仍然是多个双边合作的集合。后者依托的则是所有国家为国际社会公共利益而进行的合作,此种合作并不能被拆分为多个双边合作。③ 不难看出,在国际法的上述发展过程中,对等的适用不可避免地受到了限制和约束。

此外,国际法逐渐发展出的强行法概念也挤压了对等的适用空间。所谓强行法,最显著的特征在于其相对的不容损抑性,也因此其具体适用上具有"对一切性"(erga omnes)。④ 正如菲茨莫里斯在评论关于战争的日内瓦四公约时说道:"此类条约的性质在于,任一成员的义务都不依赖于其他成员的表现。公约的义务具有绝对性,而非对等性,也即,此类义务是自我存在的,不同于那些减让性、对等性或相互依赖性的义务。"⑤ 强行法中最少有争议的是禁止使用武力、禁止种族灭绝、反人类罪等,此外也可能包括自然资源的永久主权原则、民族自决原则等。⑥

综上所述,在整个国际习惯法的发展过程中,对等理念的重要性以及适

---

① C. WilrfedJenks, *The Common Law of Mankind*, Praeger, 1958, p. 17.
② 温特:《国际政治的社会理论》,秦亚青译,上海人民出版社2000年版,第56页。
③ 熊玠:《无政府状态与世界秩序》,余逊达、张铁军译,浙江人民出版社2010年版,第225－226页。
④ 强行法本身是由学者提出来的,之后国际法委员会接受了强行法的概念,并把它纳入1966年《条约法公约》最终草案第50条:"条约与一般国际法强行规范抵触者无效,后者不许损抑且仅有嗣后同等性质之一般国际法规范始得更改。"
⑤ G. G. Fitzmaurice, *Second Report*, *Year Book of International Law Commission*, 法律出版社2003年版, 1957 (2), 16, p. 54.
⑥ 伊恩·布朗利:《国际公法原理》,曾令良、余敏友等译,法律出版社2003年版,第569页。

用范围是呈下降趋势的。但不可否认,在那些依然强调权利义务双边性质的规则范围内,对等依然发挥着基石性作用。

(二) 对等与条约法

在国际条约体系下,对等原则首先并且主要地体现在双边条约中。这和对等原则的双边相互性特征密切相关。通常情况下,双边条约都会明确使用对等一词,以此来表达权利执行上的激励支持和对等报复。就适用范围而言,其可分为两种情形。一种是在较大的范围内泛谈对等原则。例如,1939 年荷兰和也门签署的《友好通商航海条约修订条约》中,其第 2 条写道:"双方应自共同确定之日起建立对等的外交与领事关系。"再如《中韩自由贸易协定》,其在第 11 章自然人流动部分规定了对等原则。该章第 2 条第 1 款规定:"本章反映了缔约双方之间的优惠贸易关系,他们共同的愿望是在互惠(reciprocal)的基础上促进自然人的临时入境……"① 第二种情形则是在非常具体的条款中提及对等的适用。例如,在 1948 年美国和意大利的《友好通商航海条约》中,其只在第 9 条关于税费征收这一条的第 3 款中规定:尽管有本条第 1 款的规定,但各缔约方有权在对等的基础上将本国国民、居民、公司和协会在税收、费用方面享有的特定优惠扩大适用于所有其他国家。②

对等原则在多边国际条约内的与双边条约内的表现略有不同。这种不同之处体现在,多边条约常常不直接规定对等,而是以相关的措辞去表明如何在多边体系下确保规则的适用具有对等性。更隐晦的情况则是,条约中完全不出现对等的规定,但整个条约的运行仍受对等原则的约束。以下试举几例予以说明。

关于前者,《维也纳条约法公约》第 21 条的标题是:保留及对保留提出

---

① 参见《中韩自由贸易协定》,http://fta.mofcom.gov.cn。
② Treaty of Friendship, Commerce and Navigation between United States of America and Italy, in Treaties and International Agreements registered or filed and recorded with the Secretariat of the United Nations, Vol. 79, 1951, p. 186.

反对之法律效果，其第（1）款（b）项规定："对该另一当事国而言，其与保留国之关系上照同一范围修改此等规定。"该条规定并未直接出现"对等"一词，但被公认为是条约领域内关于对等适用的元规则。

再如知识产权领域内的《伯尔尼公约》，其第6条第1款规定："任何非本同盟成员方如未能充分保护本同盟某一成员方国民作者的作品，成员方可对首次出版时系该非同盟成员方国民而又不在成员方内有惯常住所的作者的作品的保护加以限制。如首次出版国利用这种权利，则本同盟其他成员方对由此而受到特殊待遇的作品也无须给予比首次出版国所给予的更广泛的保护。"该款也完全没有"对等"一词的直接出现，但第二句话正是体现了对等原则。

关于后者，也即，条约甚至不出现有关对等的任何描述，但对等的理念仍以非常隐晦的方式存在，并起到支撑条约形成和适用的效果。不妨以国际法委员会通过的《国家权利义务草案宣言》为例。该宣言第2条规定："每一国家有权对其领土以及领土内的所有人和事行使管辖权，但应遵守国际法上的豁免"，第3条规定："每一国家应避免干预任何其他国家的对内或对外事务"，第5条规定："每一国家与任何其他国家在法律上享有平等权"。在这些条款中，不仅没有出现对等一词，并且其条款也无对等的表述，但这些权利义务在实际适用过程中无疑是具有对等性质的。在这类条约/国际法文件下，对等实则体现了传统双边对等适用的多边化，以一种被内化吸收的方式存在。

综上所述，条约法上的对等原则可概述为如下特点。首先，条约法上的诸多对等原则其实是对习惯国际法的编纂，尤其是在传统的外交与领事关系、国家豁免、国家责任等领域。这种编纂有时候体现为明确的条文措辞，有时候则以内化吸收的方式存在。

其次，相比习惯国际法，条约往往在更小的范围内，甚至只在一些具体的规则中规定对等原则。

再次,除了适用范围外,条约下的对等原则在效力层级上也有所减退。也即,传统的对等原则越来越受到国民待遇或最惠国待遇这类范式的蚕食。例如,在世界知识产权组织(WIPO)系列公约签署之前,对等原则是协调国家间知识产权法律或政策分歧的重要工具。① 公约签署后,国民待遇原则取代了对等原则,成为各国提供知识产权保护的基本原则。对等原则只在某些特殊情况下作为国民待遇的例外而存在。② 不容否认,最惠国待遇或国民待遇等范式与在多边基础上运转的条约是更契合的。

(三) 对等原则的法律特征

基于上文所做的梳理和分析,对于一般国际法上的对等原则,可做如下总结。

首先,传统上,国际法是在非常抽象的意义上提出对等这一概念的,在具体适用上很少去研究对等与否的判断标准。更多的时候,对等原则倾向于体现为一种象征意义,与主权原则紧密联系在一起。

其次,在国际法领域,对等原则更多地体现为一项技术性规则,而非赋权性规则。因为大多数情况下该原则是为了形成规则或保证规则实施而发挥作用的。正因如此,其本身往往缺乏明确的定义。

再次,对等在国际法的秩序序列中处于何种地位,仍是有争议的。尽管对等原则在国际法的诸多领域内均有适用,然而很难说这一理念适用于国际法的所有领域。弗朗西斯科和尼塔在详尽分析对等原则在国际法形成过程中的作用模式后,谨慎地认为存在一些证据可以表明对等原则构成国际法的元

---

① Peter K. Yu, Currents and Crosscurrents in the International Intellectual Property Regime, *Loyola of Los Angeles Law Review* Vol. 38, pp. 355–356.
② Catherine Colston, Jonathan Galloway, *Modern Intellectual Property Law*, 3rd edt., Routledge, 2010, p. 9.

规则。[1] 但是，这种元规则仅仅表明对等之于国际法形成的那种推动作用，并不具有表明对等本身具有国际法基本原则或一般原则的效力。[2]

最后，总体来看，不论是在习惯国际法还是国际条约项下，对等原则的作用整体呈减弱的发展趋势。关于这部分的理由已在前文详尽叙及，此处不予赘述。

二、对等原则在关税领域内的适用和发展

（一）关税谈判过程中的对等原则

GATT/WTO体系承袭了传统国际法上的对等原则。GATT1947的序言中明确提到："……期望通过达成对等互利的安排，实质性削减关税和其他贸易壁垒，消除国际贸易关系中的歧视待遇，从而为实现这些目标做出贡献。"1995年《马拉喀什建立世界贸易组织协定》的序言又重复规定了这段话。[3] 然而，WTO所有多边协议都没有包括以"对等"为题的条款，也没有在任何行文中对其给过定义式的描述性文字。事实上，正如《贸易政策词典》在界定对等原则时所描述的："在GATT/WTO体系下，对等主要体现在成员方之间减让和承诺的总量，以及各方做出这些减让和承诺的谈判过程。"可以说，在GATT/WTO体系下，对等主要适用于关税谈判过程。在这个过程中，我们可以注意到，传统国际法上的对等原则在内涵和适用方式上都发生了某种变迁。

---

[1] Francesco Paris, Nita Ghei, The Role of Reciprocity in International Law, Cornell Int'l L. J., Vol. 93, p. 213.

[2] 伊恩·布朗利将对等列为《国际法院规约》第38条第3款中的一般法律原则，构成国际法的渊源。伊恩·布朗利：《国际公法原理》，曾令良、余敏友等译，法律出版社2003年版，第14页。

[3] 通行中文译本将此段中的reciprocal翻译成互惠，如前所述，这是很长一段时间以来翻译上的一个误差。为严谨起见，应查阅这两份文件的英文文本，参见The General Agreement on Tariffs and Trade and the Marrakesh Agreement Establishing the World Trade Organization, https://www.wto.org/english/docs_e/legal_e/04-wto_e.htm.

首先，不同于一般国际法上的对等主要与规则适用有关，关税谈判过程中的对等原则主要是一个经济学上的概念，即如何对相互给予的"减让"进行经济学上的衡量，从而支撑谈判在"对等"的基础上进行。至于如何进行衡量，如何判断各方之间提供的减让是否对等，WTO 本身并没有提供规定。GATT 第 28 条附款在 1947 年关贸总协定形成之初并不存在，它是 1955 年由关贸总协定缔约各方达成协议补充进去的。当时，巴西曾提议就关税减让谈判建立一些规则，特别是建立关于关税减让的衡量规则。显然，建立这样的规则有利于客观判断是否实现了对等。然而，相关工作组的报告认为，没有必要给谈判方设置任何限制。① 到了 1959 年，有缔约方提出减让的重要性应该以对出口国贸易的影响来进行衡量，而不是以对进口国贸易的影响来进行衡量。负责的委员会则重申了 1955 年的立场，认为不应对减让的谈判包括减让本身的价值设定规则，而是将其交给谈判方自由谈判决定。② 换言之，包括关税以及其他非关税壁垒的谈判，是一个类似于自由市场上讨价还价的买卖过程，总体上其奉行的是契约自由精神。对此，谈判各方可以自行决定衡量标准。③

其次，不同于一般国际法上的对等主要在双边范式上进行，GATT/WTO 体系下的关税谈判是在多边层面进行的，并非是主要双边谈判结果的简单叠加。在此过程中，不能孤立、割裂地看待各方在具体领域项下做出的减让。对此，我们可以参考基欧汉关于特定对等和扩散对等的理论来理解。

所谓特定对等，是指在具体的谈判领域，特定成员方之间做出对等的减让和承诺。④ 特定对等的核心要素在于利益交换的同时性，以及用于交换的

---

① GATT document L/329, adopted on 26 February 1955, 3S/205, pp. 219 – 220, para. 38.
② GATTdocumentCOM. I/3, 19 November 1959, 8S/103, 110, para. 10.
③ 对于实践中谈判各方可能使用的标准，经济学家做出过一些描述和概况，例如，Bhagwati (1991) 提出了"一阶差分对等 (first – differencereciprocity)"的标准，即关税减让方案应使减让各方的进口规模和出口规模以世界价格 (不含税价格) 衡量下以相等的幅度增长。Preeg (1970) 指出，实践中衡量"对等"有四种方法，包括关税削减的平均幅度、被减让涵盖的贸易规模、可收税收的减少、预计的对贸易的影响。
④ Robert Keohane, Reciprocity in International Relations, *International Organization*, Vol. 40, Issue 1, Winter 1986, pp. 1 – 27.

利益具有"等同性"。在 GATT 谈判历史上，各主要谈判方（利益集团）之间的谈判都在特定对等的基础上展开，以此确保各方利益的平衡和防止"搭便车"现象。然而，随着 GATT/WTO 议题的不断扩大以及成员方数量的日渐增长，如果只按特定对等的模式进行操作，最终将无法推动整个一揽子协议的完成。因而，在多边层面上，WTO 最终采取的是扩散对等模式。所谓扩散对等，其定义中的"等同性"一词要求降低，或者说含义变得模糊。贸易伙伴被视为一个整体而非单个的行为者，所交换的利益不强调先后次序，不仅义务非常重要，而且要求遵守普遍认同的行为标准。换言之，扩散对等强调某一群体的整体利益，行为体做出自己的贡献或向他方示好，目的不在于确保从特定某一方处获得等同回报，而是期待自身所属群体可以得到整体而持续的满意结果。正是在扩散对等的模式下，WTO 通过议题交换，在一个更缺乏精确度和确定性的基础上完成了一揽子协议的谈判。① 据此，出于体制角度的理解，GATT/WTO 体系下的关税减让谈判是综合了特定对等和扩散对等而产生的结果。

概而言之，在多边贸易规则体系下，关税减让谈判过程中的对等原则在内涵上从一个法学概念转变为一个经济学上的概念，在适用方式上从双边范式转变为体制内嵌入式的多边范式。这种转变和拓展虽然没有以条款的方式明文阐述，但在事实上获得了 GATT/WTO 成员的认可。

（二）美国"301 条款"与对等原则

按照美国学者的观点，美国国内的"301 条款"也是以对等原则为其理论基础的。② "301 条款"是一个概称，狭义上的"301 条款"是指《1974 年贸易法》第 301 条，广义上的则指《1988 年综合贸易与竞争法》第 1301—

---

① 崔凡、洪朝伟："论对等开放"，载《国际贸易问题》2018 年第 5 期。
② AlanC. Swan 曾撰文对此进行详尽分析，参见：Alan C. Swan, Fairness and Reciprocity in International Trade Section 301 and the Rule of Law, Ariz. J. Int'l Comp. Law, Vol. 16, p. 37。

1310节,包括一般"301条款",以及特别"301条款"(关于知识产权)、超级"301条款"(关于贸易自由化)和具体配套措施。概括而言,"301条款"的基本逻辑是:如果在某个或某些产品/服务部门,某个贸易伙伴所给予的市场准入程度低于美国对贸易伙伴相应的开放程度,美国就应设法谋求该贸易伙伴给予"对等"待遇,或对该贸易伙伴所实施的削弱美国产品和服务出口利益和市场准入的"不公平"或"不合理"的做法给予单边限制或报复,以此实现双方贸易条件的"对等"。

可以看出,"301条款"是一个确保关于市场准入等贸易条件对等实施的国内法规,相比传统国际法上的对等原则以及GATT/WTO项下关税减让谈判的对等原则,"301条款"对于对等原则的解释和适用做出了很大的突破。

首先,传统国际法上的对等在于确保双方之间具有同类属性的法律条款在对等的基础上实行,而"301条款"所追求的贸易条件之间的对等并不以"A-A、B-B"这样固定的方式去实现,因为"301条款"授权美国在调查结束后可以采取以下报复措施:①终止原贸易协定的适用;②对相关贸易伙伴的商品施加关税或实施其他进口限制;③迫使相关贸易伙伴订立有约束力的协定。可以清楚地看出,"301条款"在确保贸易条件对等的实现路径上授予美国相当大的自由裁量权,这大大突破了传统国际法上对等在相对固定的基础上予以适用的范式。

其次,美国"301条款"明确了双方贸易条件是否对等的判断标准。如前所述,GATT/WTO在关税减让谈判上开放了关于对等的衡量标准,因此各方在判断对等的问题上具有自由裁量权。概括来看,不论具体采用哪种标准,判断对等与否存在两个大的范式:一个是成员方之间在初始条件基础上贸易壁垒减让水平的总体平衡和贸易政策调整水平的大致对等。因此,这种范式也称为边际对等。另一个则是强调贸易壁垒减让后双方市场准入水平要达到对等,而非减让水平本身的对等。美国"301条款"则明确采用了后一范式。

在一定程度上,我们很难否认美国确实有权在"301条款"下对"对等原则"做如上解释和适用。因为对等原则本身是一个高度抽象的概念,如何赋予其具体的含义以及实现方式,存在巨大的解释空间。然而,问题的关键在于美国在"301条款"下的逻辑违反了其在WTO项下的义务。

首先,美国混淆了自身在GATT/WTO谈判时使用的对等标准与"301条款"下使用的对等标准。这种混淆是一种空间上的概念偷换。如前所述,前一种情形下的对等是在多边基础上的扩散型对等,它涉及不特定的诸多谈判方,对等结果本身具有模糊性。后一种对等是典型的双边意义上的特定对等,具有精确性。两者不存在可以相互替换的逻辑基础。

其次,美国用嗣后国内法上关于对等与否的判断去替代当初在国际层面做出的对等与否的判断。然而,GATT/WTO体系下的对等与时间要素紧密相关。因为参与GATT/WTO减让谈判的各成员方之间的经济实力是处于动态变化中的,且这种变化不均等。因此,当时认为的对等在几年或十几年之后,可能会变得不对等。GATT/WTO体系本身的多轮回合谈判模式可以较好地解决这个时间性。不可否认的是,由于WTO当前的多哈回合谈判陷入僵局,这在客观上导致对等性与时间性之间的背离。但是,WTO体系本身提供了解决这个问题的方法。也即,如果一方在事后对当初的谈判结果不满,或发生了特殊的情况使得无法执行当初做出的减让,在这种情况下,WTO允许相关的成员撤回减让。但撤回减让不能是单边行为,而是需要符合WTO规定的程序和要求。①

有鉴于此,我们的结论是:美国"301条款"关于对等原则的解释和适用并不违反一般国际法上的对等原则,但是其违反了美国在WTO项下承诺的国际义务。

---

① 按照GATT1994第28条的规定,撤回减让方需要与主要供应利益方和其他重要供应利益方进行谈判,撤回减让方可能需要在其他产品上给予补偿性减让,各谈判方应该努力使得修改后的减让的总体优惠程度不低于修改前的水平。如果撤回的谈判无法达成,则主要或重要的利益供应方可以撤回"实质上相等的减让"。

三、对等原则在国际投资领域内的适用和发展

与国际贸易领域已经有 GATT/WTO 多边贸易体系支撑不同,国际投资领域缺乏统一的规则体系。事实上,现有关于投资的国际法规则主要体现为两类协定:一类是双边投资协定(BIT)。一类是自由贸易协定(FTA)中的投资章节。综观这两类文本,有关国际投资的核心规则可以概括为两类:一是投资保护,二是投资自由化。以下试以这两类核心规则为切入视角,探讨国际投资领域内对等原则的准确含义,并分析当下对等投资制度的合规性与合理性。

(一)投资保护与对等原则

从历史的角度来审视,有关双边的投资协定最初起源于《友好通商航海条约》。早期的《友好通商航海条约》主要在经济实力相当的发达国家之间签署。正因如此,这类条约贯穿了对等和相互的基本原则。此外,一个非常重要的相关事实是,《友好通商航海条约》在美国国内法院是可以执行的,那些高度涉及主权的规则和议题,私人投资者都可实际发起诉讼,这对条约设计产生了很大影响。正如 Walker 所述:"一个类似友好通商航海条约的 BIT,其限制是美国在多大程度上愿意在对外条约中受其国内政策的约束。"① 换言之,对等不论在法律上还是事实上,都对投资保护施加了自然的限制。作为结果,这些条约最终都反映了投资保护与东道国规制权之间的精妙平衡,尤其是在敏感的政策领域,因此这也使得此类《友好通商航海条约》不论是在内容还是主旨上,都比较节制。②

---

① H. Walker Jr., Treaties for the Encouragement and Protection of Foreign Investment: Present United States Practice, *American Journal of Comparative Law*, Vol. 5, p. 229.
② Ibid.

从 20 世纪 60 年代末期到 70 年代初期，国际投资法领域迎来了重要的发展，传统的《友好通商航海条约》开始逐渐消退，取而代之的是大量的双边投资促进与保护协定（以下简称 BITs）。①

与《友好通商航海条约》不同，BITs 主要适用于发展中国家和发达国家之间。前者作为资本流入方，后者作为资本输出方。尽管 BITs 的投资保护条款在形式上同等适用于双方，但是由于资本是单向流动的，因此，对等在很大程度上仅具有形式上的意义。正如美国前谈判官 Alvarez 所言："此种情况下，条约项下的义务几乎全部落于发展中国家身上。"② 此外，即使存在双向的资本流动，事实上也不太可能针对发达国家提起有关投资保护不力的诉讼，因为客观而言，发达国家整体对于外国投资确实提供了在当时情况下比较高水平且非歧视的保护。因此，Gann 就认为，从美国的立场来看，BITs 项下的权利义务是多余的。BITs 的实际效力仅在于确保发展中国家签署方提供足够的保护。③

正是因为缺少规则对等适用的实际震慑力和约束力，此类 BITs 开始逐渐地转向加大投资保护的力度，甚少考虑东道国对投资的规制权。因此，在这一阶段，投资的对等保护只限于一种形式上的存在。东道国只能用吸引外资获得的收益去抵消其规制外资权受到限制的损失，而无法像传统《友好通商航海条约》那样，双方通过对等原则实现同类权利义务的交换。④

到了 21 世纪初期，传统的发达国家和发展中国家之间签署 BITs 的局面又发生了变化。新兴经济体在充当资本输入国的同时也迅速扮演了资本输出

---

① Patrick Juillard, Bilateral Investment Treaties in the Context of Investment Law, OECD Report, 28 – 29 May, 2001, Croatia.

② J. E. Alvarez, The Evolving BIT, *Transnational Dispute Management*, Vol. 7, p. 1.

③ P. B. Gann, The U. S. Bilateral Investment Treaty Program, *Stanford Journal International Law*, Vol. 17, p. 373.

④ Wolfgang Alschner, Americanization of the BIT Universe: The Influence of Friendship, Commerce and Navigation (FCN) Treaties on Modern Investment Treaty Law, Goettingen J. Int'l L, Vol. 455, p. 458.

国的角色。在这两类国家之间，投资也逐渐完成了双向流动。全球投资流向的变动，再加上投资者东道国仲裁机制的日益强盛，这些都再次影响了发达国家对于投资条约中对等一词的理解。今时今日，对等已经不是一个理论上的概念，而是具有了现实意义。伴随着对等理念的回归，许多发达国家开始重新考虑对外国投资保护的水平，也即，如何将其设定为自身对外国投资愿意提供的水平。因此，某种程度上，在对等原则的威慑作用下，第三代 BITs 又回归到了传统《友好通商航海条约》在投资保护上相对克制的理念。

综上所述，在投资保护领域，对等原则作为一种技术性而非赋权性原则的根本属性没有变化，类似于一般国际法项下的对等，投资保护范围下的对等更多的是一种法律上的抽象概念，而不是 GATT/WTO 关税谈判下经济学的概念。

其次，投资保护下的对等理念长久以来一直存在，但是其实际效力却一直处于波动之中。当投资协定的签署国之间实现资本单向流动时，对等仅具有形式上的意义。当资本双向流动时，对等才具有实际意义，并且对于双方在协定中确定投资保护的水平起到约束作用。

再次，在投资保护项下，对等原则的争议不大。各方的争议焦点在于投资保护的实体性规则本身，例如关于公平、公正待遇的具体含义、关于征收的条件、关于履行要求的限制等，对于这些实体规则应在对等原则的基础上适用，各方并无异议。

（二）投资自由化与对等原则

早期的国际投资协定更多的是关注投资准入后得到何种保护的问题，对投资自由化的问题鲜有提及。可以清晰地看到，在 60 年代末 70 年代初盛行的德国式双边投资协定范本中，投资保护是其最主要的内容。在此之后，各国签订的协定也大都冠名为促进与保护投资协定。1982 年，美国推出美式双边投资协定范本，该范本在 1994 年、2004 年和 2012 年历经三次修订，通过宽泛的投资定义、全面的国民待遇要求以及否定清单规定例外措施的方式，规定了一个高标准的投资开放义务。在此之后，投资自由化谈判与投资保护谈判逐渐融合，共同构成双边协定的主要谈判内容，并且表现出了强劲的发展势头。①

在投资自由化的谈判中，核心的谈判内容即准入前国民待遇条款。与该条款相配合的是所谓的开放领域"负面清单"。"准入前国民待遇＋负面清单"模式最早在《北美自由贸易协定》中提出。② 此后，由于美方的强势以及其他国家出于吸引外资的考虑，准入前国民待遇条款在进入 21 世纪后开始为越来越多的国家所接受，并大量使用在自己的对外投资协定中。在这个过程中，中国也受到了接受准入前国民待遇的巨大压力。例如，在启动于 2008 年的中美双边投资协定谈判中，历经九轮之后，中国最终在 2013 年第五次中美战略经济对话中同意以准入前国民待遇和负面清单为基础与美方进行投资协定的实质性谈判。③

然而，在投资自由化的谈判中，美国和欧盟似乎已经不满足于"准入前国民待遇＋负面清单模式"被接受的胜利，而是进一步引入了对等原则，尤其是针对中国这样的新兴经济体。早在 2001 年，美中经济与安全审查委员会就有官员表示，美国应对中国提出"对等"开放要求。④ 在 2013 年 6 月启动的中欧双边投资协定谈判中，欧盟方面则坚持将"对等市场准入规则"写入协定⑤。所谓的"对等市场准入规则"是指，无论是欧盟企业还是中国企业，都能对等地、不受限制地进入对方市场开展投资经营活动。换言之，欧盟实

---

① 崔凡、赵忠秀："当前国际投资体制的新特点与中国的战略"，载《国际经济评论》2013 年第 2 期。

② 胡加祥："国际投资准入前国民待遇法律问题探析——兼论上海自贸区负面清单"，载《上海交通大学学报（哲学社会科学版）》，2014 年第 22（1）期。

③ 周武英："美国多头推进贸易投资谈判"，载《经济参考报》2013 年 7 月 15 日，第 A04 版。

④ Wessel M., US Should Seek Reciprocity with China, *Financial Times*, December 9, 2011.

⑤ Michal Król, The Case for an EU – China Investment Agreement, *ECCIPE Bulletin*, No. 6/2013, http：//www.ecipe.org/media/publication_ pdfs/ECIPE_ Bulletin_ 6_ FINALPDF.pdf，访问日期：2018 年 6 月 1 日。

际上是以不对中国企业提高市场准入门槛为条件,要求中国取消限制外资进入相关市场的种种措施,以此实现开放程度的对等。①

将对等引入投资协定的谈判,代表了投资自由化领域一种新的谈判模式的开启。必须承认,这种新的谈判模式没有违反现有国际法规则之处,因其既不涉及违反国民待遇,也不涉及违反最惠国待遇。只是美欧这类发达国家要求中国等新兴经济体进一步市场开放的某种标准。

与此种通过谈判实现对等开放不同,美欧另一种更激进的做法则是考虑设立对等投资制度。② 所谓对等投资制度,即如果一国不予开放某些投资领域,则本国亦不对该国企业的投资开放相应领域。对于此类对等投资制度是否具有国际法合规性的评判,可从双边和多边纪律两个层面展开。

在双边层面,鉴于此种对等投资制度具有单边限制性质,因此,其有违双边投资协定中的最惠国待遇原则。事实上,美国在其双边投资协定范本中是明确包含最惠国待遇条款的。然而,由于中美、中欧目前都尚未签署双边投资协定,因此,这种违反仅限于理论意义。欧盟的情况略微复杂。尽管在欧盟2009年《里斯本条约》生效后,对外签订双边投资协定的专属权限归于欧盟,但此前欧盟成员与中国签署的双边投资协定仍然是继续有效的。因此,如果欧盟对中国实施对等投资制度导致对中国投资的壁垒高于其他国家和地区,那就有可能违反这些成员方在与中国签订的双边投资协定项下的义务。③

在多边层面,尽管WTO内没有完整的多边投资协定,但《服务贸易总

---

① 高旭军:"中国欧盟自贸区协定谈判的前景和难点",载《德国研究》2014年第4期。
② 2017年2月14日,法、德、意三国的经济部长向欧盟贸易专员写信,要求改变欧盟目前吸纳外资的政策,考虑其他国家对欧盟开放不对等的问题,详见http://www.bmwi.de/Redaktion/DE/Downloads/S-T/schreiben-de-fr-it-an-malmstroen.pdf?_blob=publicationFile&v=5。《美国贸易内情》2018年1月17日报道,白宫正在考虑设立对等投资制度,详见http://insidetrade.com/daily-news/sources-white-house-considering-creation-investment-reciprocity-regime-china。
③ 截至目前,欧盟成员中除爱尔兰以外都与中国签订了双边投资协定。信息参考中华人民共和国外交部条法司官网统计信息:http://tfs.mofcom.gov.cn/article/Nocategory/201111/20111107819474.shtml

协定》对商业存在形式的服务开放是有纪律的。所谓商业存在形式的服务开放，实质上就是服务贸易领域的投资自由化。因此，如果基于对等投资制度给予限制涉及服务贸易领域，那么这就可能违反 WTO 成员在《服务贸易总协定》项下承担的最惠国义务。然而，由于服务贸易的最惠国待遇存在豁免条款，并且事实上这一豁免已被长期化，① 因此，即便是在服务贸易领域，如果美欧利用其提供的豁免清单，那么相应领域的对等投资限制也仍然不违反多边纪律。

综上所述，投资自由化领域内的对等目前表现为两种形式，一是在投资协定谈判中引入的双边形式，二是在国内法上确立的单边形式。前者是为了推动投资领域更高程度的开放，后者则代表了逆自由化的某种倒退。前者不论在理论还是事实上均无违反现有国际法之处，但可能超越了谈判相对方当前能够承受的开放程度，因而是某种意义上的开放催化剂。后者在理论上是违反最惠国待遇的，但这种违反在实际操作层面仅限于服务贸易领域内且无法利用豁免的较小范围。

四、对等原则的发展与变迁——结论兼建议

如上所述，对等是国际法上长久以来存在的原则和理念，是与主权紧密相连的国际法在双边交换范式上得以发展的制度保障。国际经贸领域的对等原则脱胎于传统国际法上的对等原则，在此基础上又有所发展和创新。具体而言，这种创新和发展又表现为两种形态。

一种形态是所做的创新和拓展不与现有国际法规则或义务产生冲突。例如，在 GATT/WTO 体系的关税减让谈判下，对等的内涵就从传统法学上的

---

① Adlung R., Carzaniga A., MFN Exemptions under the General Agreement on Trade in Services: Grandfathers Striving for Immortality?, *Journal of International Economic Law*, Vol. 12 (2), pp. 357 – 392.

专题四：区域贸易协定的新发展及 TPP/CPTPP 规则研究

规则适用拓展到经济学上对承诺总量的衡量。再如，在投资领域，美欧等成员方就将对等原则的适用范围从传统的投资保护扩大到了投资自由化。不能否认，国际法上抽象的概念和原则必然是需要根据时代的发展和变迁做拓展解读的，唯其如此，才能赋予此类概念和原则以生命力。

另一种形态则是虽然也在国际法既有规则允许范围内开展，但是却违反了一国已经承担的国际义务。例如，美国正是以对等原则作为其国内"301 条款"的合法性依据。美国如此解释和适用对等原则并非不能为一般国际法上的对等原则所包容，但是，其显然违反了美国在 WTO 项下承诺的国际法义务。这就从根本上否认了美国"301 条款"的合法性，因为如果可以以一国国内法上的规定去否定一国已经承诺的国际法义务，这就动摇了国际法存在的根本。

然而，更复杂的事情在于，对等原则在国际经贸领域的发展并不仅限于合法性的拷问。在合法的前提下，对等原则的创新和拓展性解释还存在合理与否的判断。如前所述，在缺失规则的情况下，将对等原则扩大适用于投资自由化领域并非不合法。然而，将对等引入投资协定的谈判，并以此鼓励和促进更大程度的投资开放，这种做法的合理性显然要高于在一国国内法上规定逆自由化的"对等投资制度"。再如"301 条款"，尽管其违反 WTO 义务的性质是确然无疑的，但是单就国内法的角度来考虑，其追求贸易条件对等的条款设计并非完全没有合理性。从以上两个例子可以看出，对等原则的创新和拓展存在"合法"与"合理"的双重考量标准。如何完成一种既合法又合理的创新和拓展，这或许是摆在所有相关国家面前的一项国际法命题。

综上所述，国际法上传统的对等原则在国际经贸领域有了很大的创新和拓展，而这种创新和拓展面临着"合法"与"合理"的双重考量。所谓"合法"，在于国际法既有规则的约束。所谓"合理"，在于法律背后的人本主义情怀。但是，这两者是有先后顺序的，所有关于对等原则的创新和发展，首先必须"合法"。在合法的前提下，应进一步完善其"合理"性。有鉴于此，在应对对等关税和投资对等制度等问题上，中国始终应坚持在"合法"与否的范畴内去维护对等原则的解释和适用。在此基础上，我们同样要学会用政治性、道义性、经济性的语言和标准去讲我们的故事，去阐述中国所理解的法律背后的人本主义。归根结底，在国际经贸领域，对等到底应在怎样的范围内以何种标准和方式来实现，仍是一个处于变动中、未获共识的命题。在这个过程中，中国应该贡献自己的学术智慧。

数字经济中的互联网治理困境

叶 波* 黄羽琦**

摘要：数字经济的发展对WTO和以《跨太平洋伙伴关系协定》为代表的自贸协定体系提出了完善其中国际经贸法律规则的要求。虽然目前由美国主导的自贸协定规则侧重保护产业利益，但互联网安全、开放和信任的互联网治理原则应该可以在一定程度上平衡贸易价值和非贸易价值，这在WTO争端解决中就体现为如何界定"合法的公共政策目标"。从长期来看，国际组织、国家和个人都可以为改善互联网治理做出贡献。

关键词：互联网治理；《跨太平洋伙伴关系协定》；合法的公共政策目标

就目前而言，互联网日益成为了跨境电子商务的平台，这对国际贸易法提出了新挑战。在世贸组织法律制度下，无论是《服务贸易总协定》还是《与贸易有关的知识产权协定》都没有对当前复杂的数字经济问题做出规范，而其中的一个突出问题就是国际贸易法和互联网治理之间的互动或者说两者如何协调彼此关系，具体议题主要包括对跨境数据流动的监管、网络安全、隐私和数据保护、在线消费者保护以及网络中立，等等。数据流动议题在其中尤为突出，近些年来一些国家基于执行国内隐私和网络安全法规、国家安

---

* 叶波，上海对外经贸大学贸易谈判学院副教授，法学博士。
** 黄羽琦，上海对外经贸大学贸易谈判学院2018级本科生。

全、公共秩序等理由采取了限制数据自由流动的措施，上述措施不仅对信息和技术产业及其服务产生了影响，还对相关制造业产生了不利影响。①

为了减少上述限制性措施产生的不利影响，世贸组织很早就开始谈判电子商务议题，但由于成员们立场存在很大差异，于是美国主要采取缔结自贸协定的方式以实现自己的贸易政策目标。②《跨太平洋伙伴关系协定》（TPP）的电子商务章节主张数据的自由流动而反对数据本地化要求，《跨大西洋贸易与投资协定》《服务贸易协定》《区域全面经济伙伴关系协定》以及《美墨加协定》（USMCA）③也涉及上述议题。总的来说，制定上述条款的主要目的是促进数据的跨境流动从而便利交易的进行，但该条款同时也对互联网治理产生了一定影响，为了建立开放、安全和稳定的数字经济，我们要关注国际贸易法和互联网治理应当如何实现动态平衡。

本文第一部分介绍了自贸协定在电子商务问题上的新发展，并介绍了TPP在网络安全、网络中立和"安全港"条款上的实践，认为TPP主要还是反映了美国信息技术企业的利益诉求；第二部分提出了在互联网治理事宜上

---

① 以欧盟为例，欧盟有关数据保护的法规对美国和欧盟之间的数据流动产生了深远影响，即便在目前已经执行了隐私盾计划，美国公司在欧盟从事数据业务仍然具有很大的不确定性。

② 有关数字经济国际经贸规则的发展历史，参见陈靓：《数字贸易自由化的国际谈判进展及其对中国的启示》，载《上海对外经贸大学学报》2015 年第 3 期。

③ 2016 年 7 月，特朗普竞选总统期间就提出要重新谈判《北美自由贸易协议》（*North American Free Trade Agreement*，NAFTA）的目标。2017 年 8 月，美国、加拿大、墨西哥正式开始再谈判进程，但进程并没有预期设想那么顺利。美国重新谈判 NAFTA 的目标一方面是为了继续保持美国在国际经贸规则制定领域中的领先地位，毕竟 NAFTA 已经缔结生效二十多年，随着美国信息技术产业的发展，也需要把反映特定产业诉求的条款纳入其中，典型就是互联网企业责任的"安全港"（safe harbour）条款。其他诸如反腐败、国有企业等新议题也需要在 NAFTA 中有所规定，美国在上述议题上依然延续了跨太平洋伙伴关系协定（*Trans-Pacific Partnership Agreement*；TPP）中的主张。与此同时，美国需要在本国具有进攻利益的产业对外实现市场准入的同时，保护自身不那么具有竞争优势的产业，汽车产业就是本届美国政府需要重点保护的产业之一。就现实情况而言，美国在与加拿大、墨西哥的贸易中，主要在劳动密集型产业中处于相对劣势地位，美国要将流失到加拿大、墨西哥的工作岗位转移到美国，有必要通过再谈判 NAFTA 在一定程度上将就业岗位转移到美国。究其原因，属于共和党的特朗普政府代表了美国传统的能源产业和中下层白人的利益，体现在具体的贸易政策制定和执行上，就会要求中国进口更多的石油和天然气产品，以及将更多的劳动密集型工作岗位转移到美国。参见叶波："《北美自由贸易协定》再谈判前景分析"，载《国际商报》2018 年 5 月 30 日。

的互联网安全、开放和信任三原则,并认为当前以 WTO 和 TPP 为代表的自贸协定并没有兼顾网络治理和贸易自由化这两个政策目标;第三部分提出了具体的政策建议,最后予以小结。

一、自贸协定影响互联网治理的方式和途径

(一)自贸协定在互联网治理领域的实践

一般来说,限制互联网及其相关服务的措施在很大程度上与互联网治理相关,例如,一个国家可以限制数据流出从而确保数据安全。如果上述措施诉诸 WTO,专家组可能会认为这样做并没有实现确保数据安全、个人隐私的目标,因为措施是任意或者不成比例的。与之形成鲜明对照的情况是,即便措施客观上限制了外国公司进入东道国市场,但若措施实现了公共政策目标,那系争措施也符合 WTO 规则。我们可以做如下合理分析,WTO 专家组、上诉机构在进行法律分析时会平衡网络安全和数据保护这两个政策目标,但完成上述分析往往很困难,主要原因有两点:第一,贸易专家往往对技术不是很了解,同时对诸如互联网安全和数据保护等互联网法规的政策因素知之不多;第二,目前世界各国对互联网管制的理念有比较大差异,例如,中国、越南和俄罗斯主张对涉及互联网的所有领域都予以强监管,而欧盟则主张在提高便利和确保互联网使用者的隐私之间应当优先保护隐私等基本权利。上述议题其实还涉及这样一个问题:国际贸易法应该在多大程度上对隐私、消费者保护和网络安全问题做出规范,从技术角度而言,体现在数据流动问题上就具体化为是否应当鼓励数据自由流动。

在数据保护和隐私权的问题上,美国和其他亚太经合组织成员存在比较大的差异,美国主张以市场导向为模式,TPP 中的电子商务章节提出了数据的跨境自由流动规则,反对数据本地化要求,[①] 作为上述原则规定的妥协,

---

① 目前在数据流动问题上有主张数据自由流动和数据本地化这两种主要的立法例,相对而言,数据自由流动更加有利于促进经济发展。参见彭岳:"数据本地化措施的贸易规制问题研究",载《环球法律评论》2018 年第 2 期。

TPP 也对参加方规定了诸多例外条款也就是保留了成员方采取监管措施的权力。除了 TPP，涉及电子商务议题的还有日本与蒙古订立的经济伙伴关系协定，日本与蒙古的自贸协定在数据流动问题上同样也反对以服务器架设在东道国内作为从事商业活动的前提条件。① 但在电子商务或者说数字经济议题上还有另外一种做法，以目前还在谈判的《区域全面经济伙伴关系协定》（RCEP）为例，虽然诸如跨境数据流动、隐私、网络安全等 TPP 议题目前也作为 RCEP 谈判的参考议题，但由于中国、印度、印尼和其他东南亚国家对电子商务议题并不是很感兴趣，RCEP 不大可能在电子商务议题上规定具有很强法律效力的条款。

综上，目前越来越多的自贸协定规定了互联网议题，这说明订立自贸协定的国家日益倾向于展开监管合作以及减少网络数据流动的壁垒。绝大多数自贸协定都没有直接对数据流动做出规范，但是当国际贸易法运用于限制数据流动的措施时，国际贸易法就用来判断规范数据流动的措施是否合法。由于互联网治理涉及很多利益相关方，而且往往采用非正式的决策机制。目前订立的自贸协定在上述议题上越来越多地采取了制定具有强制约束力规则的做法，并且自贸协定谈判过程不够透明，谈判过程也缺乏技术专家的参与，从长期来看，这会对互联网的健康发展产生消极影响。但总的来说，在自贸协定中规定互联网条款有好处，因为协定中的上述条款往往只规定了最低水平的义务。② 而且协定条款往往不具有法律约束力，协定的具体适用在很大程度上取决于成员方的政治意愿。虽然自贸协定的上述条款旨在数字经济方面建立新的国际经贸法律规则，但就目前来看，在诸如网络安全、数据保护等方面的成果并不明显。在这个问题上，互联网治理的专家们还是主张通过专家实体来完成上述任务，与此同时也要符合诸如正当程序、政治参与、表

---

① 参见《日本蒙古经济伙伴关系协定》第 9.10 条。
② 例如，TPP 第 14.8.2 条并没有在数据隐私或者说数据保护方面引用任何国际标准，而且参加方还可以合法的公共政策目标为理由来采取例外措施。

达自由和法治等基本政治理念。运用国际贸易法应当遵守互联网治理的基本原则,以确保互联网作为交易平台的地位和作用、保护互联网使用者隐私权,以及鼓励创新这三个价值目标之间能保持平衡。

(二) TPP 在互联网治理中的地位和作用

1. 网络安全

网络安全问题在互联网治理中的地位和重要性不言而喻,一般来说,网络安全涉及很多政策目标,主要包括维护国家安全、防止在线窃取贸易秘密、保护个人信息,以及防止网络犯罪等目标。网络安全问题之所以变得日益重要,是因为出现了一系列针对电子商务网站的攻击行为。具体到 TPP 对网络安全事宜的规范,TPP 主张对恶意入侵和散布恶意代码的行为加强合作,[①]但上述规则不具有法律约束力。就目前网络安全领域的标准而言,大多是由国际互联网工程任务组这样的私人组织形成和发展起来的,大多数国家在网络安全标准制定过程中并没有发挥主导作用,而 TPP 也没有在加强国际合作方面建立强有力的机制。

与网络安全相关的另外一个问题就是在线消费者保护。消费者保护是典型的国内法问题,但该问题对于发展数字经济很重要。在这方面,TPP 要求成员方应当对消费者造成损害的欺诈行为制定消费者保护法规,[②]并且认为成员方之间加强合作很重要。但 TPP 并没有在消费者保护领域建立具有法律约束力的规则,也没有建立强有力的争端解决机制。

2. 网络中立

网络中立一般来说是指平等对待所有的网络服务提供者,只要互联网服务提供者能够提供同等质量的网络服务即可。TPP 对网络中立问题也做了规定,但并不涉及法律效力的规则,而且对条款是否适用于固定或者移动网络

---

① TPP, Art. 14.16.
② TPP, Art. 14.7.2.

服务业也无确定规范。目前而言，大多数发展中国家人民都通过移动设备上网。就 TPP 规则而言，该条款主要是对 TPP 参加方的国内法做出了相应规定，措辞与《美韩自贸协定》十分相似。① 总之，该条款可以在多大程度上得以执行取决于 TPP 参加方的政治意愿。

3. 网络服务提供者的"安全港"条款

网络服务提供者在互联网生态系统中的地位十分重要。就 TPP 有关网络服务提供者的法律义务而言，TPP 提高了网络服务提供者的知识产权法律义务和执行机制，要求所有成员方建立针对未经许可储存、复制有版权资料措施的救济机制，也就是要求网络服务提供者不能对涉嫌侵犯版权的材料提供在线访问。一旦网络服务提供者在通知了上传侵犯版权资料者之后基于善意采取了删除涉嫌侵犯版权资料的措施，那网络服务提供者就不需要承担法律责任，这就是 TPP 中著名的安全港条款。需要说明一点，最新的《全面和渐进的跨太平洋伙伴关系协定》删除了网络服务提供者的安全港责任条款。

4. 对 TPP 的评价

从积极的角度而言，TPP 可说进一步发展了之前自贸协定和 WTO 体系中的数字经济规则，TPP 主张数据自由流动规则，自然是有利于数字经济发展的同时也鼓励创新，有助于确保自由、开放的互联网环境。与此同时，TPP 还禁止参加方在数字经济领域实施一些不合理的合规要求，例如，禁止强制性的披露源代码和秘钥。TPP 同时还承认了网络中立、网络安全的重要性，规范了垃圾邮件，以及形成一个安全的互联网对在线消费者保护的重要性。基于上述规则，TPP 参加方需要在在线消费者保护、隐私和垃圾邮件管理等方面建立一个基本的法律制度框架。

但 TPP 的不足也很明显，TPP 并没有在促进信息和通信技术产业②以及

---

① 《美韩自贸协定》第 15.7 条。在美韩自贸协定中，美国和韩国在附件信中认为合同和商业安排的形式就足以履行法律义务，自贸协定中该条款的重要性降低了。

② 上述条款主要是鼓励信息自由流动、反对数据本地化要求，以及禁止强制性披露源代码和秘钥等。

专题四：区域贸易协定的新发展及 TPP/CPTPP 规则研究

确保互联网安全①方面形成平衡保护的局面，虽然目前 TPP 在互联网安全、在线消费者保护、网络中立等议题上有所涉及，但上述规则的调整范围和强度本质上还是很有限的，TPP 没有规定中小企业如何符合复杂的监管要求的援助机制，有关数据流动的例外条款也模糊不清，很难判断东道国政府基于监管目标采取的措施是否属于例外条款中的"合法的监管目标"。② 综上，目前的 TPP 条款在数据流动问题上反映了互联网企业的利益，③ 而模糊不清的公共政策空间的措辞又为各国政府采取监管措施留出了很大的空间，TPP 没有认识到互联网治理需要其他利益相关者的参与。④ 总的来说，在互联网领域形成良好的国际法规则之所以存在不利影响，是因为各国在互联网治理、数据流动等议题上没有形成共识，而国际贸易法和互联网治理之间关系究竟为何，目前也没有统一的认识。

二、互联网治理原则与国际贸易法的互动

大多数自贸协定并不直接规范数据流动，但当国际贸易法运用于限制或者阻碍数据流动的措施时，自贸协定规则可以用来判断国内法措施是否合规。就目前而言，互联网尚处于发展状态中，促进经济发展并不是互联网治理的唯一考量因素，很大程度上它还涉及政治和社会因素、技术发展，甚至还包

---

① 上述规则应当包括保护隐私、确保数据自由流动过程中的安全、保护在线使用者的权利，以及所有网络使用者都可以无差别的上网等规则。
② TPP 基本抄袭了 WTO《服务贸易总协定》的例外条款，但没有考虑到新兴的数字经济和互联网治理问题，这就使得 TPP 中例外条款的实施效果存在很大的不确定性。当前的例外条款授予了 TPP 下的争端解决机构在评估东道国监管措施问题上过大的自由裁量权，导致争端解决机构或者对东道国的监管权力非常尊重，或者过度行使司法造法的职能。
③ 例如，TPP 主张数据自由流动但却没有在保护隐私和网络安全方面做出规范。产生上述现象的主要原因是美国诸如脸书、谷歌等信息技术巨头在 TPP 谈判过程中对美国政府施加了影响，而民主党政府的主要支持者也是美国的信息技术企业。
④ 利益相关者不仅可以在自贸协定的谈判阶段发挥作用，还可以作为外部专家在互联网争端发生时提供专家意见。

括文化和道德考量，所以国际贸易法本身并不足以判断一项限制数据流动的措施是否合法，这在诸如WTO争端实践中就体现为专家组、上诉机构大量引用外部法律渊源来证明自身裁决是合理的。

（一）互联网治理和对数据流动的监管

互联网治理领域的主要渊源包括具体法律规则和互联网治理原则，具体体现为宣言、决议，以及国际组织的谅解备忘录、建议，等等。在数据流动的监管问题上，互联网治理的目标应当是确保互联网使用者的信任和安全。总的来说，应当将互联网的安全（internet security）、互联网开放（internet openness）和互联网信任（internet trust）作为规范互联网数据流动的基本原则。

1. 互联网开放

互联网开放是指确保全球互联网数据的自由流动，主张开放的互联网应当支持数据转移。无论从促进经济发展还是保护人权的角度而言，确保信息自由流动都非常重要。但就现状而言，虽然互联网开放原则已经为互联网共同体所接受，但一些国家还是以主权为理由对信息自由流动予以过度监管，体现在自贸协定中就是采取数据自由流动还是数据本地化的立法例。互联网开放在很大程度上也与贸易自由化有关，因为互联网开放一般来说促进了经济发展。与此同时，通过使用国际标准可以因为增加了消费者选择以及促进了数字服务发展而增强消费者信心。但是互联网开放原则并不是唯一的，而需要与互联网安全和互联网信任原则相结合，后面两个原则同样也是规范数据流动问题的重要考量因素，三者一起构成了互联网治理领域的有机整体。

2. 互联网安全

互联网安全旨在确保整个互联网的协调统一，防止通过网络进行的非故意的或者未经授权的对数据的访问、改变或者破坏，而网络安全议定书或者标准的发展，以及防范安全风险都需要利益相关者进行统筹协调，在实践中，不同的利益相关者在互联网安全方面提出了不同的意见和建议,认为应当保护关键性的基础设施、消费者和数据,防止网络犯罪等。在实践中,一些国家甚至以确保互联网安全或者信息安全为理由作为实现政治和经济利益的手段。互联网安全对于电子商务来说非常重要,尤其是在网络安全标准对提供数据产品产生阻碍作用时,旨在确保网络安全的措施可能会依据自贸协定中的例外条款获得合法性证明。① 一般来说,网络安全领域里的不合理标准会阻碍外国公司的市场准入和影响消费者获得数据服务,但是高水平的网络安全对于促进通过互联网进行的交易是至关重要的,所以制定网络安全政策需要在以下几个因素间加以平衡:①政府、公司和个人都要有安全意识;②在确保互联网开放和使用者信任的前提下制定和实施网络安全政策。

3. 互联网信任

互联网信任是指互联网使用者应当认为可以通过互联网获得和分享信息,该原则与保护数据和隐私,以及在线消费者保护等原则密切相关。保护数据和隐私被认为是当前互联网治理领域中的重要因素,而且就目前而言,无论是技术公司和政府都认为有必要建立保护数据和隐私的国际经贸规则,尤其是在目前跨国电子交易越来越多的情况下,建立统一的国际法规则的重要性和必要性就日益突出了。总的来说,目前的互联网治理框架在承认互联网信任价值的同时,也认为有必要平衡互联网安全和互联网开放等价值目标,这主要是体现在几个政策机制和宣言中。②

4. 对现状的评价

就现实而言,不同国家在隐私和消费者保护方面的制度差异很大,而致数据流动问题上产生了障碍,这主要是以下几个原因导致的:第一,很多发展中国家保护隐私或者消费者的法律设定的保护水平往往很低;第二,在一

---

① 这其中的典型代表就是《服务贸易总协定》第14条和第14条之二。
② 上述政策文件主要包括2004年亚太经合组织的《隐私保护框架》、联合国人权高专办公室2011年通过的《商业和人权指导原则》。

些国家法律的价值位阶中,国家安全或者说维护公共秩序的重要性高于保护隐私和消费者权利,保护隐私和消费者的目标经常要为其他价值目标服务;第三,很多隐私法律制度发达的国家在隐私和数据保护的问题上往往采取了不同的立法例。最近几年,不少国家在数据收集方面提出了更加严格的法律检查手段以确保透明度,例如,在收集、转移或者使用个人数据方面提出了消费者同意要求。[①] 由于前述各国在监管措施的内容和形式方面还存在差异,对于以跨境提供服务作为主要运营方式的数据服务者来说,这毫无疑问产生了合规成本。对于上述现象,很多国家试图通过订立数据传输方面的双边协定来避免法律冲突或者在自贸协定中制定可执行的法律义务来减少不确定性,例如,TPP文本就要求在个人信息和在线消费者保护方面建立法律框架,[②] 但TPP文本规则是否真能够实现保护隐私的目标,其实是不确定的。总的来说,目前很多跨境合作监管机制主要还是建立在双方都想建立一个开放的数据市场的良好政治意愿基础上的,政治意愿占据了主要地位,互联网治理原则与自贸协定中的国际法规则微不足道。

总之,互联网开放、安全和信任作为互联网监管原则,在制定合适的数据流动规则问题上起到了非常重要的作用。只有在确保互联网信任和安全的情况下,数据自由流动才有价值。而互联网开放可以在很大程度上促进互联网安全和信任,也有助于政府间在互联网监管问题上展开对话。有关互联网安全、数据保护、消费者保护的措施如果以合乎逻辑和成比例的方式实施,不会阻碍数据自由流动,反而可以促进数据有效率和安全的流动。

(二) 互联网治理原则在国际贸易法中的适用

从国际法角度而言,互联网治理原则的法律地位其实很不确定。一般来

---

① 上述措施主要以国内或区域内数据保护法规的形式体现,马来西亚、新加坡、菲律宾、韩国和欧盟国家和地区都采取了上述做法。

② TPP, Art. 14. 8. 2, 14. 7.

说，诸如八国集团（G8）等政府间国际组织通过的决议和建议，以及美国、欧盟制定的涉及信息自由流动、隐私、网络安全等国内法规则都可以视为是在网络治理领域中的软法，而当前国际法的最新发展领域之一就是国际网络法。总的来说，互联网治理在很大程度上还是跨国性质的，私人实体发挥了很大作用，而原则在互联网治理中处于中心地位。

互联网开放、安全和信任等互联网治理原则在国际贸易法中引入了一个新的角度，发挥作用的领域主要涉及互联网安全的作用、数据服务贸易中的数据保护和消费者保护等事宜。例如，互联网治理原则强调要在数据保护、在线消费者保护以及网络安全等领域建立跨国性质的法律框架以促进互联网的数据流动。以日本与蒙古的自贸协定为例，该协定在电子商务章节中规定了互联网治理的基本原则，那就是建立鼓励使用电子商务的环境以及促进使用电子商务，① 该条款其实暗示了电子商务在一定程度上需要以互联网的安全和信任为前提，所以自贸协定中电子商务条款的解释应当以实现互联网的开放、安全和信任为目标做解释，这样做也可以在自贸协定追求的贸易自由化目标和网络治理的政策考量之间实现微妙平衡。

互联网开放、安全和信任的理念也有助于 WTO 争端解决机构判断电子商务例外措施是否实现了所追求的政策目标，典型的应用就是《服务贸易总协定》第 14 条判断限制电子商务交易的措施适用的规定，以及 TPP 下争端解决机构判断一项限制数据流动的措施是否属于合法的公共政策目标。在数据流动的问题上，主要就是分析限制数据流动的措施与所追求的公共政策目标之间的关系，例如，各国实施数据本地化措施的原因主要就是为了确保信息安全，但实际上数据本地化措施基本上不能阻止监视和窃取数据，反而使得国内服务器更容易遭受攻击。除此之外，一些政府基于公共道德或秩序的理由屏蔽了外国的互联网服务，或者索性认为在线赌博

---

① 《日本蒙古自贸协定》第 9.1.2 条。

服务损害了消费者的利益。但实际上国内网络服务提供者也同样提供服务，在上述情况下，限制外国服务提供者的措施从技术和政策角度都很难站得住脚。

就目前而言，WTO、TPP 已经在国际贸易法和互联网监管政策方面有了良好的对话和实践，非政府组织在互联网监管方面也发挥了越来越大的作用，国际贸易法和互联网监管的交叉领域将会产生更多成果，而当前的争议焦点就是跨境数据流动的监管问题。为了在电子商务领域建立一个充满活力和可预见性的生态系统，所有利益相关者有必要在互联网开放、安全和信任方面取得一致认识。但目前很多国家的互联网监管法规并没有考虑到虚拟空间的全球和普世性质，以及确保互联网开放在国际贸易中的重要性。只有在互联网保持开放、稳定、安全和值得信赖的情况下，数字经济才能够得到良好发展。而晚近自贸协定有关互联网政策的条款属于正确尝试，但是像 WTO 这样的国际贸易组织有必要在其争端解决实践中对互联网治理有更好的认识，具体就体现在解释和适用上述条款时应当形成协调一致、稳定以及有可预见性的实践，WTO 的专家组、上诉机构需要认识到他们的认识能力其实是有限的，可以参考国际人权法以及其他相关领域专家的主张。

三、建立运转良好的数字经济体制的若干建议

TPP 在形成下一代数字经济规则方面发挥了很大作用，但 WTO 的多边协定还是自贸协定都需要对虚拟空间主权做出回应，而不仅仅是就事论事就一些具体议题做出规定，国际经贸规则在形成过程中还是应当从长远角度来创设规则。总之，当前的国际贸易法需要对互联网治理问题予以良好回应，从而最终建立一个富有活力的数字经济体制。

通过谈判和缔结自贸协定，国家会对互联网治理领域中的重要问题形成

一致认识，虽然目前正在进行的很多谈判和对话并没有具体成果,①但上述尝试仍然有价值。例如，虽然很多自贸协定就支持中小企业参与电子商务的规定是鼓励性条款，但上述规定在短期可以促进政策的进一步完善，在长期可以形成具有约束力的国际法规则。与之相似的情形还体现在《美韩自贸协定》跨境数据流动条款中，《美韩自贸协定》的跨境数据流动条款不具有法律约束力，但却为TPP就相同议题确立法律义务奠定了基础。除此之外，自贸协定谈判还可以促使各国意识到国际贸易法在政治敏感性议题上其实是无能为力的，主权国家可能有必要与诸如国际电信联盟、互联网治理论坛这样的非贸易组织进行合作，以及尊重主权国家的公共政策目标。②

互联网治理组织可以在电子商务国际法规则的发展上发挥重要作用。一般来说，商事交易并不公开，但数字经济的发展不仅取决于贯彻了自由贸易原则的国际法规则，同时还要求建立稳定和开放的互联网环境。WTO和其他旨在建立国际经贸规则的机制应当与互联网治理领域的专业组织③加强合作，从而确保实现互联网开放、安全和信任的目标，诸如经合组织、联合国贸易和发展会议，以及亚太经合组织在形成和发展数字经济规则方面也发挥了重要作用。

除此之外，如果政府能够及时公布互联网治理领域的政策文件，那国内和国际的互联网从业者也可以对东道国政府的立场予以及时回应。欧盟在这方面已经采取了具体措施，公布了《跨大西洋贸易与投资协定》的谈判立场文件，但欧盟的做法并没有成为各国的普遍做法，自贸协定谈判在很大程度上仍然缺乏透明度、问责性和公众参与。

就目前而言，国际贸易法和互联网领域已经就两者的互动展开了交流，目前的关注焦点主要就是如何在互联网治理领域中实现贸易价值和非贸易价值的平衡。从发展中国家的角度而言，自然是从如何确保实现发展目标着手，

---

① 典型就是WTO中电子商务工作组的工作长期没有进展。
② 例如，尊重一些国家的出版物内容审查制度。
③ 这样的国际组织包括互联网工程任务组、国际互联网名称和编号分配公司、国际电信联盟等。

具体就体现在比较强调对互联网的监管权力，而发达国家则更多地强调数据自由流动，因为这对发达国家的信息和通信技术产业有利。

最后，互联网治理原则可以影响国际贸易法的解释和适用。虽然目前来看趋势还不是很明显，以目前讨论得很激烈的对数据自由流动采取限制措施的监管措施而言，如果上述措施在 WTO 或者 TPP 下争端解决机制提起争端解决，来自相关非政府组织的"法庭之友"报告很可能会影响案件的裁判结果。上述外部专家意见的作用在于平衡贸易价值和非贸易价值，而国际贸易法在互联网治理过程中不应当成为互联网发展的消极因素，而应当成为促进互联网发展的积极因素。

四、小结

TPP 并没有反映目前互联网治理领域的最新发展趋势，没有很好的平衡贸易自由化和良好的互联网治理这两个政策目标，后者包括促进消费者/互联网使用者的信任以及加强数字经济领域的创新。总的来说，发展数字经济需要一个运转良好的互联网，也就是对互联网的自由、开放和安全提出了一系列要求。TPP 应当保护互联网的这些核心价值至少不会减损上述价值。但在实践中，协调自由贸易和互联网政策之间的关系始终很困难，主权国家、互联网共同体、互联网使用者等群体在如何制定互联网治理的规则问题上存在显著的理念差异，他们在保护隐私、互联网安全、网络中立、在线消费者保护等方面的态度差异很大。以数据保护条款为例，数据流动规则方面的不确定性会很大程度地扼杀创新、减少消费者的信心，甚至影响整个互联网数据服务的发展。如果还是沿用 WTO《服务贸易总协定》的立法模式，那规范数字经济的国际法规则就存在很大程度的不确定性。但无论如何，以 TPP 为代表的自贸协定在制定数字经济国际法规则方面做出了一定努力，它们未来的发展方向就是为如何协调国际贸易法规则和互联网政策之间的关系提出更好的方案。

专题五：中国—东盟自由贸易区的发展和中国自由贸易试验区/自由贸易港的创新

自由贸易试验区外资国家安全审查中的制度衔接问题研究　马　冉 / 271
自由贸易港建设背景下的互惠制改革　陈儒丹 / 286

自由贸易试验区外资国家安全审查中的制度衔接问题研究

马 冉[*]

摘要： 我国在2015年颁布的《自由贸易试验区外商投资国家安全审查试行办法》与2011年颁布的《关于建立外国投资者并购境内企业安全审查制度的通知》《实施外国投资者并购境内企业安全审查制度有关事项的暂行规定》，以及自贸区相应的地方立法共同构成了我国自贸区外资国家安全审查制的法律基础，这些政策法规虽然对国家安全审查与负面清单、反垄断法规的协调做了一些整体性安排、在审查范围之"实际控制权"等审查因素的设置上体现了制度间的互相配合，但仍存在制度衔接缺失的问题。完备的安全审查制度应在充分认识相关制度的区别与联系的基础上，有意识地从指导原则与具体措施方面对国家安全审查与负面清单、反垄断的配合协调做出相应的安排。

关键词： 自贸区；外商投资；国家安全审查；负面清单；反垄断

虽然早期也有凯雷国际并购徐工机械的审查实例，但国家安全审查的相关规定一直属于依附状态，体现于我国的产业政策与竞争法规中，其中外商

---

[*] 马冉，郑州大学法学院副教授。

投资国家安全审查制度建设尚在起步阶段,对可能威胁国家安全的外商资本投资应发挥的有效防控作用远未形成。也正因为长期以来,我国的外资国家安全审查与表现为《外商投资产业指导目录》的产业导向规范,与反映在《反垄断法》中的公平竞争规范的重叠混同,建立独立性专业化的国家安全审查制度就必须注重与相关产业政策、竞争法规的区分与协调,确保国家安全审查与以负面清单为特征的新式外资准入制度、反垄断制度之间的衔接。

为全面深化改革与不断扩大开放,国家提出了建立自由贸易试验区(以下简称自贸区)的重大决策。2013年以来,包括河南在内共计11个试验区分三批相继挂牌成立,目前第四批也正在积极酝酿之中。制度创新是自贸区与生俱来的使命,要求着眼长远的国际竞争,对接通行的国际规则、借鉴先进的外部经验,探索本地化制度措施;风险防控是自贸区不可忽视的底线,要求我们深入了解国际竞争环境,对外增强应对风险审查的法律应对能力,对内摸索引进利用外资的各类风险防控机制,以更高站位、更宽视野、更大力度推进改革开放。加强安全审查是构建更高水平对外开放的重要制度基础,从国际范围内的实践经验及我国的现实需求来看,建立自己的外商投资国家安全审查制度,势在必行。因此,肩负制度创新与风险防控双重指向任务的自贸区,理应成为外资国家安全审查制度建设、措施完善的试验田。

一、自由贸易试验区外资国家安全审查的法律渊源与内容体系

(一)国家层面的中央性专门立法及主要内容

2011年国务院办公厅颁布的《关于建立外国投资者并购境内企业安全审查制度的通知》(以下简称《并购安审通知》),是我国首个专门规定外资国家安全审查制度的行政法规,包含审查的实体内容和程序内容,具有重要的指导性意义。同年商务部出台的《实施外国投资者并购境内企业安全审查制度有关事项的暂行规定》(以下简称《并购安审规定》),是商务部根据《并

购安审通知》制定的具体规章文件,对商务部在外资国家安全审查中的职责与程序做出了相应安排。这两部法规的制定与生效,是构建一套针对外资并购国家安全威胁相对完善的审查程序的尝试,标志着我国独立性外资国家安全审查制度建立的开始。2015年4月20日,国务院办公厅发布了《自由贸易试验区外商投资国家安全审查试行办法》(以下简称《自贸区安审办法》),该办法基本沿袭了《并购安审通知》和《并购安审规定》的内容,特别是其中有关审查机制与程序的规定,直接写明适用《并购安审通知》第4条,同时分别从审查对象、审查范围、审查内容、审查工作机制与程序等方面对其进行了补充完善。其主要变动有:将审查对象由外资并购扩展到了整个外商投资领域,既包含外商投资新设企业,也包含外资并购与协议控制(variable interest entities,VIE)等诸多外商投资形式;① 审查范围方面增加了重要文化领域和重要信息技术产品及服务领域;② 在对"外国投资者取得所投资企业的实际控制权"的情形进行列举时,最后一项"其他导致外国投资者对企业的经营决策、人事、财务、技术等产生重大影响的情形"显然比《并购安审通知》相对应的"其他导致境内企业的经营决策、财务、人事、技术等实际控制权转移给外国投资者的情形"规定的适用范围更广,从而扩大了实践中国家安全审查对象的活动范围;③ 审查内容方面由原先的4项增加到6项,新增了外商投资对国家文化安全、公共道德的影响和外商投资对国家网络安全的影响;④ 审查机制和程序方面增加了外资安全审查的自贸区配合机制。⑤《自贸区安审办法》是我国第一个具体和直接规定安全审查的法规,从总体方案设计与具体操作办法设定上均更具针对性。

---

① 《自贸区安审办法》第1.2条。
② 《自贸区安审办法》第1.1条。
③ 《自贸区安审办法》第1.3(4)条。考虑到国际投资所有权结构日益复杂,投资者国籍日益模糊以及所有权和控制权背离更加普遍,这一更正优化了取得实际控制权的情形。黄晋:"完善自贸试验区外商投资国家安全审查制度",载《人民法治》2016年第12期。
④ 《自贸区安审办法》第2条。
⑤ 《自贸区安审办法》第3.4、3.5、3.6、3.7条。

（二）自由贸易试验区的地方性相关立法及主要内容

除上述国家层面的中央专门立法外，各自贸区的地方立法也纷纷对外资国家安全审查予以关注。以我国最早的上海自贸区为例，2013 年 9 月 29 日，上海市政府发布了《中国（上海）自由贸易试验区管理办法》，该办法第 30 条规定："自贸试验区建立安全审查和反垄断审查的相关工作机制。投资项目或者企业属于安全审查、反垄断审查范围的，管委会应当及时提请开展安全审查、反垄断审查。"2014 年 8 月 1 日起实行的《中国（上海）自由贸易试验区条例》第 37 条规定："自贸试验区建立涉及外资的国家安全审查工作机制。对属于国家安全审查范围的外商投资，投资者应当申请进行国家安全审查；有关管理部门、行业协会、同业企业以及上下游企业可以提出国家安全审查建议。当事人应当配合国家安全审查工作提供必要的材料和信息，接受有关询问。"河南自贸区也在地方性管理立法文件中写明了有关内容。2017 年 3 月 29 日公布的《中国（河南）自由贸易试验区管理试行办法》第 15 条规定："外商在自贸试验区内投资适用《自由贸易试验区外商投资准入特别管理措施（负面清单）》和《自由贸易试验区外商投资国家安全审查试行办法》。"自贸区地方立法基本都延续了上海自贸区文件的模式，管理办法通常在原则上规定自贸区可以设立外资国家安全审查机制，配合国家有关部门进行国家安全审查；条例则主要通过为自贸区管委会设置职能的方式确立自贸区为主要负责机构，但是都没有设置具体的程序措施。

（三）自由贸易试验区外资国家安全审查法规中体现制度衔接的整体性安排

《自贸区安审办法》只在序言中原则性提出"试点实施与负面清单管理模式相适应的外商投资国家安全审查措施"，但对于如何互相适应并没有做具体安排，自贸区地方立法对此也没有任何回应。通过梳理目前自贸区的地方立法，反垄断审查与国家安全审查总是如影随形，经常被相提并论。例如，2017年12月27日公布的《中国（浙江）自由贸易试验区条例》第7条规定："中国（浙江）自由贸易试验区管理委员会（以下简称管委会）作为省人民政府的派出机构，负责自贸试验区建设、管理等工作，履行下列职责：……（五）依法履行知识产权保护有关职责，配合做好反垄断审查、国家安全审查。"类似的措辞表明反垄断审查与国家安全审查均为外资监管制度建设中的重要组成部分，且在实践中具有一定的关联性。上述规定虽然都只是整体性涉及，但明确的自贸区国家安全审查法规为在此领域内协调相关制度之间的关系提供了必要的法律基础。

二、自由贸易试验区外资国家安全审查与负面清单的衔接

（一）国家安全审查与负面清单的区别与联系

1. 同为外资准入前国民待遇例外措施时的差异

同为外资监管的具体制度措施，国家安全审查与负面清单之间的关系在准入前国民待遇被确立为外资监管的基本模式[①]后，成为外资国家安全审查制度建设一个绕不开的问题。从国际范围内看，准入前国民待遇与负面清单相伴相生，作为准入前国民待遇的例外，负面清单确立了外资的设立与变更

[①] 近年来，我国主要通过以下三个方面的改革逐渐确立起外资准入前国民待遇的监管模式：一是修订外商投资产业指导目录，《外商投资产业指导目录》（2017年修订）遵循2016年国家发改委、商务部第22号公告的规定，即"外商投资准入特别管理措施范围按《外商投资产业指导目录（2015年修订）》中限制类和禁止类，以及鼓励类中有股权要求、高管要求的有关规定执行。涉及外资并购设立企业及变更的，按现行有关规定执行"，也将产业目录中限制类与禁止类、鼓励类中有股权要求、高管要求的规定作为目前我国外商投资的最新特别管理措施（负面清单）；对于内外资一致的限制性措施将列入全国统一适用的市场准入负面清单中。二是将外资项目管理由全面核准改为普遍备案与有限核准相结合的管理方式，2016年6月17日起施行的《外商投资项目核准和备案管理办法》标志着这一转变的完成。三是在自由贸易实验区进行外资负面清单管理模式试点，每一个自贸区的基本管理法规文件都有关于准入前国民待遇及负面清单作为特别管理措施的表述，例如，《中国（上海）自贸试验区条例》第13条、《中国（浙江）自贸试验区条例》第12条等。

原则上不再需要审批,而皆改为备案管理。针对外资的国家安全审查设置在准入阶段,对外资施加了不同于国内企业的待遇,从这个意义上看,其也可归于准入前国民待遇的例外措施。一般而言,对国家安全及公共利益的维护、国内弱势产业的保护等都可以成为设置负面清单时具体的考量因素。既然国家安全在制定负面清单时已经有所考虑,那么独立的外资国家安全审查是否就没有必要存在了呢?答案显然是否定的。理论上,负面清单作为外资准入的管理方式,侧重于产业准入门槛的设定,并不能针对具体外资企业、投资者个人的各种运营活动设置审查标准,而且与国家安全考虑有关的产业往往是军工等传统敏感部门,无法涵盖现实生活中可能涉及国家安全的所有领域;实践中,对比我国自贸区实行的外资负面清单内容与相关法规对国家安全审查范围的规定,不难发现,两者存在巨大差别。随着科技进步与国家安全观念的更新,国家安全威胁不仅存在于传统国防科工领域,也可能表现在非敏感性投资商业活动中。①

2. 底线思维基础上的交叉与互补

负面清单作为外商投资准入特别管理措施是自贸区外资监管制度创新的重中之重,是给予外资准入前国民待遇的具体体现与制度保证。自 2013 年上海市政府发布《中国(上海)自贸试验区外商投资准入特别管理措施》开始,经历了仍然只适用于上海自贸区的 2014 版,2015 年国务院办公厅印发的适用于已成立的 4 个自贸区的《自由贸易试验区外商投资准入特别管理措施(负面清单)》以及最新的适用于 7 个自贸区的 2017 版。其中负面清单的内容不断缩减,自贸区对外资的大门日益敞开。相比适用于全国范围的《外商投资产业指导目录》,即正面清单管理模式,负面清单之外的外资准入由

---

① 代表我国外资监管最新成果的法律文本当属《外商投资法(草案征求意见稿)》,其第 48 条规定:"国家建立统一的外国投资国家安全审查制度,对任何危害或可能危害国家安全的外国投资进行审查。""任何"一词包括所有类型的外资,同时不再设定审查范围,而是进一步宽了国家安全审查的管辖范围。可见,国家安全审查的制度发展趋势即区别于负面清单对产业设限的做法,更注重对审查标准的具体控制。

审批改为备案，因此，在正面清单模式下，外资进入环节就可以进行包括是否符合国家安全利益认定在内的全面核准，在负面清单管理模式下其就无法发挥作用。负面清单模式下，对不在特别管理措施目录列明领域内的外国投资，不再进行审批，这意味着安全审查机制将成为政府守住外国投资管理底线的首要屏障。① 负面清单的不断限缩是内外资一致在外资准入领域的必然结果，依赖负面清单对某些外资的拒绝实现国家安全利益维护显然不能满足外商投资监管实践的需求，如何更广泛地吸引外资又能守住关于外资准入的国家安全的底线，这对负面清单内容与国家安全审查范围的协调与配合提出了明确的要求。

(二) 自贸区国家安全审查与负面清单之间缺乏衔接的表现

鉴于我国目前自贸区负面清单仍然包括禁止类、限制类措施，负面清单以外采用备案制的特点，安全审查应对其中的限制类措施予以特殊关注，而现实是一些限制类投资领域没有反映在《自贸区安审办法》的审查范围内。

目前《自贸区安审办法》对审查范围仍然延续了《并购安审通知》进行专门划定的做法，一方面对需要接受审查的产业部门范围、外商投资类型与实际控制权进行了规定，突出了国家安全审查威胁的主要来源；但另一方面也因为部门范围的明确限制②与实际控制权标准的局限性，容易造成实践中国家安全审查对象的遗漏。尤其是实际控制权规定的不足问题表现得较为突出：首先，《自贸区安审办法》第 1 条有关"实际控制权"的内容对具体情形进行列举时，引入了"关联投资者"的表述，并规定"外国投资者在并购后所持有的股份总额不足 50%，但依其持有的股份所享有的表决权已足以对

---

① 漆彤：“外资国家安全审查立法中的若干重要问题”，载《中国法律评论》2015 年第 1 期。
② 《自贸区安审办法》第 1.1 条规定："安全审查范围为：外国投资者在自贸试验区内投资军工、军工配套和其他关系国防安全的领域，以及重点、敏感军事设施周边地域；外国投资者在自贸试验区内投资关系国家安全的重要农产品、重要能源和资源、重要基础设施、重要运输服务、重要文化、重要信息技术产品和服务、关键技术、重大装备制造等领域，并取得所投资企业的实际控制权。"

股东会或股东大会、董事会的决议产生重大影响",“其他导致外国投资者对企业的经营决策、人事、财务、技术等产生重大影响"的情形。然而对何为"重大"没有明确,就如何理解"经营决策、人事、财务、技术"表述的也不够清晰。其次,鉴于不同类型的外国投资者对国家安全的威胁和影响不同,应针对不同主体采取不同审查态度,既能有重点有目标的进行安全审查,又能降低审查成本。而目前的规定没有针对投资类型做任何区分。

2017年修订的《外商投资企业设立及变更备案管理暂行办法》第32条规定:备案过程或是监督检查过程中如发现该投资可能触及国家安全审查,应当暂停备案程序,转而进行国家安全审查。《自贸区安审办法》第3.4条规定:"自贸试验区管理机构在办理职能范围内外商投资备案、核准或审核手续时,对属于安全审查范围的外商投资,应及时告知外国投资者提出安全审查申请,并暂停办理相关手续。"这一关于自贸区管理机构的发现告知职责的规定突出了安全审查在外资准入阶段的优先性,对于负面清单外的外资准入程序以国家安全审查为优先考虑。但现行法规对于在外资审批过程中发生类似情况如何处理并没有相应的规定。

(三) 自贸区国家安全审查与负面清单之间的配合与协调

安全审查与负面清单在外资准入阶段应该是相辅相成的关系,负面清单为国家安全审查提供了一种预先筛选的可能,既减少了审查的数量,也使投资更具可预期性。因此,应着重对负面清单中限制类领域、行业部门进行安全审查门槛、标准与具体方法的制定;并对适用备案方式的外资设置有效、合理的审查待遇,既不给外资增添不必要的负担,也守好国家安全风险防控的底线。

对"实际控制权"的进一步优化,应着重从两个方面考虑:一是现有的"股权超过50%"的控制规定是否过高,是否不利于国家安全审查对外资风险防控功能的实现;二是控制权是否不应局限于股权比例,还应考虑其他影响外国投资者决定投资实体重要事项能力的相关因素,例如,不同交易结构、应与受管辖交易存在联系等。对于第一个方面的考虑事项,可根据外国投资者类型进行必要的区分,笔者建议对于可能给我国国家安全带来较大影响的外国政府及其控制机构参与的投资进行降低股权比例的特殊要求,即凡达到投资企业10%以上股权者便应纳入审查范围,同时应特别关注其投资中非商业性的政治战略意图。对于第二方面的考虑内容,应在总结实践经验的基础上,以补充列举的方式将各种可能的因素适当归纳。另对于前文所述的"重大影响""经营决策、人事、财务、技术"等涉及外国投资者投资目标的权益标准问题,可以仿效《外国投资法(草案征求意见稿)》第18条①的规定,给以适当列举。

我国目前(包括自贸区在内)不加区分地对所有外国投资者采用同一审查标准,不利于国家安全审查功能的发挥,也容易招致安全审查可能被频繁适用从而打击投资者信心的疑虑。笔者建议相关法规可考虑依据投资规模进行相应的安全审查豁免安排,具体参照日本法、澳大利亚法的做法,对于间接投资和绿地投资,区分行业领域设置投资规模门槛,但对主权投资②不应设规模门槛。

将负面清单纳入国家安全审查的总体设计,应在《自贸区安审办法》中明确负面清单与国家安全审查互相配合协调的宗旨,并明确协调两者关系的

---

① 该条规定"本法所称的控制,就某一企业而言,是指符合以下条件之一的情形:(一)直接或者间接持有该企业百分之五十以上的股份、股权、财产份额、表决权或者其他类似权益的。(二)直接或者间接持有该企业的股份、股权、财产份额、表决权或者其他类似权益虽不足百分之五十,但具有以下情形之一的:1.有权直接或者间接任命该企业董事会或类似决策机构半数以上成员;2.有能力确保其提名人员取得该企业董事会或类似决策机构半数以上席位;3.所享有的表决权足以对股东会、股东大会或者董事会等决策机构的决议产生重大影响。(三)通过合同、信托等方式能够对该企业的经营、财务、人事或技术等施加决定性影响的"。

② 一般认为包含两种形式:主权财富基金(sovereignty wealth fund)和国有投资企业(state-owned enterprise),两者也可共称为国家控制实体(state-controlled entity),也有学者有学者认为,主权投资还包括受政府深度影响的私人投资。李军:"论主权投资的国家安全审查及我国的制度完善",载《东方法学》2016年第1期。

指导原则,即无论是审批还是备案过程中,一旦发现可能产生国家安全威胁的情形,均应暂停准入程序,转而进行国家安全审查。只有在国家安全审查决定认为不会造成威胁,或者通过缓和协议附条件通过审查①的外国投资才能继续准入程序。

三、自由贸易试验区外资国家安全审查与反垄断的衔接

(一)国家安全审查与反垄断的区别与联系

1. 本质及实质要件上的差异

尽管2011年《并购安审通知》与《并购安审规定》对国家安全审查进行了专门规定,源于上文所述实践中外资审批制的特点等原目,国家安全审查一直处于虚置状态;反倒是《反垄断法》与2009年商务部《关于外国投资者并购境内企业的规定》以经营者集中反垄断审查与国家经济安全审查在实践中代替了国家安全审查,所谓的国家安全审查也就成了反垄断审查与外资准入审批环节的一部分。然而究其根本,国家安全审查与反垄断审查存在明显的区别:首先,反垄断是市场经济中维护竞争秩序的必要制度,并不只针对外资,因此区别于国家安全审查的国民待遇例外性质,反垄断是外资监管国民待遇的体现。② 其次,两种制度的法理基础与立法目的截然不同。国家安全审查是一国在外资监管领域行使经济主权的表现,反垄断审查则基于政府对"市场失灵"干预的经济学原理。前者是从更高层面更广范围对国家安全的维护,后者则是为了确保公平的竞争秩序。

---

① 《自贸区安审办法》第3.3条增加的救济措施——对影响或可能影响国家安全,但通过附加条件能够消除影响的投资,部际联席会议可要求外国投资者出具修改投资方案的承诺书,外国投资者出具书面承诺后,部际联席会议可出具附条件的审查意见。

② 值得说明的是,在外资并购环节的经营者集中反垄断审查是"准入前国民待遇"的体现,而对垄断协议、滥用市场支配地位以及滥用行政权力排除、限制竞争等行为的反垄断调查和执法,则是"准入后国民待遇"的体现。汤黎明、郑少华主编:《自由贸易区法律适用》(第二辑),法律出版社2015年版,第234页。

正是基于两者本质上的不同,两种制度在审查主体、审查内容等实体要件方面也表现出明显的差异:国家安全是一个宽泛而又根本的概念,对其影响因素的判断机构一是要级别高二是应范围广,例如,我国现行的部际联席会议主体模式,就综合了发改委、商务部及其他相关部委。① 审查内容包括外资对国防、国家经济稳定、社会基本生活秩序、国家文化安全与公共道德、国家网络安全、涉及国家安全关键技术研发能力等方面的影响;② 反垄断审查在各国一般都由专门的反垄断机构负责,我国也不例外,③ 审查内容包括针对市场结构垄断的结构审查及判断是否存在滥用市场支配地位的行为审查。

2. 产业安全保障下的交叉与互补

同为限制性管理制度,国家安全审查与反垄断审查在外资准入的实践中可能存在一定程度的交叉,即相应的外资应同时接受国家安全审查与反垄断审查:一方面,如果外商投资在某一行业形成经营者集中式垄断,则国内产业安全必然受影响,除非国家安全概念被严格限定,否则包括产业安全在内的经济安全也应归属于广义上的国家安全。另一方面,《反垄断法》第1条规定:"为了预防和制止垄断行为,保护市场公平竞争,提高经济运行效率,维护消费者利益和社会公共利益,促进社会主义市场经济健康发展,制定本法。"其中"社会公共利益"的规定很大程度上与国家的产业政策有关。④ 因此,两种审查制度都有产业安全保障的功能。

但反垄断对产业安全价值利益的维护,并非仅通过事前性质的经营者集中规制措施来实现,还包括事后性质的对垄断协议与滥用市场支配地位的规

---

① 《自贸区安审办法》第3.1条:"……在联席会议机制下,国家发展改革委、商务部根据外商投资涉及的领域,会同相关部门开展安全审查。"
② 《自贸区安审办法》第2条。
③ 中国原来实行的是国务院反垄断委员会负责组织、协调与指导总职责之下,由商务部、发改委与工商总局分工合作的反垄断执法体制,根据2018年第十三届全国人大一次会议审议通过的《国务院改革方案》,反垄断职能将统一归国务院新组建的市场监督管理总局,中国反垄断执法机构的"三驾马车"将实现在国家市场监管总局之下的"三合一"。
④ 与适用于内资反垄断审查多为反垄断豁免的理由不同,涉及外资反垄断审查,"社会公共利益"似乎可更多地从维护国内产业安全的角度来解释。

制；同时产业安全的威胁并不单纯与市场份额的垄断占有有关，外资品牌控制和技术控制对于产业安全的威胁同样不容小觑。①但鉴于《反垄断法》提高国民经济总体效益的立法宗旨，限制竞争的判断标准在非市场控制、股权控制的情形下具有不确定性，外资品牌或技术控制往往得不到反垄断的规制，产业安全的维护就只能依赖国家安全审查。

另外，如果外资造成的经营者集中是自由竞争、公平竞争的必然结果，除非该项集中可能造成严重限制竞争的结果，否则反垄断法不应予以限制和禁止，即实践中可能存在不导致垄断的外商投资引起的经营者集中，但是否威胁国家安全则另当别论。特别是所谓重点敏感产业领域，经营者集中即使达不到垄断的程度，也极有可能损害国家安全利益，此时应由国家安全审查来把控外资引进的大门。

（二）自贸区国家安全审查与反垄断之间加强衔接的思路

从产业安全保障的角度看，市场控制、股权控制、技术控制和品牌控制是外商投资威胁我国产业安全的主要途径，故而国家安全审查的审查对象就应当将这4种情况均包括在内，但鉴于这4种情况中的外资特点各不相同，应分别予以针对性的制度设计。②

市场及股权控制、外资规模、控股规模密切相关，从现有的自贸区国家安全审查制度之"实际控制权"③的规定来看，审查对象的划定多与此两种

---

① 朱一飞、陶丽琴："外资品牌控制和技术控制及法律对策——我国外商投资政策转型背景下的考察"，载《行政与法》2008年第10期。
② 朱一飞："国家安全审查与反垄断法的区别与协调——以产业安全保障为视角"，载《河北法学》2009年第5期。
③ 《自贸区安审办法》第1.3条规定："外国投资者取得所投资企业的实际控制权，包括下列情形：1. 外国投资者及其关联投资者持有企业股份总额在50%以上。2. 数个外国投资者持有企业股份总额合计在50%以上。3. 外国投资者及其关联投资者、数个外国投资者持有企业股份总额不超过50%，但所享有的表决权已足以对股东会或股东大会、董事会的决议产生重大影响。4. 其他导致外国投资者对企业的经营决策、人事、财务、技术等产生重大影响的情形。"

途径,尤其是控股规模关系紧密。反垄断经营者集中审查也以组织合并、企业实际控制权的转移为主要的审查内容。因此在审查因素方面,经营者集中型的反垄断审查中采用的相关市场的市场份额、对市场的控制力以及市场的集中程度等信息可作为国家安全审查中判断外资"影响或可能影响国家安全、国家安全保障能力"的参考,裁断一项外商投资对国内相关产品与服务提供能力的影响时完全可以借鉴反垄断机构判断市场控制力的方法与参考信息资料。这一工作机制上的参考借鉴,因为国家安全审查与反垄断审查之主体同为商务部而有了现实的可能性。

外资品牌控制和技术控制并不必然导致经营者集中,通过签订品牌使用合同或技术研发合同、新设合资企业或者外资在已经设立的合资企业中由次要地位上升为控股,均有可能实现外资品牌控制和技术控制,因此在实现方式上具有一定的隐蔽性。① 特别是相关投资规模又不显著时,事先性质的经营者集中反垄断审查难以发挥作用,而以控股规模或投资规模为实际控制权标准的国家安全审查范围条件也很难满足。应该说 2015 年《自贸区安审办法》对于审查范围的设置已经关注到了这一问题,第 1.1 条"重要文化、重要信息技术产品和服务、关键技术"的表述以及第 1.4 条对"实际控制权"情形之一"其他导致外国投资者对企业的经营决策、人事、财务、技术等产生重大影响的情形"的规定,将外资对内资可能形成的品牌控制、技术控制纳入了安全审查。然而对于何为"重要文化""关键技术""重大影响"等欠缺实际可操作的判断依据,容易遭受缺乏透明度、滥用国家安全审查的诟病。自贸区作为制度创新的试验田,可结合各自外资准入的实际情况,努力对上述关键术语的内涵澄清与外延确定积累经验;充分发挥事后监管职能,例如,对附加条件能够消除影响的投资,明确相关机构与投资者个人的法律

---

① 朱一飞、陶丽琴:"外资品牌控制和技术控制及法律对策——我国外商投资政策转型背景下的考察",载《行政与法》2008 年第 10 期。

责任;在管委会下专设负责国家安全审查的机构,与反垄断部门并行分立,但在工作机制与信息沟通上保持联络与共享。

四、结语

外商投资国家安全审查是实施准入前国民待遇外资管理模式下,防范外资国家安全威胁的重要工具。国家安全审查应保持确定性与灵活性的统一,在强调独立的国家安全审查重要性的同时,不能割裂其与负面清单及反垄断审查等制度之间的联系。负面清单的本质在于降低准入门槛,扩大外资引进,但正如美欧日等西方国家外资监管中表现出来的对安全事项决不放松关注,维护国际安全是外资准入不可回避的一道防线。因此,构建并完善独立有效的国家安全审查制度也是实施负面清单模式的必然要求。从产业安全保障的角度,国家安全审查与反垄断审查存在一定的功能重叠;而且长期以来,我国的外资国家安全审查依附于《反垄断法》,后者也是第一次正式承认单独建立国家安全审查必要性的法律文件,[①] 因此国家安全审查与反垄断无论在基本理念还是审查机制的具体因素上都息息相关。外资领域本身充满着各种平衡,国家安全与负面清单、反垄断之间的关系协调也意味着外资开放与国家安全利益、经济发展公平有序与国家安全利益之间的有机统一,但国家安全是底线,也是所有制度衔接的根本出发点。

汪洋副总理 2015 年在向全国人大常委会报告自贸试验区工作进展情况时,明确表示自贸区要完善外商投资国家安全审查制度。《自贸区安审办法》与自贸区地方立法已然为自贸区的国家安全审查提供了坚实的法律保障,但其中存在的制度衔接问题也需要在实践中逐步改进实体与程序方面的措施以

[①] 《反垄断法》第 31 条:"对外资并购境内企业或者以其他方式参与经营者集中,涉及国家安全的,除依照本法规定进行经营者集中审查外,还应当按照国家有关规定进行国家安全审查。"

专题五：中国—东盟自由贸易区的发展和中国自由贸易试验区/自由贸易港的创新

作应对。《自贸区安审办法》作为国务院制定的行政法规，对于所述制度衔接问题可通过适当修法或制定实施细则等方式在自贸区予以先行先试；对于属于自贸区地方配合机制改进的问题则可通过修订地方立法、制定细则办法的方式予以完善。在我国统一的外商投资法尚未出台之时，自贸区的相关实践将为我国外资国家安全审查制度的建设提供可适用的参考。

自由贸易港建设背景下的互惠制改革

陈儒丹[*]

摘要： 在承认与执行外国判决方面，中国关于互惠制的成文立法规定过于原则性，司法解释将其解释为事实互惠制度亦过度严苛，因此，对贸易投资自由化呈阻碍作用。随着中国改革开放的深入，最高人民法院逐渐放弃了全面的事实互惠制，开始依据国别分成了东盟国家法院判决实施"推定互惠制"、其他"一带一路"国家法院判决实施"法律互惠制"、非"一带一路"国家法院判决实施"事实互惠制"的三级互惠制，在以施宽松化标准的同时却加剧了法院适用的查明负担，亦无法回应自由贸易港建设的最高标准化需求。中国国际角色转变后，依据智猪博弈论从时间视角审视和依据交易成本理论从空间视角审视都能发现存在这种制度改革需求，要求能全方位、高标准提高判决的流通性。对中国互惠制制度创新空间进行厘定，以国外法院涉中国判决的司法实践为参照，可知最高立法标准是取消互惠制，在立法尚未取消互惠制的情况下，最高司法解释标准是无条件的先行给惠制。中国判断给予互惠具体种类的标准应由中国执行法院所在地开放度区分标准取代该外国法院判决国籍区分标准，降低法官查明负担。在自由贸易港内，不再区分外国法院判决的国别，而由最高人民法院通过司法解释推行无条件的先行给

---

[*] 陈儒丹，中国政法大学国际法学院副教授。

惠制，待时机成熟时，由立法机关修改立法，取消互惠制。

关键词：自由贸易港；外国判决；流通性；互惠制

一、引言

2017年3月，国务院印发《全面深化中国（上海）自由贸易试验区改革开放方案》，提出在上海洋山保税港区和上海浦东机场综合保税区等海关特殊监管区域内，设立自由贸易港区。2017年10月，党的十九次全国代表大会报告指出"推动形成全面开放新格局……赋予自由贸易试验区更大改革自主权，探索建设自由贸易港"。2018年4月11日国务院出台《关于支持海南全面深化改革开放的指导意见》要求推动形成全面开放新格局，逐步探索、稳步推进海南自由贸易港建设。① 2018年4月13日，习近平主席在庆祝海南建省办经济特区30周年大会上宣布了该指导意见。通过解读上述文件、报告和讲话可知，自由贸易港建设要对标国际最高标准已成共识。提高交易的便利程度和降低交易风险应是建设自由贸易港的应有之义，而交易风险的降低可以直接提高交易的便利程度，交易越便利，则交易风险越低。

交易成本与风险可分为事前、事中与事后三个组成部分，有关外国判决的承认与执行的条件严苛程度是事后交易成本高低的重要决定因素。在此方面，中国长期执行事实互惠政策，强调互惠原则的对等报复功能，漠视激励支持功能。由于启动互惠关系难，导致在判决承认与执行上容易陷入"启动难—拒绝—再拒绝"的恶性循环。② 较低的判决流通性与中国较快的经济发

---

① 中共中央、国务院《关于支持海南全面深化改革开放的指导意见》第10条规定："探索建设中国特色自由贸易港。根据国家发展需要，逐步探索、稳步推进海南自由贸易港建设，分步骤、分阶段建立自由贸易港政策体系。海南自由贸易港建设要体现中国特色，符合海南发展定位，学习借鉴国际自由贸易港建设经验……在内外贸、投融资、财政税务、金融创新、出入境等方面探索更加灵活的政策体系、监管模式和管理体制，打造开放层次更高、营商环境更优、辐射作用更强的开放新高地。"

② 王吉文："论我国对外国判决承认与执行的互惠原则——以利益衡量方法为工具"，载《法学家》2012年第6期。

展速度日益背离,导致了报复、重复诉讼、裁决冲突等不良后果。事后交易成本和交易风险高对构建全方位的对外开放新格局、推进"一带一路"建设、构筑高标准的自由贸易区网络和建设最高标准的自由贸易港都会起到阻碍作用。① 现行严格的事实互惠制度的宽松化改革问题已成为亟待解决的现实法律需求。

学界对此问题的研究经历了三个标志性发展阶段:在第一阶段,通过深入分析"五味案",挖掘互惠原则的局限性,得出在外国法院判决的承认与执行方面中国应从严格的事实互惠制度过渡到法律互惠制度的建议。② 在第二阶段,随着经济全球化概念席卷中国,学界全面剖析有关外国判决承认与执行的互惠制的理论与制度,认为要兼采事实互惠与法律互惠,条件适当的时候推出推定互惠,同时严格区分商事类和民事类,商事从严,民事从宽。③ 在第三阶段,学界认为互惠关系判断标准应由事实互惠标准改为法律互惠标准,实践中应采推定互惠的反证方法。④

当今我国的经济基本面已经发生了巨大变化,最高人民法院的司法能动性也在逐步释放。互惠制度改革和有关学术研究滞后于社会对该项制度的供给需求。申言之,首先,互惠制改革的思路显得保守而僵化,我国与其他国家关系的分化程度在加剧,我国内部的开放程度也因区域不同而不同,但互惠制不管区域差异而实施"一刀切"。其次,我国在推定互惠、法律互惠虽都有所涉及,但对先行互惠这种最为宽松的互惠制度却未引起足够的重视,更遑论取消互惠制的可行性和必要性了。再次,论证过程中涉及博弈论模型

---

① 2016年3月17日公布的《十三五规划纲要》第十一篇明确指出,要以"一带一路"作为统领,构建全方位对外开放新格局,推进"一带一路"建设,并加快实施自贸区战略,逐步构筑高标准自由贸易区网络。详见:《十三五规划纲要》,http://sh.xinhuanet.com/2016-03/18/c_135200400.htm,访问日期:2018年6月3日。
② 李旺:"外国法院判决的承认与执行条件中的互惠原则",载《政法论坛》1999年第2期。
③ 徐崇利:"经济全球化与外国判决承认和执行的互惠原则",载《厦门大学法律评论》2005年第1期。
④ 杜涛:"互惠原则与外国法院判决的承认与执行",载《环球法律评论》2007年第1期。

的运用,但这些模型过多地关注静态的博弈,忽视了动态的博弈,特别是与我国经济发展密切相关的智猪博弈模型。最后,判决的流通性有待提高已形成共识,但目前研究未深刻意识到这种判决的流通性必须是有层次的且层次要简洁以节约司法资源。①

鉴于此,本文以自由贸易港背景下的互惠制的制度改革与优化为核心问题,以制度经济学为研究工具展开分析。文章首先描述状况,梳理了中国自由贸易港的互惠制的现行制度供给,包括立法和司法层面,凝练制度供给特点,明晰制度改革的现实基础。其次本文对中国自由贸易港的互惠制的制度改革需求进行考察,侧重制度改革的必要性分析,评估中国国家角色转变、智猪博弈模型以及交易成本理论这三个制度改革的影响因素。这三个要素叠加也表明自由贸易港的判决流通性的最高标准化要求实际上是内生型的。最后研究自由贸易港互惠制制度改革的制度创新问题,侧重制度改革的可行性和最优性分析,提出互惠制制度创新的立法和司法空间问题,并将国外的互惠制度司法实践按照宽松程度进行类型化研究,发现实现自由贸易港的外国判决流通性最高标准化的可行且最优的方案是由最高人民法院以司法解释的形式推行无条件的先行给惠制,待时机成熟时,由立法机关修改立法,取消自由贸易港内互惠制。

二、我国自由贸易港互惠制的现行制度供给

我国自由贸易港的互惠制的立法模式和司法模式采典型的中国模式,即原则的成文立法配套具体的司法解释。具体而言,有关外国判决在中国的承认和执行,我国成文法采用了互惠制度但未明确互惠原则的内涵,这种做法会增强了法律的包容性并降低了法律的滞后性,故而互惠制度在成文立法产

---

① H. L. Ho, Policies Underlying the Enforcement of Foreign Commercial Judgments, *The International and Comparative Law Quarterly*, Vol. 46 (2), pp. 443 – 462.

生至今几无修改。互惠制度内涵的建立和演变一直以来都由最高人民法院通过司法解释进行掌控,而司法解释的保守与开放程度取决于最高人民法院所处的国内外政治、经济环境的影响,从事实互惠制度确立至今,已经演变出法律互惠和推定互惠的雏形,在形式上初步形成了"推定互惠""法律互惠""事实互惠"三级适用体系。

(一) 成文法确立互惠原则但未明确内涵

按照立法时间先后,我国互惠制主要规定在 1991 年《民事诉讼法》第 267 条和第 268 条、2008 年《民事诉讼法》第 265 条和第 266 条、2013 年《民事诉讼法》第 281 条和第 282 条。其中,2013 年《民事诉讼法》第 281 条和 2008 年《民事诉讼法》第 265 条依次照搬了 1991 年《民事诉讼法》第 267 条①的规定,2013 年《民事诉讼法》第 282 条和 2008 年《民事诉讼法》第 266 条依次照搬了 1991 年《民事诉讼法》第 268 条②的规定。我国互惠制的立法模式一直采用如下表述:"……或者按照互惠原则……请求人民法院承认和执行(依照本法的有关规定执行)。"若无国际条约或协定,我国法院承认和执行外国法院判决的法律依据只有互惠原则,有权向我国法院申请承认与执行的主体既包括外国当事人也包括外国法院。但是,成文法的规定是极其原则的,未能明确互惠制的司法适用类型、利益取向、取证责任承当等问题。

---

① 《民事诉讼法》第 267 条规定:"外国法院作出的发生法律效力的判决、裁定,需要中华人民共和国人民法院承认和执行的,可以由当事人直接向中华人民共和国有管辖权的中级人民法院申请承认和执行,也可以由外国法院依照该国与中华人民共和国缔结或者参加的国际条约的规定,或者按照互惠原则,请求人民法院承认和执行。"

② 《民事诉讼法》第 268 条规定:"人民法院对申请或者请求承认和执行的外国法院作出的发生法律效力的判决、裁定,依照中华人民共和国缔结或者参加的国际条约,或者按照互惠原则进行审查后,认为不违反中华人民共和国法律的基本原则或者国家主权、安全、社会公共利益的,裁定承认其效力,需要执行的,发出执行令,依照本法的有关规定执行。违反中华人民共和国法律的基本原则或者国家主权、安全、社会公共利益的,不予承认和执行。"

专题五：中国—东盟自由贸易区的发展和中国自由贸易试验区/自由贸易港的创新

（二）最高人民法院通过司法实践确立了严格的事实互惠制度

诚如前述，互惠制的成文立法极其原则，具体问题和具体制度都有赖司法实践中允以发现和解决，在相当长的一段时间内，最高人民法院通过民事诉讼意见、规定和复函等确立了严格的事实互惠制度。民事诉讼意见主要包括1992年最高院颁布的《关于适用民事诉讼法若干问题的意见》第318条和第319条；规定主要包括1991年和2000年最高人民法院颁布的《关于……承认外国法院离婚判决……的规定》、1998年最高人民法院实施的《关于人民法院执行工作若干问题的规定（试行）》等；复函则具体体现在最高人民法院对数个典型案例的复函。

1. 通过民事诉讼意见展示的严格的事实互惠司法立场

1992年，最高人民法院颁布《关于适用民事诉讼法若干问题的意见》（以下简称《民事诉讼意见》）第318条①和第319条②，对1991年《民事诉讼法》第267条和第268条的适用进行了补充规定。综合《民事诉讼意见》第306条、第318条和第319条可知当事人除了重新向中国法院起诉外，请求承认和执行外国法院判决还可以依据司法协助协议、互惠原则、外交途径等方式。然而，这些规定仍是极其原则的。

2015年2月开始施行的《最高人民法院关于适用〈中华人民共和国民事诉讼法〉的解释》第二十二章"涉外民事诉讼程序的特别规定"共用30条（第522—551条）对民事诉讼法有关外国法院判决承认和执行的规定进行了司法解释。但是，该司法解释对互惠制并无太大之发展，只将之前司法实践

---

① 《民事诉讼意见》第318条规定："当事人向中华人民共和国有管辖权的中级人民法院申请承认和执行外国法院作出的发生法律效力的判决、裁定的，如果该法院所在国与中华人民共和国没有缔结或者共同参加国际条约，也没有互惠关系的，当事人可以向人民法院起诉，由有管辖权的人民法院作出判决，予以执行。"

② 《民事诉讼意见》第319条规定："与我国没有司法协助协议又无互惠关系的国家的法院，未通过外交途径，直接请求我国法院司法协助的，我国法院应予退回，并说明理由。"

中形成的不以互惠关系存在为前提承认与执行外国离婚判决这种实践做法纳入了司法解释。其中,第544条具体规定为"当事人向中华人民共和国有管辖权的中级人民法院申请承认和执行外国法院作出的发生法律效力的判决、裁定的,如果该法院所在国与中华人民共和国没有缔结或者共同参加国际条约,也没有互惠关系的,裁定驳回申请,但当事人向人民法院申请承认外国法院作出的发生法律效力的离婚判决的除外。"该解释第549条规定:"与中华人民共和国没有司法协助条约又无互惠关系的国家的法院,未通过外交途径,直接请求人民法院提供司法协助的,人民法院应予退回,并说明理由。"

如果要对这两款反向规定作扩张解读的话,那么意味着最高人民法院认为不管成文法中规定的互惠关系是指事实互惠关系还是法律互惠关系,都要求互惠关系的存在。若互惠关系不存在或我国法院曾有被外国法院拒绝之事实,外国法院的判决都不能根据互惠关系得到我国法院的承认与执行。换言之,在2015年司法解释开始施行甚至是从1992年至今所有的司法解释中,最高人民法院不接受先行给惠,但对于到底执行的是事实互惠还是法律互惠,司法解释中语焉不详。虽然在文字上,2015年司法解释与之前的司法解释区别不大,但从法院所处的大环境以及法院思想和司法实践的一致性来看,最高人民法院在早期更大可能性适用的是严格的事实互惠关系,这种立场反映在后面出台的数个经典案例的最高人民法院复函中;到2015年司法解释出台时,最高人民法院实际上已经开始考虑适用法律互惠的可行性,这同样被反映在其后续出台的司法意见和指南中。

2. 通过规定所展示的严格的事实互惠司法立场

最高人民法院制定的相关规定绝大部分是有关离婚案件的外国判决的承认与执行。这些规定都指向身份案件或其他民事案件中,最高人民法院倾向于放弃互惠制,例如,1991年《最高人民法院关于中国公民申请承认外国法院离婚判决程序问题的规定》以及2000年《最高人民法院关于人民法院受理申请承认外国法院离婚判决案件有关问题的规定》,这两个特别规定没有

专题五：中国—东盟自由贸易区的发展和中国自由贸易试验区/自由贸易港的创新

把互惠原则作为承认与执行外国法院离婚判决的前提条件。

3. 通过复函和判决所展示的严格的事实互惠司法立场

我国法院在处理数个外国法院判决的承认与执行的司法实践中，通过复函或判决所展示的司法立场是极其鲜明的"严格的事实互惠制度"。在这些案例中，我国法院拒绝承认与执行外国法院判决的依据都是因为我国既未与判决作出地所在国签有有关判决承认与执行的协定，亦未与其建立互惠关系。例如，1995年6月26日最高人民法院做出的《关于中国人民法院应否承认和执行日本国法院具有债权债务内容裁判的复函》、2004年北京市第二中级人民法院做出的《俄罗斯国家交响乐团、阿特蒙特有限责任公司申请承认英国高等法院判决案》①、2006年最高人民法院做出的《关于申请人弗拉西动力发动机有限公司申请承认和执行澳大利亚法院判决一案的请示的复函》②、2011年深圳市中级人民法院做出的拒绝承认与执行韩国法院判决案③等。

（三）最高人民法院通过司法解释破冰严格的事实互惠制度

近年来，随着我国国际经贸战略的推进，最高人民法院通过各种规范和不规范的司法实践来推进互惠制度的宽松化改革。

2015年，最高人民法院做《关于人民法院为"一带一路"建设提供司法服务和保障的若干意见》第6条指导意见规定，加强与"一带一路"沿线各国的国际司法协助，要在沿线一些国家尚未与我国缔结司法协助协定的情况

---

① 参见"俄罗斯国家交响乐团、阿特蒙特有限责任公司申请承认英国高等法院判决案"（北京市第二中级人民法院〔2004〕二中民特字第928号民事裁定书）。
② 参见《最高人民法院关于申请人弗拉西动力发动机有限公司申请承认和执行澳大利亚法院判决一案的请示的复函》，（最高人民法院〔2006〕民四他字第45号）。
③ 参见"拒绝承认与执行韩国法院判决案"（广东省深圳市中级人民法院〔2011〕深中法民一初字第45号民事裁定书）。此案涉及株式会社SPRING COMM向深圳市中级人民法院申请承认和执行韩国首尔西部地方法院第12民事部于2010年作出的由被申请人朴宗根支付19亿韩元及利息的判决案。

下,根据国际司法合作交流意向,对方国家承诺将给予我国司法互惠等情况,可考虑由我国法院先行给予对方国家当事人司法协助,积极促成形成互惠关系。该条指导意见意味着即使无司法协助协定,只要对方未拒绝承认与执行中国判决的不良记录,即使没有事实上互惠实例的发生,只要对方有证据证明对于发生互惠关系的积极态度,那么我国也可以先行给惠。实质上就是承认在"一带一路"沿线国家施行法律互惠制度。① 2017 年,最高人民法院发布《南宁声明》,在中国东盟内部试行推定互惠制。2017 年 6 月 8 日第二届中国—东盟大法官论坛在广西南宁市通过了《南宁声明》,其中的第七项为推定互惠关系的共识,标志着最高人民法院开始考虑在一个比"一带一路"更小的范围内,即中国与东盟内部试行推定互惠制。第七项声明是"区域内的跨境交易和投资需要以各国适当的判决的相互承认和执行机制作为其司法保障。在本国国内法允许的范围内,与会各国法院将善意解释国内法,减少不必要的平行诉讼,考虑适当促进各国民商事判决的相互承认和执行。尚未缔结有关外国民商事判决承认和执行国际条约的国家,在承认与执行对方国家民商事判决的司法程序中,如对方国家的法院不存在以互惠为理由拒绝承认和执行本国民商事判决的先例,在本国国内法允许的范围内,即可推定与对方国家之间存在互惠关系"。②

因此,可以认为在互惠制度问题上法律适用呈现出分类适用或梯队化适用的状态。外国法院的判决将被我国法院分为三类或三级,即涉东盟国家法院的判决、除东盟外"一带一路"沿线国家法院的判决和"一带一路"以外国家法院的判决。在涉东盟国家法院判决的承认与执行上,实施"推定互惠

---

① 参见《最高人民法院关于人民法院为"一带一路"建设提供司法服务和保障的若干意见》(法发〔2015〕9 号),2015 年 6 月 16 日发布。
② 张勇健:"'一带一路'背景下互惠原则实践发展的新动向",http://rmfyb.chinacourt.org/paper/html/2017-06/20/content_126824.htm?div=-1,访问日期:2018 年 8 月 26 日;"第二届中国—东盟大法官论坛南宁声明",http://news.sina.com.cn/o/2017-06-09/doc-ifyfzaaq5732582.shtml,访问日期:2018 年 8 月 26 日。

制度";在除东盟外的"一带一路"国家法院做出的判决的承认与执行上,实施"法律互惠制度";涉"一带一路"国家以外的外国法院的,实施严格的"事实互惠制度"。但是,这并不能满足我国社会经济发展对互惠制立法供给的需求,即无论是在互惠制的宽松程度上,还是在互惠制的层级设置上,皆无法满足我国现实的制度需求。

三、自由贸易港背景下对互惠制的制度改革需求

世易时移,我国在全球经济政治中已占有举足轻重的地位,我国无论是在整体还是局部的国际角色转变后,除了司法实践上,作为权益之策的上述三级开放体制具有明显加重法官的查明负担的负面效应外,更重要的是,无论根据智猪博弈论从时间视角审视和还是根据交易成本理论从空间视角审视都要求彻底开放互惠制,在立法和司法上取消互惠制。

从整体观之,改革开放四十年来,我国已从单纯的资本输入大国转变为重要的资本输出国。① 随着我国成为世界第二大对外投资国,外国法院审理的涉及中方当事人的案件也会日渐增多。近年来涉外民商事案件急剧增加已是例证。② 在此背景下,既有大量我国法院审理的案件需要到外国法院申请承认和执行,同样也有大量外国法院做出的判决需要在我国法院申请承认和执行。如果我国法院对外国判决的承认与执行处理不当,定然会严重妨碍我

---

① 据商务部公布的数据,2016 年中国利用外资保持了稳定增长,我国实际使用外资金额 8132.2 亿元人民币,同比增长 4.1%。中国境外投资者全年共对全球 164 个国家和地区 7961 家境外企业进行了非金融类直接投资,累计实现投资 1.1 万亿元,同比增长 44.1%。许岩:"商务部深入推进境外投资管理体制机制改革",http://www.cs.com.cn/xwzx/201708/t20170824_5439853.html,访问日期:2018 年 8 月 26 日。

② 据统计,2010 年 1 月至 2014 年 6 月全国各级法院审结涉外涉港澳台民商事及海事案件 287262 件,同比增长 41.48%,涉及亚洲、非洲、欧洲、大洋洲及南北美洲百余个国家和地区。罗书臻、沈红雨:"潮平两岸阔风正一帆悬——近五年来全国涉外商事和海事审判工作综述",载《人民法院报》2014 年 11 月 1 日,第 1 版。

国企业和个人与其他国家和地区的企业和个人顺利地进行民商事交往。①

从局部观之,"一带一路"主导下的自贸区建设和更高的自由贸易港建设需求也要求中国对互惠制进行彻底且有区别的改革。2016 年国家公布《十三五规划纲要》,其中第 11 篇明确指出要以"一带一路"为统领,构建全方位对外开放新格局,推进"一带一路"建设,并加快实施自贸区战略,逐步构筑高标准自由贸易区网络。《2017 年政府工作报告》明确指出:"积极主动扩大对外开放……扎实推进'一带一路'建设……构建沿线大通关合作机制……推进国际贸易和投资自由化便利化……'一带一路'建设的稳步推进需要畅通、高效的法院判决承认和执行机制为整个战略的顺利实施提供坚实的法治保障。"② 然而,从现实情况看,我国与"一带一路"沿线国在承认和执行外国法院判决方面的司法合作依然面临着复杂和不均衡的局面。③ 从资本输入国转变为资本输出国要求我国从整体上开放互惠制,而自由贸易港建设同样要求港内的互惠制开放程度是最高标准的。

我国在全球政治经济中的角色转变后,在司法实践上,上述三级开放体制呈现出两个明显的弊端,一是三级开放制的底层制度仍是严格的事实互惠制度,并不能回应来自中国最基础的经济发展需求;二是三级开放制层级过

---

① 朱伟东:"试论我国承认与执行外国判决的反向互惠制度的构建",载《河北法学》2017 年第 4 期。
② 《2017 年政府工作报告》明确指出:"积极主动扩大对外开放。面对国际环境新变化和国内发展新要求,要进一步完善对外开放战略布局,加快构建开放型经济新体制,推动更深层次更高水平的对外开放。""扎实推进'一带一路'建设。坚持共商共建共享,加快陆上经济走廊和海上合作支点建设,构建沿线大通关合作机制。""推进国际贸易和投资自由化便利化。经济全球化符合世界各国的根本利益。中国将坚定不移推动全球经济合作,维护多边贸易体制主渠道地位,积极参与多边贸易谈判。我们愿与有关国家一道,推动中国-东盟自贸区升级议定书全面生效实施,早日结束区域全面经济伙伴关系协定谈判,推进亚太自贸区建设。继续与有关国家和地区商谈投资贸易协定。'一带一路'建设的稳步推进需要畅通、高效的法院判决承认和执行机制为整个战略的顺利实施提供坚实的法治保障。"
③ 中国仅与全球三十多个国家签订民商事司法协助协定。"一带一路"倡议至少涉及 65 个国家,但我国只与其中二十多个国家签订了双边民商事司法协助协定,所占的比例不到沿线国家的一半。连俊雅:"'一带一路'战略下互惠原则在承认和执行外国法院判决中的适用现状、困境和变革",载《中南财经政法大学学报》2016 年第 6 期。

多必定浪费司法资源。随着与我国结盟的国家规模的扩大和相互关系的密切,以及我国未来主导或参与的区域一体化组织的数量和类型的扩张,可以想见法官将会疲于奔命地陷入查明问题以防错误适用。

在更为根本的经济学层面,不管是从空间视角审视还是从时间视角审视,交易成本理论和智猪博弈模型理论这两大经济学理论都要求我国全面放开互惠制,在立法和司法层面取消互惠制。

(一) 从空间视角审视交易成本理论要求我国全方位开放互惠制

交易成本理论由诺贝尔经济学奖得主科斯所提出,从科斯定理衍生而来。交易成本泛指所有为促成交易发生而形成的成本,简单地分为事前的交易成本与事后的交易成本两大类。违约后为解决双方的纠纷与争执而支出的成本就是事后的交易成本之一。判决能否在异国得到承认与执行,以何条件得到承认与执行就涉及交易成本的高低。在同等条件下,外国判决预期越容易在执行地国得到承认与执行,该执行地国的企业就越容易在竞争中与该外国企业达成交易。这与萨维尼的"法律关系本座说"具有内在的联系。"法律关系本座说"是建立在对人的自由和平等的尊重之上的。在自由和平等的前提下,跨境民商事交易的当事人必然选择交易成本最低的路径展开跨境民商事交易。①

从微观层面观察,外国判决的承认与执行的成本在诉讼个案中会影响当事人对诉讼的选择及其经贸投资决策。判决日后能否得到承认与执行,往往成为影响当事人是否选择诉讼以及选择在哪一个国家法院诉讼的一个决定性因素。若一国有关涉外民商事案件的判决得不到他国的承认与执行或者需要付出极大成本才能获得承认与执行,当事人提请获得救济的愿望可能就会落空或不能高效率实现。因此,在整个涉外民商事诉讼程序中,判决的承认与执行虽是整个交易的最终阶段,却是当事人在起诉之前甚至在缔约前期就需

---

① 徐鹏:"涉外法律适用的冲突正义——以法律关系本座说为中心",载《法学研究》2017 年第 3 期。

先行考虑的问题,可将其视为跨国诉讼的"基石"。① 在无司法协助协定也无法律互惠的情况下,未来判决的承认与执行就会陷入无法预期的境况,这种不确定性必然会降低内国当事人的合同谈判力,增加内国当事人的交易成本。② 换言之,互惠关系的确定标准越宽松,越有利于提高内国当事人开展国际经贸合作的成功率。

从宏观层面考察,在判决的全球流通性方面互惠原则的确定标准因为事关事后交易成本的高低从而会影响经济全球化的发展进程。全球化程度越来越大的工业和商业,要求有一个平坦的比赛场地和通用道路规则,包括日益影响国际竞争者相对成本的政策和法律。国际一体化的深化,使更多的生产决策和投资决策受到国内调控政策的制约。③ 全球经济自由化趋势意味着需要进一步清除妨碍货物、服务、资金、技术等跨国流动的法律障碍。当事人的权益除了货物、服务、资金和技术之外,还包括判决。一国拒绝承认与执行外国判决无异于设置高关税或者投资壁垒以限制外国货物的进口或者外商投资的进入,可谓形同贸易壁垒或投资壁垒。重复诉讼或者放弃应得程序利益都会增加交易方的成本,而且拒绝承认与执行外国判决的先例效应也会驱使未来的投资方更加谨慎甚至是放弃投资。④

(二) 从时间视角审视智猪博弈理论要求我国全方位开放互惠制

在探讨外国判决承认与执行之各国策略选择时,学界普遍将博弈论作为

---

① L. E. Teitz, *Transnational Litigation*, Michie, 1996, pp. 252 – 253;徐崇利:"经济全球化与外国判决承认和执行的互惠原则",载《厦门大学法律评论》2005 年第 1 期。
② Arthur Lenhoff, Reciprocity and the Law of Foreign Judgments: A Historical – Critical Analysis, 16 La. L. Rev., Vol. 465, pp. 482 – 483.
③ 迈克·穆尔:《没有壁垒的世界——自由、发展、自由贸易和全球治理》,巫尤译,商务印书馆 2007 年版,第 25 页。
④ R. Wai, Transnational Liftoff and Juridical Touchdown: the Regulatory Function of Private International Law in Era of Globalization, *Columbia Journal of Transnational Law*, Vol. 40, pp. 209 – 274. 徐崇利:"经济全球化与外国判决承认与执行的互惠原则",载《厦门大学法律评论》2005 年第 1 期。

一种分析工具。① 但之前的研究过多地关注静止状态下各国之间的博弈，如"囚徒困境"博弈论、"捕鹿游戏"博弈论、单一判决类型和多种判决类型博弈论等，认为重复博弈使得各国选择合作策略以取代报复策略，从而在判决的承认与执行问题上选择互惠原则。② 然而，这些博弈模型都只能部分地解释为何在互惠制度上各国应相互合作而不是相互背弃，却无法动态地解释为何我国以前可以采用严格的事实互惠制度，现在却要对互惠制进行全面的宽松化改革。

显然，智猪博弈模型理论可以解释这个问题。这是一个纳什均衡的例子：假设猪圈里有猪两头，一头是大猪，一头是小猪，都躺在空空的食槽旁边。猪圈狭长，踏板和食槽分置猪圈的两端，一边是踏板，另一边是饲料的出口和食槽。无论是大猪还是小猪每踩一下踏板，另一边就会有 10 份猪食落入食槽，跑去踩踏板后跑回食槽消耗的能量相当于 2 份猪食的能量。选择行动还是等待将导致不同的所得，而且一方的所得也会受到另一方选择的影响。

博弈论中的报酬矩阵能清晰地刻画出"笼中猪"博弈中小猪的选择（如表 1 所示）。

表 1　智猪模型策略选择图表

大猪＼小猪	行动	等待
行动	5, 1	4, 4
等待	9, −1	0, 0

（注：表中数值比为大猪和小猪所得净利比）

---

① Christa Roodt, Recognition and enforcement of foreign judgments: still a Hobson's choice among competing theories?, *The Comparative and International Law Journal of Southern Africa*, Vol. 38 (1), pp. 15–31.

② 王吉文："论我国对外国判决承认与执行的互惠原则"，载《法学家》2012 年第 6 期。

如果大猪和小猪同时跑去踩踏板，再跑回食槽，假设大猪吃进7份，小猪吃进3份，那么因为消耗都是2份，所以大猪实得5份，小猪实得1份。如果小猪选择坐享其成，在食槽旁边等待，大猪去踩踏板，那么假如大猪吃进6份，小猪吃进4份，大猪因为消耗2份，实得4份，小猪因为没有消耗，实得也是4份。如果大猪选择坐享其成，在食槽旁边等待，小猪行动去踩踏板，假如大猪吃进9份，小猪吃进1份，那么大猪因为没有消耗实得9份，小猪因为消耗2份，实得－1份。如果大猪和小猪都选择等待，则实得都是0。可见，在大猪选择行动的时候，小猪选择等待可以得4份，选择行动只得1份；在大猪选择等待的时候，小猪选择等待可以得0份，选择行动得－1份。综合来看，无论大猪选择行动策略还是等待策略，小猪的最优策略都是等待。①

我国的经济发展处在从小猪变成大猪的过程中，司法逻辑也应当与时俱进。当我国经济体量较小时，投资以外商投资为主，对外投资尚无规模效应，无须过多考虑海外资产因为司法报复产生的风险和中方当事人的海外债权和物权的实现，选择小猪的消极等待或者说保守策略，实施严格的事实互惠制度无可厚非。当我国经济体量较大时，从单纯的外资输入国成长为为双向的投资大国，变成了世界第二大经济体，如果再实施严格的事实互惠制度，对外国法院做出的判决尽量不予承认和执行，则相当于实施了等待策略，那么因为互惠制对等报复的属性，将来我国法院作出的判决也难以得到外国法院

---

① 例如，在钢铁行业的国际反倾销博弈就可以运用智猪博弈模型。欧盟的钢铁国际市场份额一直在43%上下波动，是一只名副其实的"大猪"，根据2006年的数据，其他国家的国际市场份额都在9%以下，实力上存在着明显的不对等，一大群"小猪"在和"大猪"进行博弈，基于各自在市场结构上的不同位置，各国可能会有不同的策略选择。1995－2002年，"大猪"对外进行钢铁反倾销的指控和实施的力度是非常大的，"小猪"们为了避免利益受损，也纷纷运用反倾销手段保护本国钢铁产业，结果导致国际反倾销进入白热化状态，不但"大猪"未获得理想的收益，其他很多国家的钢铁产业竞争力还受到了损害。由于"大猪"感受到了"小猪"们通过反倾销措施施加的压力，从2003年开始到2007年，又逐步减弱了反倾销指控和实施的力度，在"大猪"的带动下，钢铁行业国际反倾销的局势逐步缓和，许多"小猪"的钢铁国际竞争力得到了快速的提高。王晰、宗毅君："钢铁行业反倾销与国际竞争力的国际比较及智猪博弈分析"，载《经济问题探索》2008年第11期。

的承认与执行，如此一来，就不利于保护中方当事人海外债权和物权的实现，除非我国的交易对手国一直选择宽松的互惠政策，即使我国适用消极的事实互惠政策，但这实际上并不现实，因为即使宽松如德国的先行给惠政策，也要求交易对手国后续的跟进宽松化。因此，我国要全方位开放互惠制度，否则等待的就是其他国家的消极报复策略。

由上述分析可见，开放互惠制，增加我国企业签订涉外合同的约束成本就是降低我国企业的国际缔约成本，增强我国企业的全球竞争力。因此，我国对全球经济的进一步融入就要求在整体上降低交易成果，同时又要保证自由贸易港在外国判决的承认与执行的交易成本上是最低的，即判决的流通性要对接国际最高标准。

四、我国自由贸易港建设中互惠制改革的制度创新

由前分析可见，我国的互惠制改革并非无本之木，它是我国经济发展到一定阶段的必然需求，有着深刻的理论基础。制度的开放必须在整体上推进，并要求自由贸易港内的制度开放程度最大。

（一）互惠制制度创新的空间问题

在讨论我国互惠制的供给侧改革之前，必须厘清的一个前提问题——互惠制制度创新的空间问题。只有厘清此问题，研究互惠制改革的目标和途径才具有现实意义。

1. 立法制度创新空间不大，司法制度创新空间极大

从我国成文法立法和司法实践的特点看，可以模糊地认为我国的剩余立法权掌握在最高人民法院手里。我国互惠制的制度供给也体现了这一特点。即使最高人民法院的司法解释在很大程度上受到国家政治经济大环境的影响，其仍然把控着互惠原则解释的开放程度。所以，即使互惠原则在成文法上不

取消，最高人民法院完全可以通过司法解释让互惠制度形同虚设。而且从国际互惠制的立法实践来看，互惠制的设置和取消经常有所反复，即使开放如美国，其也经历了设置、取消又设置的反复的过程，① 不同于西方国家具体的立法模式，我国互惠制设置较为原则，故无必要为此浪费立法资源。所以说，我国互惠制改革的立法制度创新空间不大，司法制度创新空间极大。②

2. 分类标准创新空间不大，类别选择空间大

从互惠制的分类来看，互惠的类别划分已较为完全，制度创新空间不大，只留下制度选择的问题。以判决获得承认和执行的缘由为标准，可分为事实互惠和推定互惠。其中推定互惠又可分为法律推定互惠和无法律推定互惠，法律推定互惠也叫法律互惠。以获得承认与执行的判决的类型为标准，可分为整体互惠和可分互惠，整体互惠实施所有判决类型整体承认原则，可分互惠实施单一判决类型逐案审查原则。以判决得到承认和执行的内外国家成文立法设置的条件可比性为标准，可分为形式互惠和实质互惠，形式互惠只要求条件表面相同，实质互惠要求条件实质严格程度相同。对于需要整体上走向开放的我国而言，上述三种分类标准下可供选择的就是推定互惠、整体互惠和实质互惠。其中，整体互惠和实质互惠是我国已经在执行的，无须改革，在此可以忽略。换言之，我国互惠制改革的核心问题在于司法上是否选择推定互惠，以及对推定互惠做怎样的制度创新。此外，之前的研究过多地关注推定互惠和事实互惠，而忽略了司法实践中形成的先行给惠制，而这对中国非常重要。

（二）外国涉中国互惠制司法实践的类型与启示

除事实互惠外，从国外承认与执行中国法院判决的司法实践看，按照司

---

① S. I. Strong, Recognition and Enforcement of Foreign Judgments in U. S. Courts: Problems and Possibilities, Rev. Litig., Vol. 45, p. 144.

② Yuliya Zeynalova, The Law on Recognition and Enforcement of Foreign Judgments: Is It Broken and How Do We Fix It?, *Berkeley Journal of International Law*, Vol. 31 (1), pp. 204 – 205.

法机构对互惠制度的开放程度可以分为三类：一是无条件的先行给惠；二是无法律互惠无事实互惠，推定互惠；三是有法律互惠无事实互惠，推定互惠。

1. 无条件的先行给惠

先行给惠是无条件的先行给惠，既往不咎，着眼未来，即不管之前外国法院判决作出地国有无拒绝承认执行地国法院的判决，都先行给予外国法院判决承认与执行，如果该外国法院判决作出国事后不予跟进承认与执行，才拒绝承认与执行未来来自该外国法院作出的判决。

例如，中国法院曾经拒绝承认与执行德国法院的判决，但在2006年，德国柏林法院从促进两国未来的司法和经贸合作出发，采取了先行给惠、不跟才拒的政策，承认和执行了江苏省无锡市中级人民法院的判决。德国法院对此宽松化处理方式的解释是在中德之间无相互承认与执行法院判决的国际条约的情况下，如果双方都采取严格的事实互惠政策，那么实质上就无法启动互惠，如果试图推进双方判决的承认与执行，就必须有一方先行做出让步，先行给惠，等待另一方跟进，除非另一方不跟进，才需要在未来进行拒绝给惠。按照中国改革开放日益深化扩大的态势，想必中国对此会积极开放，会效仿跟进的。①

2. 无事实互惠无法律互惠，推定互惠

如前所述，中国司法实践中对于与外国判决作出国之间尚未签订司法协助协定，并且既不存在事实互惠也不存在法律互惠的情况，是拒绝承认与执行外国法院判决的。与此相反的做法是推定互惠，也有称为反向互惠，即先推定互惠关系存在，除非发现该外国法院曾经拒绝承认与执行的情况，才认为互惠关系不存在。

例如，在2011年之前，中美之间既无承认与执行法院判决的国际公约或协定，也未曾出现过承认与执行对方法院判决的实例，但是，美国联邦上诉

---

① 刘懿彤："互惠原则在承认与执行外国判决中作用的再认识——以德国柏林高等法院承认中国无锡中院判决为案例"，载《人民司法》2009年第3期。

法院在 2011 年却裁定承认与执行了中国湖北省高级人民法院作出的判决。美国法院在此案中放弃了严格的"事实互惠"制度，而采用了"推定互惠"制度。① 又如，《中华人民共和国和新加坡共和国关于民事和商事司法协助的条约》中未涉及法院判决的承认与执行问题，中新双方之间也不存在严格的事实互惠情况。但是原告昆山捷安特轻合金科技有限公司在新加坡高等法院申请执行中国苏州市中级人民法院的判决时，新加坡审理法院并没有局限于互惠事实，而是为了促进两国判决的流通性，选择推定中新存在互惠关系，承认与执行中国法院的判决。②

3. 无事实互惠有法律互惠，推定互惠

这种情况是指内国与外国之间既无司法协助协定也无事实互惠，但双方各自的法律中都规定了互惠制，于是，内国法院根据这种法律上的给予互惠的可能性，推定互惠关系的存在。

例如，中国与以色列两国之间无司法协助协定，也不存在事实上的互惠先例，但是 1958 年以色列《外国判决强制执行法》第 4 条规定了互惠原则，而我国《民事诉讼法》第 281 条和第 282 条也规定了互惠原则，所以以色列法院认定双方存在法律互惠关系，并且认为在司法协助上持消极等待态度会导致两国之间的司法互助进入恶性循环。因此，江苏省海外企业集团有限公司向以色列高等法院上诉，申请承认和执行江苏省南通市中级人民法院的判决后，2017 年以色列高等法院依据法律互惠关系维持了以色列特拉维夫法院的一审判决，承认与执行中国南通市中院的判决。③

---

① 龚柏华、张小磊："湖北省湖北葛洲坝三联公司向美国法院申请执行中国法院就美国罗宾逊公司所供直升机产品责任损害判决案评析"，载《国际商务研究》2009 年第 5 期；HE Qisheng, Recognition and Enforcement of Foreign Judgments Between USA and China: A Study of Sanlian v Robinson, *Tsinghua China Law Review*, Vol. 6 (1), p. 37.

② 徐大卫、宋华俊、王蔚珏："苏州中院一起合同纠纷案判决获新加坡高院执行"，载《法制日报》2013 年 10 月 15 日。

③ 彭兵、蓝天彬："护航'一带一路'，江苏律师在行动"，载《新华日报》2017 年 5 月 26 日；丁国锋："以色列高等法院首次承认并执行中国法院判决"，载《法制日报》2017 年 8 月 16 日。

五、中国自由贸易港的判决流通性改革的立法与司法

外国对中国判决的承认和执行中最开放的级别是先行给惠,也可以将其看作是无条件推定互惠,即不管外国是否有拒绝承认与执行法院国判决的历史,都一概既往不咎,先行互惠,除非该外国以后还拒绝承认与执行法院国的判决。其后两类"无事实互惠无法律互惠,推定互惠"和"无事实互惠有法律互惠,推定互惠"的共同点都在于有条件的推定互惠,即推定互惠,除非该外国曾有拒绝承认与执行该法院国判决的历史。换言之,如果该外国曾有拒绝承认与执行该法院国判决的不良记录,则执行地法院采取报复原则,不予承认与执行该外国法院的判决。其中"无事实互惠无法律互惠,推定互惠"比"无事实互惠有法律互惠,推定互惠"更为开放,免去法院与当事人查询之负担,降低交易成本,更符合司法经济原则。

以外国对中国法院判决的承认与执行的司法实践为参照物,对比上文提及的中国现在在互惠制度问题上三级梯队的法律适用,可以看出中国采用的互惠标准主要是外国判决的国籍标准,这项标准对于法院来说查明负担实在过重,而且我国对"一带一路"以外国家法院的判决在承认与执行问题上"按兵不动",仍实施严格的事实互惠制度,也略显保守。就自由贸易港而言,既然要在港区内对接国际最高标准,那么不妨转化一下思路,从外国籍标准转变为执行地法院所属行政单位的开放层级标准,不再依据做出判决的外国法院所在国与中国是否有同盟关系以及同盟关系的亲疏远近来适用不同宽松程度的互惠制度,而是依据该外国判决在中国的执行地是否是自由贸易港、自由贸易区而适用不同的互惠制。这样的改革有三个积极效用:其一,可免去或减轻法院查明外国法和外国司法实践之负担;其二,对外国投资者而言,区域越开放越安全,交易成本越低,资本就越会向其聚集。这是因为区域竞争会反逼全国其他区域的开放。其三,因为自由贸易港区内的资产被

执行的可能性更高,也就意味着如果中国企业在自由贸易港区内有可被执行的财产,企业信用会更高,更容易获取订单,从而拉升自由贸易港区的资产价格,并提升自由贸易港区的全球经济地位。

鉴于自由贸易港要全面对接国际最高标准,这就意味着自由贸易港区的外国判决流通性必须推行最高标准,在现行立法尚未修改的情况下,我们可通过司法解释推行无条件的先行给惠制;待时机成熟时,可修改法律,在自由贸易港内彻底取消互惠制。

六、结语

经济的全球化扩张总体上要求促进判决的流通性,[①] 这种需求要求互惠制度改革必须是全方位开放的,在开放的起点上就要求对旧有的制度进行变革,这就要求在涉及外国判决的承认与执行的互惠制度改革上,在现行严格的事实互惠制度上必须往前推进一步。对我国而言,经济基本面的改变、智猪博弈理论的适用以及交易成本理论都要求指向更高程度的开放,自由贸易港的开放则要对接最高国际标准,在外国判决的流通性方面施行最高程度的开放。从国际立法司法实践来看,立法上取消互惠制,司法上对互惠制作先行给惠的解释可谓最高标准的开放。鉴于中国自由贸易港的建设也将是分阶段逐步推进的,所以,在立法尚未修改的情况下,不再区分外国判决作出国与我国的亲疏远近关系,而是通过司法解释在自由贸易港内试行无条件的现行给惠制,待时机成熟时,通过修法直接取消互惠制可谓是切实可行且必要的外国判决流通性最高标准的实施路径。

---

① Katherine R. Miller, Playground Politics: Assessing the Wisdom of Writing a Reciprocity Requirement into U. S. International Recognition and Enforcement Law, Geo. J. Int'l L. , Vol. 35, p. 318.